互联网金融概论

蒋致远 主编

陈工孟 李江海 副主编

电子工业出版社
Publishing House of Electronics Industry
北京·BEIJING

内 容 简 介

本书是编者根据长期的互联网金融方向的课程教学经验，结合互联网金融企业的真实资料、行业新闻编写而成的。全书从互联网金融的概况、传统金融互联网化转型、第三方支付、P2P 网络借贷、众筹、虚拟货币、互联网与大数据金融、供应链金融、区块链金融、风险管理十个方面详细地阐释了互联网金融行业的相关知识、主要业务领域及风险管理。

在编写过程中，注重结合行业真实案例和最新新闻咨询，重点突出。在每个章节的开头采用情景模拟、问题引入的形式激发学习兴趣，并设计了相应的讨论和拓展阅读环节。希望能通过这种方式让读者"学有所用"，明确学习的目标。

本书适用于具有一定经济、金融基础知识，希望了解、从事互联网金融相关行业的高校学生，以及金融行业从业人员。

未经许可，不得以任何方式复制或抄袭本书之部分或全部内容。
版权所有，侵权必究。

图书在版编目（CIP）数据

互联网金融概论 / 蒋致远主编. —北京：电子工业出版社，2019.1
ISBN 978-7-121-34568-5

Ⅰ．①互… Ⅱ．①蒋… Ⅲ．①互联网络－应用－金融－研究 Ⅳ．①F830.49

中国版本图书馆 CIP 数据核字（2018）第 135154 号

策划编辑：石会敏
责任编辑：石会敏　　文字编辑：蔡馥羽
印　　刷：北京捷迅佳彩印刷有限公司
装　　订：北京捷迅佳彩印刷有限公司
出版发行：电子工业出版社
　　　　　北京市海淀区万寿路 173 信箱　邮编：100036
开　　本：787×1092　1/16　印张：14　字数：358.4 千字
版　　次：2019 年 1 月第 1 版
印　　次：2025 年 1 月第 11 次印刷
定　　价：42.00 元

凡所购买电子工业出版社图书有缺损问题，请向购买书店调换。若书店售缺，请与本社发行部联系，联系及邮购电话：(010) 88254888，88258888。
质量投诉请发邮件至 zlts@phei.com.cn，盗版侵权举报请发邮件至 dbqq@phei.com.cn。
本书咨询联系方式：(010) 88254551。

编　　委

编撰单位：

桂林电子科技大学
深圳国泰安教育技术股份有限公司

主　编：

蒋致远	佛山职业技术学院	金融工程系主任

副主编：

李江海	文华学院	金融系副主任
陈工孟	深圳国泰安教育技术股份有限公司	董事长
	上海交通大学	国泰安金融学教授、博士生导师
徐兆丰	电子科技大学中山学院经贸学院	金融系主任
张超	国泰安教育技术股份有限公司	金融教育事业群总经理

编委成员：

张凌霜　宋瑞敏　王力召

本项目得到国家自然科学基金项目"基于大数据的消费金融信用风险计量与管理研究" 71461004 的资助。

前　言

写作背景

互联网金融（Internet Finance）是谢平等在 2012 年提出的概念。互联网金融是指依托移动支付、云计算、社交网络及搜索引擎等互联网技术，实现资金融通、支付和信息中介等业务的一种新兴金融。其核心思想是"开放、共享、脱媒、平等、普惠、民主、去中心化"。通过互联网、移动互联网等工具，使得传统金融业务具备透明度更强、参与度更高、协作性更好、中间成本更低、操作更便捷等特点。理论上任何涉及广义金融的互联网应用，都应该是互联网金融，包括但不限于第三方支付、传统金融机构的在线业务、P2P 网络借贷、虚拟货币、大数据金融、网络征信等。

互联网金融起源的主要推动者来自传统的金融机构，即银行、保险和证券公司等将线下业务转移到线上。随着以快钱、通联支付、支付宝、微信支付为代表的支付创新企业将金融支付彻底带入"基层"，互联网金融快速进入普通大众的眼中。据国家互联网金融风险分析技术平台监测，截至 2016 年年底，互联网金融平台达 8490 家，互联网金融的活跃用户达到了 6.18 亿。互联网金融呈蓬勃发展的态势，也在全方位地改变公众的生活方式。与此同时，由于互联网金融是一个新兴行业，人才配套培养体系还未成型，因此全国有近百万的人才缺口。基于此，我们编写了《互联网金融概论》这本书，详细介绍了互联网金融行业的发展现状、业务领域等相关知识，希望能为互联网金融从业人员初步构建相关认知贡献一份力量。

内容安排

本书阐述了互联网金融的基础理论，并在充分查阅、调研互联网企业业务内容和行业新闻资讯的基础上，系统地介绍了互联网金融的商业模式、风险管理、产品设计、运营及客户管理 5 个方面。

第一章为"认识互联网金融"，包括互联网金融的含义与特点、发展历史、现状及未来趋势。

第二章为"传统金融互联网化转型"，包括金融机构的互联网化、金融产品营销的互联网化、金融服务互联网化、传统金融与互联网金融的联系与区别等。

第三章为"互联网金融的支付"，包括第三方支付的商业模式、风险分析及移动支付的典型案例分析。

第四章为"P2P 网络借贷"，包括 P2P 网络借贷的含义、发展历史、商业模式及风险分析。

第五章为"众筹"，包括众筹的含义、发展历史、商业模式及风险分析。

第六章为"虚拟货币"，包括虚拟货币的含义、发展历史及风险分析。

第七章为"互联网与大数据金融"，包括大数据金融的含义、典型应用案例及风险分析。

第八章为"供应链金融",包括供应链金融的含义、模式和典型应用案例及风险分析。

第九章为"区块链金融",包括区块链的含义和区块链在互联网金融中的应用。

第十章为"互联网金融的风险管理",包括互联网金融行业的风险分析、相关的法律法规及行业的风控办法。

本书的内容遵循由浅至深,由概况的理论描述到具体的实务案例的编排思路,希望读者对互联网金融的认识能够得到逐步的提升。

特色

本书在编写过程中注重互联网金融发展现状及现有主要行业领域模块的阐述,并结合行业真实案例及新闻资讯,将理论融合于实践中,重点突出,够用为度。同时,根据案例设计了相关思考问题等供读者参考和学习,具有很强的实践指导意义。在书中,补充了大量国内外关于互联网金融行业的前沿知识,特别是大数据金融、供应链金融和区块链金融前沿知识,力图为读者拓宽视野和更好地把握行业前景提供参考。

本书紧跟互联网金融发展的新方向,参考了大量国内外相关的文献资料,查阅了大量行业相关案例和机构网站,既可用于日常课堂教学,又可供有志于从事互联网金融行业的人员学习参考。

面向读者

本书适合具有一定经济、金融基础知识,希望了解、从事互联网金融相关行业的读者学习和使用。通过本书的学习,相信您能收获以下两点:

- 了解互联网金融行业的发展现状及典型的业务领域,如第三方支付、P2P网络借贷、众筹等,使初学者对互联网金融有一个全局的认知。
- 对互联网金融行业的风险有清晰的认知,培养一定的风险意识。

致谢

感谢为本书编撰做出贡献的所有人。桂林电子科技大学的蒋致远老师负责本书第一章至第四章主体内容的撰写;文华学院的李江海老师负责第五章至第六章主体内容的撰写;电子科技大学的徐兆丰老师负责评审;深圳国泰安教育技术股份有限公司的陈工孟教授带领金融事业部的张超、张凌霜负责全书排版修订,没有他们的努力,这本书无法完成。

书中涉及的大部分参考或引用材料都已在书后的"参考文献"中列出,对于参考或引用但没能明确列出的资料和文献,我们谨对作者表示深深的歉意。

我国互联网行业发展迅速,行业尚不成熟,随着互联网金融的不断推进和创新,必将会有新的业务领域出现。本书暂时无法全部涵盖,加之作者水平有限,书中难免存在不足和疏漏之处,欢迎广大专家、读者批评指正。

编 者
2018 年 9 月

目 录

第一章 认识互联网金融 ·· 1
  第一节 互联网金融的产生背景 ·· 1
    一、全球金融发展及趋势 ·· 2
    二、金融创新 ·· 3
    三、互联网的发展及新思维 ·· 5
  第二节 什么是互联网金融 ·· 7
    一、互联网金融的含义 ·· 7
    二、互联网金融的模式 ·· 9
    三、互联网金融的特点 ·· 11
  第三节 未来——互联网金融的发展趋势 ·································· 12
    一、行业监管趋向：快速构建精准大数据型监管体系 ·········· 12
    二、行业演进趋势：并购重组成为一种行业趋势 ·················· 12
    三、行业技术趋向：大数据时代将迎来科技金融的春天 ······ 12
    四、互联网金融促进金融创新 ·· 13
  复习思考题 ·· 14

第二章 传统金融互联网化转型 ·· 18
  第一节 金融机构的互联网化 ·· 18
    一、金融机构互联网化的必然性 ·· 19
    二、银行业的互联网化 ·· 20
    三、保险业的互联网化 ·· 26
    四、证券业的互联网化 ·· 28
  第二节 金融移动客户端 ·· 36
    一、基金 App ·· 37
    二、微信公众号 ·· 40
  第三节 金融产品销售的互联网化 ·· 43
    一、金融产品的网络销售 ·· 44
    二、网络金融营销的特点 ·· 45
    三、网络金融营销的策略 ·· 46
  第四节 传统金融与互联网金融的区别与联系 ·························· 50
    一、传统金融与互联网金融的区别 ······································ 50
    二、传统金融与互联网金融的竞争 ······································ 52
    三、传统金融与互联网金融的合作 ······································ 53

复习思考题 · · · · · · 55

第三章　互联网金融的支付

第一节　第三方支付
　　一、第三方支付的流程与特点 · · · · · · 60
　　二、我国第三方支付产业的发展 · · · · · · 61
　　三、支付宝的案例分析 · · · · · · 63

第二节　移动支付
　　一、移动支付的含义与模式 · · · · · · 68
　　二、移动支付的发展 · · · · · · 70
　　三、微信支付的案例分析 · · · · · · 71

第三节　移动支付、第三方支付的风险防范
　　一、合规风险管理 · · · · · · 73
　　二、沉淀资金管理 · · · · · · 75
　　三、技术风险管理 · · · · · · 76
　　四、恶意欺诈风险管理 · · · · · · 77
　　五、纠纷处理风险 · · · · · · 78
　　六、第三方支付的风险防范 · · · · · · 79

　　复习思考题 · · · · · · 81

第四章　P2P 网络借贷

第一节　P2P 网络借贷概述 · · · · · · 83
第二节　P2P 网络借贷的经济学分析——以 Lending Club 为例 · · · · · · 86
　　一、运营框架 · · · · · · 86
　　二、借款人 · · · · · · 87
　　三、投资方 · · · · · · 89
　　四、P2P 网络借贷的经济学 · · · · · · 90

第三节　P2P 网络借贷的核心技术 · · · · · · 91
　　一、风险定价 · · · · · · 91
　　二、组合构建工具 · · · · · · 91

第四节　P2P 网络借贷的风险 · · · · · · 92

　　复习思考题 · · · · · · 94

第五章　众筹

第一节　众筹的含义与发展 · · · · · · 96
　　一、众筹的含义 · · · · · · 96
　　二、众筹的要素与流程 · · · · · · 97
　　三、众筹在国内外的发展状况 · · · · · · 99

第二节　众筹平台商业模式 · · · · · · 100

一、债权众筹 ··· 100
　　二、股权众筹 ··· 100
　　三、回报众筹 ··· 101
　　四、捐赠众筹 ··· 102
　　五、各种众筹模式的比较 ·· 102
第三节　众筹平台的风险分析 ·· 102
　　一、众筹行业的法律法规 ·· 102
　　二、众筹平台的风险 ··· 105
　　三、众筹平台的风险控制 ·· 108
第四节　众筹平台的发展趋势 ·· 110
复习思考题 ··· 111

第六章　虚拟货币 ··· 115
第一节　虚拟货币的概念 ··· 116
　　一、理解虚拟货币 ··· 116
　　二、虚拟货币与电子货币的区别 ··· 117
　　三、虚拟货币的种类 ··· 118
第二节　虚拟货币的发展趋势 ·· 120
　　一、泛虚拟货币的发展趋势 ·· 120
　　二、服务币的发展趋势 ·· 121
　　三、游戏币的发展趋势 ·· 122
第三节　虚拟货币对现实货币的影响 ··· 124
　　一、对货币五大职能的影响 ·· 124
　　二、对货币供求量的影响 ·· 125
　　三、虚拟货币与通货膨胀 ·· 125
第四节　虚拟货币的风险 ··· 126
　　一、虚拟货币的风险类型与特点 ··· 126
　　二、虚拟货币的法律法规 ·· 128
复习思考题 ··· 130

第七章　互联网与大数据金融 ·· 132
第一节　大数据金融概述 ··· 133
　　一、解读大数据金融 ··· 133
　　二、大数据金融技术 ··· 136
　　三、大数据金融的发展趋势及面临的问题 ····································· 137
第二节　大数据金融的应用 ·· 138
　　一、大数据对传统金融的影响 ·· 138
　　二、大数据在金融领域不同分支的应用 ·· 140

三、大数据金融的运营模式·················143
　第三节　大数据金融的风险与防范················144
　　　一、大数据金融的风险····················144
　　　二、大数据金融风险防范措施················145
　复习思考题··························151

第八章　供应链金融·······················155
　第一节　供应链金融概况与特征·················156
　　　一、供应链金融概况·····················156
　　　二、供应链金融的融资模式··················160
　　　三、供应链金融融资模式的综合应用及解决方案·········162
　　　四、供应链金融的作用与意义·················163
　第二节　供应链金融的运作机制·················164
　第三节　供应链金融风险····················170
　　　一、供应链金融外生风险···················170
　　　二、供应链金融内生风险···················171
　复习思考题··························172

第九章　区块链金融·······················176
　第一节　区块链金融概况····················178
　　　一、区块链金融的概念····················178
　　　二、区块链支付的挑战与前景·················179
　第二节　区块链金融的特征及应用················179
　　　一、区块链金融的特征····················179
　　　二、区块链金融的应用····················180
　　　三、区块链金融的技术创新··················183
　　　四、区块链技术及其在金融体系中应用的局限性·········184
　　　五、区块链技术对现有金融体系的影响·············186
　复习思考题··························188

第十章　互联网金融的风险管理··················190
　第一节　我国互联网金融的监管概况与法律法规···········191
　　　一、我国互联网金融的监管概况················191
　　　二、我国互联网金融的法律法规················192
　第二节　互联网金融风险分析··················195
　　　一、机构面临的风险·····················195
　　　二、用户面临的风险·····················196
　　　三、网络自身的风险·····················197
　　　四、互联网金融的风险放大效应················197

第三节　互联网金融风险管理 ································ 198
　　　　一、互联网金融风险识别 ···································· 199
　　　　二、互联网金融风险分析 ···································· 199
　　　　三、互联网金融风险控制 ···································· 199
　　　　四、互联网金融风险管理方案 ································ 201
　　　　五、互联网金融风险管理评价 ································ 203
　　复习思考题 ·· 204

参考文献 ·· 208

第一章　认识互联网金融

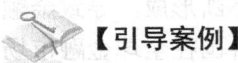【引导案例】

你知道互联网金融起源于何时吗

1995 年 10 月 18 日，世界上第一家虚拟网络银行——安全第一银行(SFNB)诞生了。这家银行由美国三家银行和两家计算机公司联合成立，是得到美国联邦银行管理机构批准的第一家全交易型的网上银行。该银行完全依赖互联网进行运营，服务范围包括：电子支票业务、利息支票业务、货币市场、基本储蓄业务、信用卡及 CDS 等大范围的多种银行服务。由于费用低，因此一年后开设了大约 7000 个账户，总存款额超过 2000 万美元。

2005 年，英国一家鼻祖网站 Zopa 诞生，自此互联网金融初露锋芒，一直采用类似于淘宝、天猫型的平台服务，利率完全由出借人和借款人商定。Zopa 不提供具体的借贷产品，自己也没有资产端，该公司目前发展良好。

2006 年美国本土第一家 P2P 借贷网站——Prosper 采取了类似于 ebay 的拍卖方式。借款人提出相关借款申请，包括个人信用评级、借款用途、能接受的利率水平等信息，然后把信息发布出去，由投资人进行出价，Prosper 按照相应规则撮合成交。2008 年金融危机前，这家公司还是美国 P2P 的领跑者，但由于其模式涉及美国证券交易委员会(SEC)相关法律，被要求整改，因此被随后成立的 Lending Club 超越，让出了第一的宝座。

还有滴滴打车、买火车票的微信支付等都是互联网金融的案例。

本章学习目标

- 了解互联网金融的概念和发展历史；
- 了解互联网金融的意义和特点；
- 了解互联网金融的发展趋势。

第一节　互联网金融的产生背景

互联网金融(Internet Finance)是谢平等在 2012 年提出的概念。互联网金融是指通过移动支付、云计算、社交网络及搜索引擎等互联网工具，实现资金融通、支付和信息中介等业务的一种新兴金融。

互联网金融不是互联网和金融业的简单结合，而是在实现安全、移动等网络技术的水平上，被用户熟悉接受后自然而然为适应新的需求而产生的新模式及新业务。互联网金融是传统金融行业与互联网精神相结合的新兴领域。

理论上任何涉及广义金融的互联网应用，都应该是互联网金融，包括但不限于为第三方支付、在线理财产品的销售、信用评价审核、金融中介、金融电子商务等模式。

一、全球金融发展及趋势

从最初的"高利贷"开始，金融业经过长时间的历史演变，从朴素的实物(货币)借贷，逐步扩展为由多种要素组合而又相互作用的庞大系统，包括货币资金的筹集、分配、融通、运用及管理等。金融行业的专业性和集中度日益提高，大型金融机构不断形成，导致金融权利逐渐集中。而权利集中的趋势不仅反映在一国内部，而且反映于各国在全球金融市场上的地位。

(一)金融权利集中的形成及危机

从16～17世纪荷兰的崛起，到18～19世纪英国金融帝国的建立，再到20世纪至今美国金融主导权利的形成，国际金融格局的历史演变表明，一国的金融力量在国际竞争中居于至关重要的地位。一方面，一国强大的金融力量将极大地支撑该国经济的发展，促使该国在国际竞争中居于领先地位；另一方面，一国领先的经济实力将促进全球性金融资源向该国集中，凸显该国在全球金融格局中的主导地位。二者互相促进，会造成国际间金融资源的过度集中。

全球金融资源在少数发达国家的过度集中会导致国际范围内的金融失衡——发达国家的金融产品过于丰富，金融市场急剧膨胀，虚拟经济大幅度脱离并超过实体经济，累积了巨大的系统风险，并把风险向全球范围内扩散。而不发达国家基本的金融需求得不到满足，加之本国金融体系的抗风险能力差，有限的外汇资金无法在本国市场得到好的回报，只能回流美国购买美国国债或机构债券等金融资产，这不仅削弱了本国的金融资源、抑制了本国的金融需求，而且分担了发达国家的金融风险。

经济全球化与金融全球化的发展非但没有改善这一状况，反而使情况恶化，加重了全球经济失衡。2007年的金融危机之后，国际金融格局有所变化，全球金融体系正经历着结构性变革。人们开始质疑美元的单一世界货币体系的正当性，想要改变现有金融国际秩序和规则的呼声日益强烈。亚洲和新兴市场银行在全球的重要性日益提升，国际货币体系和国际金融市场有向多元化发展的趋势，美国和欧盟的金融地位均有所下降，但其主导地位并未发生根本性动摇，其弊端也无从消除。

与国际金融权利集中相对应的是发达国家内部的金融权利集中。20世纪90年代以来，国际金融业出现重组浪潮，收购、兼并活动频繁，尤其是银行业、证券业和保险业的三业并购，形成了混业经营的"巨无霸"金融集团。在全球范围内，兼并的结果表现为大多数国家的少数几家金融巨头垄断了主要的市场份额。

（二）金融权利集中的弊端

虽然这种资源和权利的集中有利于保持和加强金融企业在全球竞争中的实力和地位，但也存在以下弊端。

(1) 金融服务功能的异化。金融中介的本意是依靠专业化服务为供需双方搭建资金融通渠道。但垄断地位的形成，使得大量金融机构主要依靠信息不对称和资源不匹配的优势获取超额利差，其收入更多来源于信息和资源优势，而非服务质量。

(2) 金融资源分配失衡。金融垄断导致市场失灵，金融资源大量向优势行业和优势区域的集中导致低收入区域、弱势群体出现金融服务的可及性障碍（包括地理障碍、价格障碍等）。由于资源分配失衡，因此无论国内还是国际范围内都存在着供应过剩和供应不足同时并存的现象，前者易于引发金融泡沫，后者则加剧贫富分化，导致区域金融荒漠化，二者均不利于经济的健康、平稳发展。

(3) 引发道德风险。由于金融资源高度集中，因此大型金融机构在金融体系乃至整个经济体系中占据举足轻重的地位，导致"大而不倒"。在运行状况良好时攫取超额利润，在出现危机时向社会转嫁成本。这成为人们对大型金融机构普遍的道德指责，也加重了社会经济运行的负担。

(4) 导致金融危机。复杂的运作流程和高度"专业化"的知识壁垒屏蔽了人们对于风险的认知，使得对大型金融机构的有效监管极其困难。当因复杂的金融交易过程而不断累积的风险爆发时，必然会导致金融危机，对整体经济产生破坏性影响。

此外，由于金融行业普遍存在较高的资金门槛和政策性限制，因此创新企业想进入这一行业困难重重。而已经进入的企业有的坐享政策利差，丧失金融创新的动力；有的以逃脱监管为己任，以创新之名行投机之实，导致虚拟经济日益脱离实体经济，累积了大量的系统性风险。尤为重要的是，高昂的风险控制和监管成本大大提高了金融机构的运作成本，金融机构更倾向于为"富裕"客户提供更优质的产品，而不是向海量普通用户提供更多真正满足其个性化需求的产品，阻碍了人们的自由、平等获取金融服务的权利。

全球金融格局的形成有其历史必然性和合理性，也为经济的发展起到巨大的推动作用。但其日益显现的弊端既不利于各国经济的全面均衡发展，更与民主、自由、去中心化的社会发展思潮格格不入。这意味着全球金融迫切需要一个更加安全、合理、健康的新局面。

二、金融创新

金融的本质在于促进价值的跨时间、跨地域交换和优化资本配置。金融的本质属性涉及以下诸多重要环节。例如，如何创造、提高流动性；如何降低交易成本；如何有效评估信用、管理风险；如何消除信息不对称；如何推进市场的完全化等。这些成为了金融价值提升的重点，也构成了金融创新的内在动力。

（一）金融创新的途径

除内在动力外，许多学者也探讨了金融创新的其他途径。例如，凯恩的规避行为金融创新理论意味着，当外在市场力量和市场机制与机构内在要求相结合，回避各种金融控制和规章制度时就产生了金融创新行为；爱德华·S·肖从发展经济学的角度对金融与经济发展的关系进行探究，认为放松金融管制、实行金融自由化有助于经济发展，即金融创新应匹配经济发展需求；制度学派认为，作为经济制度改革，即金融创新，应匹配经济制度变革需求；格林和海伍德认为财富的增长是决定对金融资产和金融创新需求的主要因素。

上述理论探索说明金融创新的内涵丰富，其路径和动力多种多样，并非完全基于金融体系的内生需求。自20世纪70年代以来，发达国家的金融创新有转移风险和逃脱监管两条主线，其动力大部分来源于内生需求。

(二) 金融创新过度带来的危机

进入21世纪后，金融全球化加速展开、金融监管普遍放松、技术发展日新月异，全球范围内的金融创新更是格外活跃。这一方面使得2007年之前全球经济迅猛发展，另一方面也最终导致了2007年金融危机的大爆发。

2007年开始的金融危机反映的是内生性金融创新过度而危及金融体系和世界经济的事实，主要表现在以下3个方面。

(1) 过度迷信技术，忽视了技术的潜在风险和道德风险。过于复杂的技术阻碍了人们正确认识风险，也为大型金融机构利用信息不对称攫取超额利润和转嫁自身风险创造了可乘之机，并最终导致系统风险的过度累积。

(2) 影子银行过度膨胀，脱离了实体经济的发展需要。相对宽松的金融监管环境、高杠杆率的盛行，使得金融资产产生近乎失控地增长，高达全球GDP的数倍，其风险远远超过实体经济的承受能力。

(3) 资产过度证券化。这一方面产生了道德风险——放松对资产的风险评估，通过证券化打包给市场投资者；另一方面导致投资者没有能力进行风险评估，使得投资者过度依赖外部评级。

上述弊端深刻揭示了金融过度创新产生的复杂后果，也意味着金融创新应包含一个完整的体系，无论是技术创新、产品创新还是市场创新都应与现实金融需求、金融监管乃至经济制度和经济发展相匹配。否则，单一层面的过度创新都有可能导致金融市场或结构失衡，产生难以预期的后果。

(三) 金融创新的趋势

金融创新过于依赖内生动力的现状(如追求短期最大利润、规避金融监管、只着眼于财富数量的增长等)也引发了人们对于金融本质及其与社会发展、人民福祉的关系的思考。在金融失衡和金融权利不平等的背景下，金融创新也展现出一些完全不同的新方向——普惠金融和民主金融。

普惠金融的基本含义是能有效、全方位地为社会各个阶层和群体提供服务的金融体系。由于富裕群体普遍比较容易获得全面的金融服务，因此普惠金融实际上侧重于弱势群体或低收入人群，目的是使这些群体中真有需求的人能够以合理的价格，方便和有尊严地获取全面、高质量的金融服务。

普惠金融的功能一般通过设立专门的乡村银行或社区银行来实现，其中最成功的案例是诺贝尔和平奖获得者尤努斯创建的孟加拉乡村银行。该银行主要面向农村贫困人口，尤其是贫困女性，采取无担保、无抵押的贷款制度，借款利率略高于传统银行，大大低于高利贷。它的成功引起其他国家纷纷效仿，现在在各地都开设有类似的银行。

普惠金融的实质是促进金融资源的均衡分布，扩大金融服务的受众，提升消费者的参与度和效用价值。民主金融则致力于通过新型金融产品让人人共同承担风险、共同受益，为经济生活提供更加牢固的基础。

民主金融的概念由美国著名经济学教授罗伯特·希勒提出，包含以下内容：

(1) 金融要为每个人而不是部分人服务，人人都能从金融活动中平等获益；
(2) 金融体系的目的是管理风险，减少不公平现象的发生，提高所有人的福利；
(3) 应当鼓励人们从事金融业，或参与金融创新为社会谋福利；
(4) 法律监管应加深人们对金融运作知识的了解，为公众提供更可靠的信息；
(5) 达成上述目标的途径在于金融创新。

由此可见，民主金融实际上包含了普惠金融的构成要件，是对普惠金融的发展和提升，二者共同构成当下金融创新的诉求。

三、互联网的发展及新思维

（一）互联网的发展历史

互联网起源于20世纪60年代的美国军方项目，其最初目的是把分立的计算机主机连接起来，使得彼此之间能够交换信息、共享计算资源。随着TCP/IP协议的推出，此前孤立的计算机网络可以通过此网间协议互相连接，信息交换、资源共享的范围和规模迅速扩大，形成了Internet（网间网，即链接不同独立网络的互联网）。互联网的本质是信息高速交换网络，其直接作用是提高信息交换的效率、降低交换成本。因此，互联网对社会和经济的影响最初集中在通信、传媒、军事等有限领域。但是，随着计算机的快速普及和互联网的爆炸性发展，越来越多的信息被电子化、数字化后放置于网络之上，互联网开始逐渐融入社会的方方面面，而更多的人类活动也开始通过网络进行。

到21世纪初期，互联网已经覆盖全球主要国家。根据中国互联网络信息中心（CNNIC）发布的消息显示，截至2016年6月，我国网民规模达7.36亿人。互联网普及率为46.9%，较2013年年底提升31.1%。我国手机网民规模达5.27亿人，较2013年年底增加2699万人，网民中使用手机上网的人群占比进一步提升，由2013年的81.0%提升至83.4%，手机网民规模首次超越传统PC网民规模。手机网民规模在2013年全年激增8009万之后，潜在手机网民已被大量转化。手机网民在网民中的占比已经处于高位，未来一段时间我国手机网民增长将主要依靠创新类移动应用迎合非手机网民潜在网络需求来拉动。

电子商务的出现，是互联网发展的一个新起点，不仅扩大了互联网经济的范畴，使互联网经济由"支撑互联网的经济"转变为"被互联网支撑的经济"，而且使人类的经济活动与网络紧密联系起来，深刻地改变了商业结构和经济运作模式。电子商务激发推进了互联网娱乐、互联网招聘、互联网教育、互联网金融等新兴行业，展现出重构人类经济的强大力量。而互联网的影响也由此上升到社会心理、行业思维、组织结构等诸多层面。

(二)互联网思维

1．"共享"思维

互联网构建的初衷在于共享计算资源，而资源一旦可以共享，就不再局限于"计算"。文件、软件、资讯、评论等各种类型的资源纷纷开始在不同的计算机间复制和传输，因此"分享"是互联网与生俱来的一个思想。在这一思想的主导下，拥有某种电子资源的人无偿向其他人(和计算机)共享，成为天经地义的事情。这一方面是习惯使然，另一方面也是因为电子资源分享的代价极低。这与传统的实物分享不同，把一件实物分享给他人，在某种程度上意味着分享人失去了对该实物的部分占有权或使用权，电子资源分享的实质是复制，并且不妨碍分享人本身对资源的占有和使用。

2．"免费"模式

分享精神直接激发了"免费"模式。由于大量的电子资源被分享至网络，而使用这些资源无须缴纳任何费用，因此免费成为互联网应用的典型特征。无论是新闻、社区，还是搜索、即时通信，都是免费的。即使收费，着眼的也是大量用户，因而费用通常极其低廉。这种"免费"策略催生了新的商业模式——所有进入互联网领域的企业都要考虑如何在免费的基础上实现盈利，因而出现了在线广告、后端收费、增值服务等多种多样的新型商业模式。

3．"普惠"精神

在分享和免费的基础上，"普惠"精神也成为一种重要的互联网思潮。许多用户把自己耗费不菲人力和财力而获得或创建的资源共享出来，免费交由其他人使用，并希望更多地被人们分享，目的就在于让自己的劳动成果惠及更多的人群，而不在乎这些人是否认识他，是否能为他带来直接收益。其至对于商业机构而言，经由互联网，以尽量低的价格为尽量多的人群提供服务，让那些以前享受不到类似服务的人群受惠，也成为不自觉的意识。这都促进了普惠精神的传播和发扬。

4．"平等和民主"思想

平等思想在早期互联网中表现尤为明显，当时有着这样一个流行的说法"在网上没有人知道你是一条狗"。平等使得所有网民站在同一起点，解除了社会地位、等级文化造成的交流鸿沟。一个用户在网络上能得到多少尊重和认可，仅由其网上的表现和贡献决定，这就形成了"民主"的氛围。在平等和民主的环境中，自由也得到了很大的释放。这里的自由包括表达自由和选择自由，甚至可以自己搭建网站，吸引志趣相投的用户。

5．"自由及协作"思想

在互联网发展之初，就有很多用户通过网络共享资源、互通有无，共同从事某项研究性或事务性工作。在互联网普及之后，更多用户把更为复杂的工作通过网络平台共同协作完成。因此"协作"也是一种互联网精神，使得许多素未谋面的合作者互相配合，共同完成现实世界中难以完成的任务。

共享、免费、普惠、平等、民主、自由及协作是典型的互联网思想，但是这些思想并非开始于互联网，而是被互联网强化、传播和重塑。随着互联网应用深入各行各业，这些思想也将对行业思维和社会心理产生深远的影响。

（三）互联网的发展趋势

互联网的发展趋势，简而言之就是Web2.0、社交网络、云计算、大数据、移动互联网、物联网和区块链等技术的发展。但是互联网不仅仅是一场技术革命，更是一种思维逻辑上的转变和更新。这种思维逻辑大致包括以下内容。

（1）关注海量用户。用户数量是互联网企业取得高额营业收入的关键，也是支撑绝大部分互联网商业模式的基础。

（2）关注个性化需求。信息创建、传播成本的降低和丰富的产品供应，使得用户享有充分的选择权。用户会变得更加挑剔，唯有符合用户个性化需求的服务方能得到认可。

（3）关注长尾市场。海量用户加上个性化需求就构成了长尾市场，大量的灰暗企业事实上都在长尾市场中发掘出了自身的商业价值。解决了长尾市场问题的创新性问题，是互联网企业对于经济和商业的一大贡献。

（4）重视创新。相对于头部市场，长尾市场的用户获取与服务成本较高，企业必须通过创新才能降低个性化服务成本，成功吸引海量用户，实现可持续发展。

（5）不惧怕风险。互联网企业随时可能面临失败的风险，需要相关从业人员具备顽强的抗风险能力。资本市场也以天使投资、孵化器、风险投资等形式鼓励人们进行开拓性尝试。

（6）重视用户体验。良好的用户体验有利于用户的持续、重复访问，是互联网应用获取用户的头道门槛。

（7）重视市场潜力。高风险必然要求高回报，互联网企业一般不重视初期收益，而更关注市场容量和市场潜力。

（8）重视蓝海市场（未知的市场空间）。互联网企业普遍通过蓝海市场的开发捕获海量用户，然后逆袭头部市场，实现对传统行业的颠覆。

（9）重视开放性。要满足海量用户的个性化需求，单靠一方的能力远远不够，需要打造一个平台式生态圈，多方合力共同把市场做大，既能更好地服务用户，又能形成稳固的利益共同体，在竞争中保持优势地位。

目前互联网金融的发展趋势十分明显，相关创新活动层出不穷。各类机构纷纷介入，除银行、证券、保险、基金外，电子商务公司、IT企业、移动运营商等也非常活跃，演化出了丰富的商业模式，模糊了金融业与非金融业的界限。

第二节　什么是互联网金融

一、互联网金融的含义

目前，互联网金融还没有完全成形，还需要学术研究引领实践，大胆推演，合理假想未来情景，既不完全总结历史，又不完全概括现状，更多的是设想未来。

(一)互联网金融的定义

互联网金融现在只是一个前瞻性的概念,行业共识体现在如下三个方面。

其一,立足现实。现实中已经出现的互联网金融形态是推演的出发点。

其二,互联网金融符合经济学、金融学基本理论。

其三,互联网金融的研究基准是瓦尔拉斯一般均衡对应的无金融中介和市场的情形。瓦尔拉斯一般均衡是经济学的理论基石之一。在一系列理想化的假设下,完全竞争市场会达到均衡,资源配置达到帕累托最优,金融中介和市场将不复存在,货币也可有可无。而现实中存在金融中介和市场,主要是由信息不对称和交易成本等摩擦因素造成的,但随着互联网金融的发展,信息不对称问题将大幅减少,交易成本也会显著降低。互联网金融将逼近与瓦尔拉斯一般均衡相对应的无金融中介或市场的情形,这也是金融演变的内在逻辑和归宿。

总之,互联网金融是一个前瞻性的概念,在此我们借用谢平等给出的互联网金融的定义:

> 互联网金融是一个谱系概念,涵盖基于互联网技术和精神的影响,从传统银行、证券、保险、交易所等金融中介和市场,到瓦尔拉斯一般均衡对应的无金融中介或市场情形之间的一切金融交易和组织形式。[2]

(二)互联网金融的三个层次

互联网金融在意义上不仅仅等同于数据金融和技术金融,它在交易主体、交易结构、权利契约层面上引发的变化,以及潜在的金融民主化,才是具有革命意义的一个论述。更重要的是,对互联网金融三个层次起到共同催化与推动作用的是互联网精神,它是互联网金融的思维基础,是互联网金融三个层次的共同支柱和融合剂。图1-1展现了互联网金融的三个层次自下而上的递进支撑关系,以及各层次所属的金融范畴。

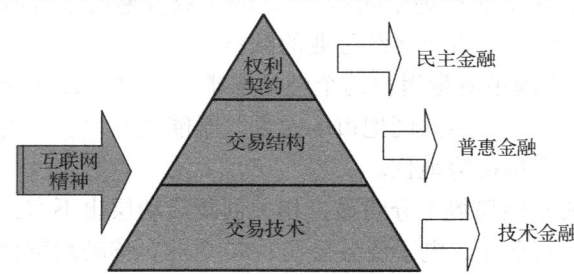

图1-1 互联网金融的三个层次

1. 交易技术

交易技术是指用以降低金融交易成本,提高交易效率、便捷性和安全性的技术,既包括交易渠道新技术,又包括优化服务、控制风险所涉及的新技术(如远程信用评估、数据审核贷款项目等)。交易技术覆盖的内容非常广泛,如移动支付、移动金融、供应链金融、金融垂直搜索、渠道金融及智能理财等。其核心是新型的信息技术、数据技术和智能技术在金融行业的应用。

交易技术是互联网金融的基础,表现为交易方式、渠道的变化,交易成本的节约和交易效率的提高。交易技术对金融的影响直接而明显，是当前金融创新的技术驱动力。但交易技术又相对独立，能够在不影响金融行业格局的情况下推动金融的发展。

2. 交易结构

传统交易结构从总体上来说是集中式的，借贷资金得去银行，买保险得找保险公司。由于历史原因和监管因素，金融机构数量有限，经常形成垄断地位，借助信息利差和政策利差攫取超额利润，而用户的选择权极其有限。

互联网金融的交易结构不同于传统交易结构，表现为交易结构的多元化。这种多元化需要交易技术的强力支撑，在没有互联网的情况下，大范围、高效率的点对点服务不可想象。正是互联网的去中心化特质为金融行业的去中心化带来了可能。

交易结构的多元化是互联网金融的核心层次，承上启下，连接技术和权利。一方面，它使得交易技术的作用上升了一个台阶，突破了金融创新的内在动力，展现出时代环境、新型文化对于金融行业的真正改造；另一方面，它使得金融服务具备丰富性、获得性、平等性和普惠性，为金融长尾问题的解决奠定结构基础，并形成民主金融的结构支撑。从以多元化结构满足多样化需求的角度来看，这个层次上的互联网金融可归为普惠金融范畴。

3. 权利契约

传统金融体制的弊端主要源自金融权利的过度集中，它与互联网经济的扁平化、分散化特征背道而驰，也违背了分享、协作、普惠、自由和民主的互联网精神。传统的金融体制实质是工业时代规模经济在金融领域的投射，其演化过程是各方博弈的结果。但是普通大众的自由意识和选择权利在这一过程中从未发生过主导作用，因而很难称得上是民主、平等、自由的契约。

权利契约的变化居于互联网金融的顶层，是对传统金融行业最具颠覆性的冲击。而交易结构的变化导致权利结构的变化。随着新型金融力量的崛起，传统金融的权利将被分割，同时市场竞争加剧，用户便可以在此过程中扩大自身的金融权利。尤其是大量普通人借助P2P(Peer-to-Peer Lending)等渠道提供金融服务，成为未来庞大的分散化金融体系的重要组成部分。服务的提供者和使用者之间的权利契约将更加民主、平等。因此，这个层次的互联网金融归入民主金融的范畴，它不但意味着金融参与者数目的扩大，更意味着普通参与者权利的提升，如同电子商务中已经呈现出明显的消费者地位反转趋势。

二、互联网金融的模式

以互联网为代表的现代信息技术(尤其是第三方支付、搜索引擎、社交网络及云计算等)对人类社会金融模式产生的颠覆性效应，导致可能出现既不同于以商业银行为代表的间接融资，又不同于以资本市场为主体的直接融资的"互联网金融模式"。这种模式的产生对传统金融产生了深刻的影响和巨大的冲击：余额宝的横空出世，仅用不到半年的时间就达到了近2000亿元的规模，导致银行存款大量流失；同时P2P发展迅猛，规模也已超过了1000亿元，极大地冲击了传统的单纯资金中介。

互联网金融迅速成为社会各界关注的焦点，并正在悄然改变与重塑着现有的金融体系和服务，这一切使得2013年被称为所谓的"互联网金融元年"。在2014年李克强总理所做的政府工作报告中，也首次明确提出"要促进互联网金融的健康发展"。

互联网企业介入金融，分很多层次，包括传统金融机构的互联网化(银行、证券、保险等传统产业)、互联网融资(P2P、众筹等)、互联网支付(第三方支付、移动支付等)、虚拟货币(比特币等)、大数据金融。但是总体上属于补充论范畴，较大程度上弥补了传统金融机构惠及面不足的难题。从提升效率的角度来看还是有意义的，其主要有以下 4 类模式。

1. P2P 模式和众筹模式

P2P 模式和众筹模式是典型的符合金融定义的一种模式。目前国内 P2P 具有典型的金融网络化的特征，跟传统金融本质上区别不大，目前更多的还是民间借贷的网络版，如红杉资本的投资逻辑。其投资的两个互联网金融模式，其中一个是拍拍贷。拍拍贷的模式首先从逻辑上来说，规模做大不受资本金的约束，理论上可以做到很大；其次，平台本身是撮合平台，不承担风险，也没有隐含风险和负债，估值相对容易很多。因为市场需要整个政策环境发生根本性的转变，才有可能迎来 P2P 真正的春天，所以国家在 2016 年开始对 P2P 进行规范和整顿。而未来会有一些专业性机构或有基础性平台的公司做 P2P，但是它们的核心必然不是 P2P，而是利用 P2P 优化自身的生态体系。目前众筹模式主要是股权融资的互联网模式和民生类的互助融资形式。

2. 第三方支付模式

第三方支付是互联网金融的利器，但是这个利器投入很大、盈利很小、生存概率很低。市场上有两百多家第三方支付平台，但最终的格局是赢者通吃，因为竞争太同质化了。而且，竞争还是要靠规模取胜，除了一些依附于特定垂直型市场的支付模式，捆绑式应用的支付流程系统目前占据的市场份额比较大。其中发展迅猛的是支付宝和微信支付。

3. 以渠道为特征的互联网理财销售模式

以渠道为特征的互联网理财销售模式是目前的主流。这类模式有两个办法介入。

一是本来有生态体系和账户体系，只是多一个应用的方式，余额宝就是典型。例如，我是学校，你到我学校来卖牛奶，学校本身就有相应的商业生态体系和账户支付结算体系，只需要在学校体系中嵌入你的应用即可，目前这种附加应用型是主流，成本最低，效果最明显。

二是自己建平台，专门做销售，如数米网、好买网、铜板街等都是这个模式。这里面其实也有分化，有走专业化路径的，如数米网；也有走基金超市模式的，如铜板街。但是这类以能力为基础的互联网模式很难走远，因为互联网是去能力化的，互联网没有办法提供提高挑选能力的方式方法。

4. 以信息匹配为特征的方式

以信息匹配为特征的方式即双边市场特征的模式。符合双边市场需要以下前提性特征。

第一，供需都是海量需求；第二，两者最终能达到基本上一比一的需求解决状态。如淘宝这类平台型应用生存的基础，就是供需之间存在严重的信息不对称的问题，需要一个中立的平台作为集散地进行交互。

而贷款这种行为，供需从大的架构来看，很难说是海量需求。贷款本身是一次性消费行为，缺乏稳定性和持续性。而作为供给方更是如此。贷款供给在较长一段时间内都是稀缺性资源，未来利率市场化后，贷款的稀缺性会下来。同时，需求方的需求也会下来，因为通过市场化的行为，会出现需求被满足的可能性。

三、互联网金融的特点

1. 互联网金融是互联网因素对金融的渗透

一方面是互联网技术的渗透。其主要体现在移动支付、第三方支付、大数据、社交网络、搜索引擎、云计算等方面。互联网能降低交易成本，缓减信息不对称的问题，提高风险定价和风险管理效率，拓展交易可能性边界，从而影响金融交易及其组织形式。

另一方面是互联网精神的渗透。传统金融更多的是产品创新，而互联网精神的核心是开放、共享、去中心化、平等、自由选择、普惠民主，从而影响互联网金融的分工、专业淡化、产品简单化、去中介化、金融民主化、普惠化、金融脱媒。

2. 互联网金融仍然保持金融的基础不变

但是，互联网金融仍然会保持金融的基础不变，主要体现在以下三个方面。

(1) 金融的核心功能不变。互联网金融仍是在不确定的环境中进行资源在时空上的配置，以服务实体经济，包括支付结算、资金融通和股权细化、为实体经济资源转移提供渠道、风险管理、信息提供、解决激励问题等。

(2) 股权、债券、保险、信托等金融契约的内涵不变。金融契约的本质是，约定在未来不确定情形下，各方对未来现金流的权利和义务。金融契约从过去的物理形式发展到目前的电子形式，并建立有关托管、交易和清算机制，但其内涵不变。在互联网金融中，所有金融契约都是数字化的，是构成互联网金融交易的基础。

(3) 金融风险、外部性等概念的内涵不变。互联网金融一定存在风险，其监管的基础理论不变。审慎监管、行为监管、金融消费者保护等监管方式都适用于互联网金融，但具体措施会与传统金融有所不同。

目前，人们在认识互联网金融及金融互联网方面还存在一些偏差和误区，把有无实体网点作为区分两者的充分条件，这样的区分是不科学的。是否具有互联网精神，能否以客户需求为导向并注重客户体验等，才是互联网金融与金融互联网的本质区别。阿里金融是目前比较接近理想化互联网金融模式的一个样本。

3. 互联网金融的模式创新

结合到目前为止的发展现状分析，互联网金融主要有以下创新模式。

(1) 互联网金融的发展理念及思维方式更为开放、平等、分享和包容，更加强调分工与协作，互联网金融是全面的互联网化。

(2) 互联网金融管理方式遵循社区制、崇尚自由、引导理想、注重中长期利益，关注客户满意度等非财务指标，倾向于非标准化及柔性多变的组织结构，而不是只关注盈利的财务指标。

(3) 互联网金融的组织架构相对比较独立，而且常常发生持续变化，适应内外部环境的能力明显提高，在不确定性的市场竞争中的能力大大增强。

(4) 互联网金融的客户群年轻化，种种客户体验和产品的流程简化，改变了传统金融的"贵、慢、繁"的感受和"成年化"的客户群。

(5) 价格策略不同。互联网经济具有边际成本趋于零的特点，具有明显的"规模经济"优势。互联网金融模式在价格策略上主要考虑以下三个因素：一是短期、中长期收益与成本的比较；二是产品或服务是否真正满足了客户需求，以及是否为客户创造了更大的价值；三是依托大数据技术，深入了解客户，实现差异化定价。

第三节 未来——互联网金融的发展趋势

一、行业监管趋向：快速构建精准大数据型监管体系

2016年是监管政策的颁布期，而2017年则是具体执行期，各种监管政策的过渡期、整改期临近，企业将面临着行业的大洗牌。

互联网金融平台发展的主基调或将是合规。能率先完成各类监管的合规整改，把整改落到实处，就意味着能抢占行业先机。2016年3月，铜板街携手同盾科技打造反欺诈智能安全防护系统，同时还接入了央行互联网金融风险信息共享系统。

目前对互联网金融的整治已经进入了第一个阶段，把基础框架、规则确认起来。之后从短、中、长三个时期来看，有如下发展趋势。

(1) 从短期来看，要延续整治，在前期掌握情况的基础上更好地对症下药，对违法违规行为要及时处理。

(2) 从中长期来看，要对互联网金融各种领域模式实现可持续发展，有效实现风险可控。如逐步推进信用体系完善、促进未来多层次的监管协调。互联网金融今后随着监管的不断推进，其规模和业务发展将愈发困难。

(3) 从长期来看，合理的规范将有效促进互联网金融行业的可持续发展，推动整个金融体系乃至中国经济的进步。

二、行业演进趋势：并购重组成为一种行业趋势

业内人士认为，过去单独作战的平台或将难以生存，而抱团取暖将成为新趋势。中小型平台将依附于如BATJ等大平台所搭建的生态体系，"以军团作战促进产业协同发展"成为各参与方对互联网金融行业发展的一致预期。

做金融除了智慧和勤奋，各家平台还需要抱团，需要利用资本的力量，发挥各自的优势取长补短，协同发展。例如，铜板街与做应用场景地找钢网等平台达成合作，并已将合作推广至第三方支付、电子签名、电子公正、信息安全、大数据、催收、征信等领域。所以军团战略对企业未来的发展尤为重要。

三、行业技术趋向：大数据时代将迎来科技金融的春天

面对国家的调控，在良性政策指导下，一些互联网金融平台将会寻找新的突破点，以此突出平台自身优势，加强其行业竞争力。而为了更好地融入大数据理念，一些企业也将区块链、大数据风控和大数据征信作为一个新的突破点。

因此，大数据时代将为互联网金融行业提供更好的技术服务。目前国内包括蚂蚁金服、百度金融、宜信、铜板街等多家互联网理财平台已经开始进军智能投资顾问市场。去年5月，

宜信宣布智能投资顾问产品"投米 RA"正式上线。互联网理财平台将充分考虑不同年龄、不同种类用户对资金流动性的不同需求，挖掘用户真正的理财诉求，为用户智能化推荐投资产品，实现对传统投资的有力补充。

四、互联网金融促进金融创新

金融创新的趋势是普惠金融和民主金融，互联网金融属于金融创新的一种形式，互联网金融的出现对于这一趋势将产生以下影响。

1. 互联网金融推动普惠金融的发展

普惠金融的实质是促进金融资源的均衡分布，扩大金融服务受众，提升消费者的参与深度和效用价值。其与互联网的普惠精神直接契合，还可受益于互联网的分享、协作和平等精神。互联网金融在交易技术和交易结构两个层面上深化了普惠金融。

在交易技术层面，互联网金融可以通过网上自助服务和远程审核减少物理网点，降低人工成本，提高服务的覆盖人数；还可以增强信息交流，提高信息透明度，降低信用审核和风险控制成本；通过数据建模和自动化操作降低大量的业务操作成本；通过数据挖掘技术，分析用户需求，提供多样化、个性化、更具成本效益的金融服务；利用大数据技术提高监管机构的监管能力，降低监管成本；借助开源技术和业务众包进一步降低金融机构的运营成本，帮助金融机构实现财务的可持续发展。

在交易结构层面，互联网金融可借助 P2P 技术、Web2.0 技术为用户搭建各种点对点的借贷、投资和交易平台，使用户拥有多元化的金融服务渠道。这种多元化渠道不仅满足了用户多元化的金融需求，而且更能削弱弱势群体对单个金融机构的依赖，促进各个渠道的充分竞争，从而确保用户始终享有普惠金融的权利。

2. 互联网金融是民主金融的起点

民主金融的本质在于破除行政力量和少数大型金融机构对于金融权利的垄断，促进市场竞争，提升消费者的金融权利，使得金融如同其他经济服务一样，回归其本质：促进价值交换、优化资本配置、托管社会财富。

互联网金融是民主金融的起点，其对民主金融的影响和促进，深刻体现在以货币为代表的权利契约的革新上。以比特币为例，这个仅有算法产生、无任何实体机构支撑的货币能够产生巨大的交换价值，仅仅在于用户间的信任。这种信任构建于稳定的规则、稳固的基础设施（P2P 网络）、用户可参与的发行，以及公平的计算与投票上。它实际上是所有用户在公平、自愿、民主的基础上共同签署的权利契约，是一类集体意愿的具化，具有强大的生命力。

普惠金融源于对金融排斥的修正，它的重点在于扩大金融服务的覆盖面和服务层次，使得人人均能享有金融服务。民主金融则针对金融权利过于集中，深化市场主体的参与度和改变权利结构，使得人人都能享有金融权利。互联网金融当前的着眼点在于普惠金融，对于普惠金融有着直接的促进作用。

但是需要注意到的是，互联网金融的价值不仅仅在于交易技术。其以各种新兴技术为基础，在互联网精神的推动下，已经拥有自己的逻辑，那就是改变交易结构、颠覆权利契约。这一逻辑与民主金融存在诸多共通之处,从更长远的视角来看,互联网金融只是金融行业发展中的一个中间阶段,是更高级别的民主金融的起点。

复习思考题

1. 什么是互联网金融?互联网金融思维是什么?
2. 互联网金融的四类主要模式是什么?
3. 互联网金融有何特点?
4. 互联网金融的发展趋势是什么?
5. 互联网金融的意义何在?

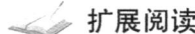 扩展阅读

(一)资金存管并非万无一失

归根到底,只有从物理上使投资人的资金与平台资金完全隔离,才能根本杜绝资金存管风险。而要实现这一点,就需要银监会等相关监管部门出台法规予以规范,规定P2P公司的客户资金必须交由第三方存管机构(商业银行)存管。

【案情描述】

2012年6月3日,发生了P2P行业轰动一时的淘金贷跑路事件。张先生就是其中不幸中枪的一位投资人,数万元投资款一下子就没了踪影,这让原本对P2P行业的前景充满信心的他气愤不已,也让他对整个P2P行业的资金存管安全性产生了极大的忧虑——假如平台可以任意经手投资人的资金,又不对外公布资金状况,资金监管处于真空地带,那岂不是随时都有携款跑路的可能吗?一旦遭遇经营困境,携款跑路不就是一件十分自然的事情吗?

【分析】

中央财经大学金融法研究所所长黄震用"三有三无"来形容P2P网络借贷平台的现状:有需求、有供给,也有中间服务商,但处于"三无"状态——即无准入门槛、无行业标准、无监管机构。这"三无"使得P2P行业乱象丛生,其中最大的风险就在于一些不法分子可能以P2P平台为幌子,以高额收益为诱饵,获得资金后立刻携款跑路。目前仅需10万元就能注册一家电子商务咨询服务公司,再花费2~5万元就可以请人开发出平台系统。如果连平台系统开发的钱也不愿投,那么花费几百元到2000元买一个通用模板就可以开张了。这正像2010年团购模式大爆发时一样,一时之间互联网爆发"千团大战",其中有一些团购网站在以超高折扣吸引了巨量资金后也出现了携款跑路的情况。

互联网借贷中之所以会出现资金存管风险,和绝大多数P2P公司从单纯的不经手资金的平台中介转型成担保中介密切相关。在国外,P2P公司之所以不经手资金,就是为了最大限度地降低融资成本和杜绝资金存管风险。然而在国内,大部分P2P平台采取的是第三

方支付直接收取的模式，而没有引入安全系数最高、资质最好的商业银行作为资金监管方。这是因为在我国现有的金融体系下，银行出于对风险的考量，将P2P平台的资金监管和结算需求拒之门外，这就使P2P公司的资金流转只能由支付宝、财付通、快钱等第三方支付公司提供服务。然而许多投资人出于对第三方支付公司的信任，并未意识到由第三方支付公司作为资金平台，实际上就是将资金划入P2P平台在第三方支付公司的账户中，这与直接将钱划入平台的银行账户并无区别，风险也随之产生。

有不少规模较大的P2P公司已经意识到了资金存管风险对P2P行业的发展不利，也采取了一些做法试图赢得投资者的信任。比如，明晰融资账目，定期公开财务报表，聘请第三方会计师事务所审计等。其出发点都是希望通过"公开"的方式让投资人放心，可这些方式依然无法从源头上解决资金归集和流转的问题。

【点评】

归根到底，只有从物理上使投资人的资金与平台资金完全隔离，才能根本上杜绝资金存管风险。而要实现这一点，就需要银监会等相关监管部门出台法规予以规范，规定P2P公司的客户资金必须交由第三方存管机构（商业银行）存管。在此之前，从理论上说，任何一家P2P公司都具备携款出逃的技术条件和可能性。

（二）风控水平不透明

由于信息不透明，因此互联网信贷公司的风控水平到底有多高，真像雾里看花一样，外人怎么也看不透。这种情况的出现，也给其后续经营带来了不小的隐患，投资者需多加留意。

【案情描述】

一年前，董先生听朋友介绍了某知名P2P公司的某款理财产品，据说可以获得每年10%以上的固定收益，让董先生颇为心动。然而对投资理财有一定经验的董先生在对该公司的P2P业务模式进行仔细了解后，却发现这其中可能暗藏一些不为人知的秘密。董先生分析说："比如他们公司一直对外声称坏账率只有1%，但P2P公司毕竟不同于银行，实际坏账率多少只有他们自己心里清楚。更大的问题是，假如给投资者12%的收益，公司还要赚钱，再扣除各种刚性的经营和宣传成本，尤其是对贷款人资信情况的调查需要耗费很大的人力，贷款人的借贷成本很可能要高达20%~25%。中国有多少小微企业主能承受这么高的资金成本呢？"

【分析】

P2P信贷模式看似简单，但要经营好一个P2P企业绝非易事。除了需要有成熟的技术支持，贷前审核、贷后管理及整个平台的风险控制都需要非常专业的人才进行打理。尤其在我国这种个人征信体系正在完善的国家，任何一家P2P公司想要获得最真实可靠的贷款人的资信情况，不仅要花费很多人力成本，而且还必须有一套成熟的评判系统。

P2P的一头儿是甄别贷款人，另一头儿则是吸引优质的借款人资源，正所谓"巧妇难为无米之炊"，这对于P2P公司在线上线下的推广营销能力有极高的要求。而这一切工作想要顺利推进,背后都需要资金的支持。但目前P2P行业公司的平均注册资本约为500万元,这其中还有极高的水分。今年上半年,重庆相关监管部门处罚了当地5家网贷企业,并撰写调研报告指出,重庆当地网贷平台"注册资本低,担保能力有限,有两家机构存在资本金抽离情况"。不少P2P公司的倒闭,与资金实力不足、技术条件不过关、营销能力欠佳、风控水平不高等密切相关。今年4月初,上线还未满一个月的众贷网突然宣布倒闭。众贷网给出的解释是:"管理团队经验的缺失,造成了公司运营风险的发生……"众贷网倒闭不到10天,另一家网站城乡贷也挂出歇业公告。根据其公告,其存续期间仅开发了一名投资者。这从侧面反映了经营好P2P平台的不易。在这一系列企业经营风险中,最为棘手的就是坏账风险。

【点评】

造成上述风险的根本原因在于信息不透明,而信息不透明的根源则是监管缺位。目前P2P行业还没有专门的管理机构,只是暂由央行代管,也未建立完善的管理机制。事实上,在P2P行业野蛮生长多年后,如今已形成了4种模式:有担保线上模式(如人人聚财)、无担保线上模式(如拍拍贷)、线下模式(如宜信)、线上线下相结合模式(如陆金所)。每种模式面临的风险和问题不尽相同。如今以招商银行的"小企业e家"为代表的新型P2P(招行称之为P2B)也悄然上线,P2P行业将迎来大鳄时代,新一轮洗牌在所难免。假如相关部门不尽快建立监管机制,投资者的权益终究难以获得有效保障。

(三)监管缺失

就目前来说,互联网金融的监管还存在不少盲点,投诉与监管方面存有一定的问题。对此,投资者应多加防范,在进行投资时要多留一个心眼儿,以避免招致不必要的损失。

【案情描述】

对互联网理财产品有所耳闻的施先生,近日在网上无意间看到一家提供高收益投资理财的网站。加了该网站公布的QQ客服为好友之后,客服告诉施先生,该公司是一家专业理财公司,现有为期一个月的短期投资项目,回报率可达到12%。由于收益很高,客服又展示了公司的各种资质、证书之类的扫描件,因此施先生就打消了原有的一些顾虑。然而,施先生按照客服提供的账号,分3次汇去5万多元之后,就再也无法联系上对方了。

【分析】

市场的火爆无疑会带来监管和规范的问题。互联网骗局频现和维权难的问题既损害了消费者的利益,又不利于正规互联网金融产品的发展。另一方面,新兴的互联网理财产品本身也存在着诸多监管的漏洞。10月21日,百度在其网页上发布了"百发"产品的宣传资料,8%的年收益率让不少人都"惊呆了"。之后证监会对该产品正式表态,8%的年收益率不符合相关法律法规的要求,将对其产品业务的合规性予以核查。不管"百发"的做法是否有悖现行政策,证监会的声明无疑已经给大热的互联网金融行业泼了一瓢冷水。

目前,互联网金融市场存在的首要问题是,尚未建立起足够的信用体系和风险处置机制。在互联网金融发展的众多商业模式中,只有第三方支付得到了严格监管,但对网络贷款、众筹融资及正在试水的财富管理、理财产品等,都还存在着监管空白。互联网理财产品能够通过平台信誉为投资者担保的说法显然尚不足信,而一旦互联网金融出现交易纠纷,消费者的维权渠道和法律依据也仍然缺乏。

【点评】

作为当前金融创新最火的形式之一,互联网金融还没有相应的管理体系。前期人们比较关注这一新业态对传统金融业造成的冲击,也看好其为整个普惠金融转型带来的生机,希望市场可以以开放容忍的态度来接受这一创新。相关监管部门也确实已经在互联网金融领域发放了不少牌照,积极信号非常明朗。从"百发"的事例可以看到,目前互联网金融的监管还有一定空缺。在当下互联网金融已经逐渐步入正轨的情况下,相关部门尚未能针对之前出现的问题和发展情况制定法律政策。例如,网上销售理财产品应该有怎样的标准和细则?互联网购物应该怎样保障消费者权益?等等。那么,对于投资者来说,就要将政策与监管尚未跟上的大环境纳入考量范围,多注意可能出现的风险,如资金安全性、防"钓鱼"等。在文件签署、法律条款等问题上都要有防范意识。对于一些有金融机构背景的网络平台也要认真考察其信誉,不能仅止于有第三方金融渠道进行监管,自己也还是要多留一个心眼儿。互联网再神奇,也只是一种技术手段,并不能改变金融投资品种本身的属性,不可能化腐朽为神奇,成为一本万利或毫无风险的投资神器。不管投资工具如何进步,不管投资形式如何新潮,投资生财的基本规律永远不会变。

第二章 传统金融互联网化转型

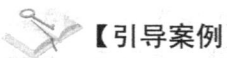【引导案例】

马云：金融行业需要搅局者

2013年6月2日，马云在"2013外滩国际金融峰会"发表言论，表示未来金融有两大机会，第一个是金融互联网，金融行业走向互联网；第二个是互联网金融，纯粹的外行领导。金融业也需要搅局者，更需要外行人来进行变革。中国不缺银行，但是缺乏一个对10年以后经济成长承担责任的金融机构。目前金融确实做得不错，但靠今天的机制，我不相信能够支撑30年后中国所需要的金融体系。很多问题不是今天造成的，而是历史造成的，我们很难改变历史，但我们可以改变未来。我们今天做准备，10年以后才有机会。今天我们引进开放，可能有问题，但是今天的问题将会变成10年以后的成绩。

资料来源：马云，"金融行业需要搅局者"，载于《人民日报》2013.10.21 第10版。

本章学习目标

- 了解金融机构的互联网化及方式；
- 了解金融产品销售的互联网化；
- 理解传统金融与互联网金融的区别与联系；
- 掌握金融互联网化转型的意义和模式。

第一节 金融机构的互联网化

互联网自出现以来，逐渐与原有的产业融合，并对许多产业产生了不同的影响，"互联网+"成为当今各行各业的创新点。研究表明，不同行业与互联网之间的联系也存在一定的差异。一些学者根据不同行业受互联网影响的速度和深度等特点，将所有产业划分为四个类型：重塑型行业、互补型行业、适应型行业和迟钝型行业。许多原有的行业也表现为多个产业类型混合的特征，如证券行业的经纪业务、银行的转账和支付业务属于重塑型行业，资产管理业属于互补型行业，投资银行业属于适应型行业。

从业务发展的情况看，产业与互联网的融合主要分为两个模式，即B2B（企业对企业）和B2C（企业对个人）。随着互联网技术的发展，以及客户对互联网的熟悉度、认可度的

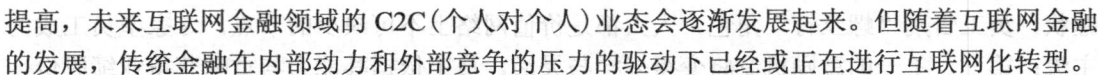

提高,未来互联网金融领域的C2C(个人对个人)业态会逐渐发展起来。但随着互联网金融的发展,传统金融在内部动力和外部竞争的压力的驱动下已经或正在进行互联网化转型。

一、金融机构互联网化的必然性

在互联网金融专项整治的背景下,传统金融机构仍需要深刻思考传统金融互联网化转型的必然性。

(一)传统金融机构的运作模式及时代局限

在工业时代,包括金融业在内的商业活动围绕少量的核心数据展开,规模化大生产与大协作的工业体系使得生产者在生产关系中居主导地位。这种从生产端单向推送到消费端的B2C式的产—销模式,使得各类企业所面对的外部商业环境相对稳定。其搜集、处理、利用的商业信息所表现出的数据特征多为因果的、静态的和延迟的。因此,企业内部管理和外部协作就是单向的、线性的、链条的,企业的内部运作与管理自然就是机械化、标准化、同步化和集中化(集权化)。服务于这种经济形式的金融机构就需要更加严密、全面、有效的内部管控措施,以确保获得更多的风险收益。

在目标与约束条件下,经过百年演进与各种风险的考验,银行等金融机构最终从组织架构上体现为"总—分—支"垂直管理架构,越往上决策权越集中。主要表现为:第一,从人力资源结构上体现为典型的金字塔结构,规模庞大的物理网点与众多的业务操作人员;第二,从激励机制上体现为激励机制单一,主要是职务等级、员工工龄与工资收入挂钩;第三,从企业文化上体现为"合规重于创新""合规创造效益"。

(二)互联网经济下企业的运作模式及创新

随着我国经济发展进入新常态,从消费需求、投资需求到生产能力和产业组织等都将向形态更高级、分工更复杂、结构更合理的阶段演化。社会经济、个人、企业都正在迎来全面的信息时代。互联网化所带来的数据量的飞升催生了"云计算""大数据"等存储、处理和利用数据的新技术、新理念的发展。企业中包括金融机构的商业活动不再围绕着工业时代的那些少量、核心的数据展开,而是要面对海量、高频、实时、非结构化为主的数据。大数据既来源于消费者,又来源于内部员工,这使得企业要面对的数据具有了"自下而上,自内而外"的特征,从而企业的主导地位逐渐丧失,外部消费者与内部员工等个体获得主导权。同时,在"云+端"的基本模式下,大数据依附于"端"的应用场景,并不完全附着于企业的内外运作流程。因此,企业的内部运作流程必须对这类非结构化的、非因果的、实时的甚至先验的数据做出快速、准确、灵活的响应并落实行动。

此时,企业的内部管理与外部协作就不能再沿用工业时代的方法,其单向性因消费需求个性化、多样化而多向化;其线性化因分布式所导致的多元化分工而网状化;其链条化因灵活动态的网状协同而柔性化。因而企业内部分运作管理必须社区化、开放化并充分体现互联网思想的开放、共享、平等的精神特质。所以,服务于这种新经济形式的金融机构也产生相应的变化:第一,其现有的"总—分—支"垂直管理架构将变得扁平化,使得网络结构能够映射到组织架构中并予以灵活调整;第二,金字塔状的人力资源结构将变成纺锤状，员工告别"螺丝钉"角色，人人都是价值网络上不可缺少的节点，专家型员工成为主流；第三，单一的激励机制将变得多样与灵活，员工依据其能力与贡献获得业绩股份、股票期权等；第四，保守与合规的企业文化将变得更加"以人为本"，更加突出员工个性发展，鼓励创新，在内部形成一种共同学习、开发技术信息、创新产品的良好氛围，形成不断创新发展的经济有机体。

企业经营管理的本质是搜集、处理、利用商业信息并获利的能力，这一基本理念不会改变。在这一理念下，工业时代的商业活动都遵循着类似于机械系统的基本法则，而信息时代的发育，则正在全方位地体现出生态系统的一些基本属性与特征。例如，现有的单向、僵化的供应链将不再是企业间的主要协同模式，而灵活动态的价值网络协同将越来越主流化。这决定了现有的金融组织及其生产的产品与服务，必然越来越跟不上信息时代的发展。

互联网企业所表现出的对人的尊重、发挥人的特性，无论在内部管理、客户体验方面，还是在市场反响的成功方面都不是偶然，传统金融机构的互联网化是必然趋势。

二、银行业的互联网化

(一) 网上银行

网络银行，又称网上银行或在线银行(Internet bank 或 Network bank)，指一种以信息技术和互联网技术为依托，通过互联网平台向用户开展和提供开户、销户、查询、对账、行内转账、跨行转账、信贷、网上证券、投资理财等各种金融服务的新型银行机构与服务形式，为用户提供全方位、全天候、便捷、实时的快捷金融服务系统。随着计算机技术的发展，传统银行纷纷开通了网络银行。

1. 网上银行的分类

按目前各家银行开通的网上银行服务系统，一般分为个人网上银行和企业网上银行。无论是个人网上银行还是企业网上银行，都是以互联网为媒介，为客户提供金融服务的电子银行产品。各家银行为了把个人客户和企业客户区别开来，故按个人结算账户和企业资金结算账户的清分法，把网上银行服务系统细分为个人客户和企业客户，但实际操作流程及其产生的效果大致相同。

2. 网上银行的功能

网上银行是信息时代的产物。它的诞生，使原来必须到银行柜台办理业务的客户，通过互联网便可直接进入银行，随意进行账务查询、转账、外汇买卖、网上购物、账户挂失等业务。客户能真正做到足不出户办妥一切银行业务。网上银行服务系统的开通，对银行和客户来说，大大提高了工作效率，让资金创造了最高效益，从而降低了生产经营成本。

企业客户还可通过网上银行，把业务延伸到商贸往来的方方面面。如中国银行广东省分行的网上银行"中银 e 点通"，便是针对广东地区的外向型企业的特点而开发的。该网上银行系统把"企业集团服务系统"和针对外向型企业的"报关即时通"进行整合，使之更具实用性，产生的效果也更加明显。

3. 网上银行的优点

首先，网上银行可以减少固定网点数量、降低经营成本，而用户却可以不受空间、时间的限制，只要一台计算机、一根电话线，无论在家里，还是在旅途中都可以与银行相连，享受每周 7 天、每天 24 小时的不间断服务。其次，网上银行的客户端由计算机、浏览器组成，便于维护。最后，网上 E-mail 通信方式也非常灵活方便，便于用户与银行之间，以及银行内部之间的沟通。

> **案例**
>
> ### 招商银行的网上银行
>
> **1. 招商银行网上企业银行系统功能**
>
> "网上企业银行"是招商银行网上银行"一网通"的重要组成部分，是通过 Internet 或其他公用信息网，将客户的电脑终端连接至银行主机，实现将银行服务直接送到客户办公室、家中或出差地点的银行对公服务系统，使客户足不出户就可以享受到招商银行的服务。其系统功能如下。
>
> (1) 集团公司全国"网上结算中心"和"财务管理中心"。
> (2) 网上自助贷款。
> (3) 网上委托贷款。
> (4) 网上全国代理收付。
> (5) 个性化财务授权管理。
> (6) 网上安全账户管理。
> (7) 全流程透视与交易追踪服务。
> (8) 智能化操作向导。
> (9) 量身定制银行信息主动通知。
> (10) 商务信息海量传递。
> (11) 网上票据。
> (12) 网上信用证。
> (13) 网上外汇汇款业务。
>
> **2. 招商银行网上个人银行系统功能**
>
> 招商银行网上个人银行业务依托于高科技网络技术，加大了金融电子化的应用力度和服务范围，提供集新型银行和传统银行于一体的全方位的个人金融服务，适用于个人和家庭。只要在招行开立一卡通账户，无须另外申请，上网即可享受服务。招商银行网页如图 2-1 所示。
>
> 其系统功能如下。
> (1) 用户管理功能，包括增加用户、修改用户密码、日志查询等。
> (2) 一卡通管理功能，包括安装一卡通、删除一卡通等。

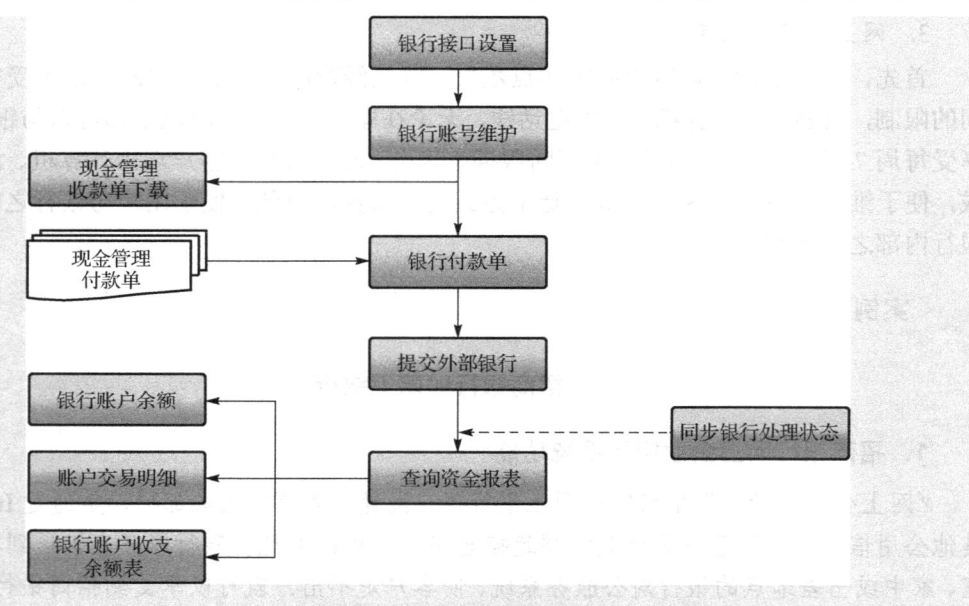

图 2-1 招商银行网页

(3) 数字证书的管理功能,包括证书申请、证书下载、证书更新、证书查询、证书备份、证书恢复等。

(4) 业务功能包含如下模块。

① 储蓄业务:存折、存单、个人支票、活期储蓄、定期储蓄、个人通知存款、教育储蓄、储蓄存款转存、自助转账、同城转账、境内汇款、境外汇款、存款托收、VISA/PLUS 外卡收单业务、个人结汇/购汇业务。

② 居家服务:刷卡消费、网上支付、自助缴费、一卡通电信服务、神州行充值、航空电子客票、理财秘书服务、代理扣款保管箱业务、存款证明业务、招商银行账户证明书、一卡通账户余额、证明移民金融咨询服务。

③ 融资业务:个人汽车消费贷款、个人消费贷款、个人住房贷款、教育学资贷款、凭证式国债、质押贷款、全国个贷中心自助贷款。

④ 投资业务:股票、开放式基金、外汇买卖、凭证式国债、个人黄金买卖、保险、人民币债券理财、外汇通理财、金卡外汇理财、外汇理财钻石系列。

⑤ 电子银行服务:网上个人银行、电话银行、手机银行、掌上银行、自助银行、95555出行易、快易理财服务。

4. 网上银行的安全性

一般来说,只要采取了足够的安全措施,网上银行就是安全的。安全措施是多层次、全方位的。例如,为了抵御黑客入侵,可以在网络系统中安装高性能的防火墙和入侵检测系统(IDS)。为了防止不法分子诈骗,可以采用强身份鉴别技术。现在使用最多、最普遍的密码或口令措施是一种简单易用的身份识别手段,但是安全性比较低,容易泄露或被攻破。更有效的方法是采用 PKI 技术设施,其核心就是使用数字证书认证机制。

(二) 手机银行

手机银行也称移动银行、移动金融服务，指利用手机、PDA 和其他移动设备来实现客户与金融机构的对接。手机银行在 20 世纪 90 年代末诞生于捷克，由捷克的 Expandia Bank 与移动运营商 RadioMobile 打造。随后在印度得到迅速的发展。目前全世界已经出现多种模式。

1. 手机银行的主要模式

到目前为止，手机银行主要有银行主导、合伙企业、非银行主导和非银行发起 4 种模式，如表 2-1 所示。

表 2-1 手机银行的主要模式

	银行主导	合伙企业	非银行主导	非银行发起
账户或存款的持有者	银行	银行	银行	运营商或其他非银行机构
体现机构	银行	银行	银行或代理商	运营商或其他非银行机构
支付指令执行者	任何运营商	特定运营商	特定运营商	特定运营商
典型例子	大多数手机银行	Smart，MTN Mobile Money	M-PESA，Wizzit	Globle，Celpay

大多数手机银行属于银行主导模式，移动运营商只提供运营平台，这是手机银行最早的模式，也是目前的主流。非洲国家出现大量手机银行创新，而且移动运营商、第三方支付公司等非银行机构在业务中扮演了重要的角色。比如，肯尼亚的手机银行 M-PESA 由移动运营商主导，已经成为全球接受度最高的手机支付系统，其在肯尼亚的汇款业务已经超过该国所有金融机构的汇款业务之和。其原因是非洲国家金融系统不够发达，难以满足人们对金融服务的基本需求，特别是营业网点不足，这给手机银行模式带来了巨大的发展空间。

2. 手机银行的存在条件

手机银行得以存在的条件很多，如手机终端和信息通信技术等物理基础。更重要的是经济条件，包括现实约束下的条件和未来约束改变下的条件。

在现实约束下，手机银行主要在非洲等欠发达国家存在，因为在这些国家，其是作为网上银行、银行经营网点等的替代品，而不是互补品。手机银行的无网点性，既解决了非洲人民对金融服务的基本需求，又使手机银行的供应商大幅降低了交易成本，实现盈利。与此同时，也为手机银行解决金融包容问题提供了可能性(必要条件)。此外，非洲国家的金融监管包容，也为手机银行的存在提供了充分条件。总之，供给与需求的耦合，是手机银行存在的基本条件。

在未来，随着约束条件的改变和信息技术的发展，金融模式变革更多的是无网点服务。资金供求双方可以通过手机等移动终端直接匹配，产品定价、风险管理和信息处理，完全可以在每个人的手机上完成，不需要或很少需要金融中介。到那时手机银行会取代实体金融机构而单独存在，手机银行在欠发达地区和发达地区都具备存在的条件。

3. 手机银行的风险及监管

目前手机银行面临的风险主要有以下两类。

（1）第一类是与代理相关的风险。手机银行与零售代理商合作时，由于代理商缺乏经过专门金融、信息技术等业务知识培训的员工和安保系统，因此面临一定的风险，如现金被盗、身份被盗、操作错误、代理商欺诈及第三方欺诈等。零售代理商的引入使得政策制定者和监管部门必须认真考量新的、更大的风险。

（2）第二类是电子货币风险。如移动运营商等非银行主体挪用客户预先存储的资金，进行高风险的投资。

对于手机银行的风险，不同国家制定了多种监管办法。关于代理相关的风险，不同国家制定了不同的监管办法。比如，巴西中央银行发布的监管条例允许各种实体担任代理商，这就使得巴西成为了银行代理商最多的国家，包括小型超市、药店、邮局及彩票销售点等。银行通过代理商向客户提供各种金融服务。在巴西只要拥有POS机，几乎都能成为银行代理商，因此也带来了一定的风险。于是巴西中央银行对代理做出了一些限制性规定，比如银行应对代理行为负责；可办理开户或处理存款，取款的代理商必须得到中央银行的批准；规定代理商的作用只能是银行的中介；中央银行可以直接通过代理商提取关于代理的一切数据；银行与代理商必须在48小时内清算所有交易。而印度中央银行只允许少数合作社、非盈利实体和邮局担任代理商。在肯尼亚，M-PESA不属于该国法律所称的银行活动。因此，M-PESA提供商可以完全根据自己的商业判断选择代理商，监管机构除了要求把客户储值的资金存入多家银行之外，基本没有什么严格规定，因为M-PESA提供商不需要承担由代理而产生的相关责任，所以在出现欺诈或管理不良的情况下，这些公司几乎没有任何损失。

关于电子货币风险的监管。如果电子货币由银行发行，通行的做法是，监管机构需要对于储值相应的资金或未支付的资金进行监测，这属于银行审慎监管的一项重要内容。比如菲律宾的Smart Money，在合作银行的账面上被记为应付账款，而不是储蓄，这样降低了银行的监管成本，而客户也只能得到较低程度的保护。然而，在非银行主导的模式下，移动运营商为客户开立虚拟账户，客户与移动运营商之间直接建立契约关系，与银行则没有契约关系。在这种情况下，电子货币受到的监管较少，一旦发生风险，客户可以向提供商索赔，但不能向银行索赔。因此，针对上述问题需要制定专门的监管规定，保证提供商有足够的资金来应对客户的索赔，保证客户具有优先索赔权。

4. 我国手机银行业务的类型

我国国内银行中已经推出的手机银行业务包括：大型国有银行、全国性股份制银行、部分城市商业银行，以及极少数的农村合作银行、新型农村金融机构和农村信用社银行。区域性银行的手机银行基本是网络银行的手机化，有特色且与我国农村金融相关的手机银行业务，包括无卡取现业务、后机借贷业务、手机银行按址汇款业务和手机金融业务等。

（1）无卡取现业务。手机银行无卡取现首先由交通银行推出，此后广发行、深发展、工行等也推出了类似的业务。持卡人先要通过手机银行预约ATM取款机取款。预约后，凭预约手机号码、预约号及预约银行卡的取款密码，即可实现无卡取款，而无须向ATM机插入银行卡。持卡人不仅可以在本人忘记携带银行卡或银行卡遗失时应急取现，而且可以为远方急需现金的亲友提供便利的取款服务。更重要的是，这项服务可以使持卡人避免因不法分子在ATM机上设置盗卡装置等带来的潜在安全危险。但是无卡取现需要有ATM机配合，目前主要在城市应用，农村推广得比较少。

(2) 手机借贷业务。手机银行——农户小额贷款由农业银行推出，于2009年12月起首先在广西、河南分行所辖地区试点，针对广西、河南惠农客户提供专项服务。手机银行——农户小额贷款提供自助借款、自助还款、还款试算、合约信息查询、贷款信息查询、还款明细查询六个基本功能。这项服务有多赢效果：农户不出门就可以实现贷款；农行在降低交易成本的同时拓展了农村市场；政府则解决了金融包容问题。

(3) 手机银行按址汇款业务。手机银行按址汇款业务由中国邮政储蓄银行推出。通过此功能，农户可以按汇款人提供的收款人姓名、地址等信息，以投递取款通知单的方式完成汇款。这项服务的意义在于，对于有些偏远地区没有银行卡的农民来说，按址汇款是适用的。

(4) 手机金融业务。手机银行还可以融合其他金融服务。如重庆农商银行的手机银行将基础金融服务、多领域移动支付应用及跨行业移动支付应用高度整合。如自助银行，客户足不出户即可自助办理各项非现金业务。在远程支付中，可帮助客户在网上购物、缴费、充值游戏点卡、订购机票、预定酒店等；在近场支付中，客户可用手机刷POS机，持手机就可以搭公交、乘地铁、看电影等。

5. 我国手机银行业务的发展现状

手机银行可以提高金融普惠性。目前我国农村金融机构网点还远远不能满足农村金融服务日益增长的需求，金融监管层已经意识到手机银行在解决金融空白乡镇方面的重要性。2011年，银监会在《关于继续做好空白乡镇基础金融服务全覆盖工作的通知》中指出，要积极发展电话银行、手机银行等现代金融服务方式。

手机银行解决金融普惠问题的关键是现金取存。要完成现金业务，一般需要引入代理商，具体的运行机制为：手机银行用户可使用银行发放的银行卡，也可以由移动运营商提供手机银行的虚拟账户；代理商可安装POS设备，或者持有具有手机银行功能的手机。如果客户想在代理商处存款，那么只要刷一下手机，银行就会自动从代理商的账户中扣除等量金额，作为客户的存款资金。客户存入的现金则由代理商保留，以抵销其在银行或移动运营商账户中的扣款。若客户希望提取现金，则流程相反。代理商先在收银柜台提供现金，银行则在代理商账户补入相等金额。通过手机银行，客户在获得相关金融服务的同时，免去了频繁往返银行网点的劳顿之苦。

随着在我国农村推广手机银行、移动网络、通信服务站、手机销售网点等提供存款、提现、贷款、汇款等基本的银行服务，从建立金融包容体系角度，监管部门可以考虑向移动运营商颁发手机银行牌照。即使不能直接颁发给移动运营商，也可以向移动运营商和银行组建的合伙企业颁发牌照。

随着手机逐步走向实名制，手机号码具有身份识别功能，用户可以在手机中储值。储值后的手机号码相当于存款账户，而且可以移动，任何时间、地点都能接通。通过手机通信录和通话、短讯记录，移动运营商实际上掌握了用户的核心人际关系网络。此外，随着移动互联网的发展和智能手机的普及，大量的消费行为发生在手机上，这些相关信息有助于帮助评估借款人的信用，进而服务贷款业务。移动运营商还可以通过人际关系网络实施"社会惩罚"（如暂停通信服务），以控制借款人的违约及道德风险行为。我国农村推广手机银行的条件已经基本成熟。手机普及率接近90%，无线移动通信网络加速发展，3G基站超过 100 万个，覆盖了全国所有县城及绝大多数乡镇。目前 3G 网络传输速度超过 2M，并且能够在传输信息的过程中进行加密保护。

此外，手机银行由于不需要设立网点，不需要另外的设备和人员等，因此与其他渠道相比，交易成本更低。当然，在我国农村推广手机银行，还受到农村收入水平、受教育水平、消费习惯和农村人口年龄结构等方面的影响。

三、保险业的互联网化

网上保险公司或其他中介机构利用互联网来开展保险业务的行为，有狭义和广义两种口径。

狭义上的网上保险是指保险公司或其他中介机构通过互联网为客户提供有关保险产品和服务的信息，并实现网上投保，直接完成保险产品和服务的销售。

广义的网上保险还包括保险公司内部基于互联网的经营管理活动，以及在此基础上的保险公司之间，保险公司与股东、保险监管、税务、工商管理等机构之间的交易和信息交流活动。

(一) 网上保险的发展历史与现状

1. 国外网上保险的发展历史

在保险业，信息通信技术主要用于保险产品电子化（即电子保单）。同时销售也部分实现了电子化，主要是网络营销和电话销售等。例如，在英国，10 家最大的车险公司都有自己的电话销售系统，1/3 的私人汽车保险业务是通过电话系统完成的。随着信息技术的发展，逐渐开发出了保险产品的电子商务平台，提高了客户的自助能力，同时也加强了保险公司与客户之间的沟通联系，如保险产品的在线报价与交易、个人之间的信息共享等。

目前，一些保险公司网上保险业务已经达到了一定规模，还出现了一些纯粹的互联网保险公司。1997 年 7 月，日本出现了首家完全通过互联网推销保险业务的保险公司，该保险公司是由美国家庭人寿保险公司（AFLAC）和日本电信共同投资设立并管理的保险公司，服务对象定位于 40 岁以下的客户。而美国 INSWEB 公司是目前全球最大的保险电子商务站点，涵盖了汽车、房屋、医疗、人寿、宠物等方面的保险业务。

2. 我国网上保险的发展历史与现状

我国的网上保险尚处于初级阶段，大多数保险公司只建立了自己的门户网站，网上销售和网上交易基本上没有形成大规模的气候。2000 年，中国平安保险公司推出了货运险网上交易系统，但保险业的信息化水平相对比较低。2012 年 6 月，"放心保"也成功上线，其兼具 B2B 和 B2C 交易模式，属于网上保险的一种，同时也是保险产品的第三方销售平台。2013 年，腾讯、阿里巴巴和中国平安联合设立的众安在线财产保险公司突破了国内现有的保险营销模式，不设实体分支机构，代之以互联网销售和理赔。

保险公司同时也进行改革创新。推进保险行业商业模式的改革对提升行业竞争力，打造产品丰富、渠道多元、服务优良的生动局面有着深远的意义。其中，借助互联网的力量扩展传统销售渠道，将大力推进保险销售模式的多样化，新渠道、新技术将为整个行业迎来新的机遇。

（二）我国网上保险的模式

我国互联网保险已建立起以官方网站模式、第三方电子商务平台模式、网络兼业代理模式、专业中介代理模式和专业互联网保险公司模式 5 种模式为主导的基本互联网保险商业模式体系。

1. 官方网站模式

互联网保险的官方网站模式是指在互联网金融产品的交易平台中，大、中型保险企业、保险中介企业等为了更好地展现自身品牌、服务客户和销售产品所建立的自主经营的互联网站。

建立官方网站的公司需要具备以下 3 个特点。

（1）资金充足。企业建立自己的官网，更多地是为了展现品牌、销售产品。为此，企业需要雄厚的资本，获取更多的流量和广告投入。

（2）丰富的产品体系。互联网金融中，很多企业是利用产品优势获得成功的。拥有几个或一系列完整的产品体系，满足客户在不同时期、不同状态下的需求，一直是选择官网模式的企业所追求的目标。

（3）运营和服务能力。一个官方网站要长足经营，需要充分建立和使用互联网快速、便捷、安全的线上管理信息系统、客户关系管理系统、企业资源计划系统等，对运营流程进行改造。

2. 第三方电子商务平台模式

第三方电子商务平台是指独立于商品或服务交易双方，使用互联网服务平台，依照一定的规范，为交易双方提供服务的电子商务企业或网站。通常来说，第三方电子商务平台具有相对独立、借助网络和流程专业等特点。

从金融监管角度看，第三方电子商务平台模式存在着诸多漏洞。很多在售保险产品的第三方平台网站没有保险中介资质，在实际意义上不受监管约束，从而给消费者带来了一定的风险。

3. 网络兼业代理模式

网络兼业代理是指网络平台受保险公司的委托，在从事自身业务的同时，为保险公司代办保险业务。互联网时代衍生出网络化的兼业代理模式，逐渐成为目前互联网保险公司中介行业最主要的业务模式之一，其以门槛低、办理简单、对经营主体规模要求不高等特点而受到普遍欢迎。

保监会下发的《保险代理、经纪公司互联网保险业务监管办法（试行）》文件：只有获得经纪牌照或全国性保险代理牌照的中介机构才可以从事互联网保险业务；大量垂直类的专业网站在不具备上述监管要求的条件下，以技术服务形式使用兼业代理的资质与保险公司合作开展业务。

4. 专业中介代理模式

互联网保险中介是指专门从事保险业务咨询与销售，并从中依法获取佣金或手续费的网站。

继下发《保险代理、经纪公司互联网保险业务监管办法（试行）》后，保监会在 2012 年 2 月正式向社会公布了第一批包括中民保险网等 19 家企业在内的获得网上保险销售资格的网站，互联网保险公司中介网销的大门就此打开。

此后保险中介业务规模得到高速发展，但诸多问题也随之显现。目前线上保险中介销售的产品同质性严重，各家都均以一年期短期意外险为主。线上保险中介没有很好地了解市场和客户，销售规模受到限制。

5. 专业互联网保险公司模式

2013年10月9日，俗称"三马同槽"的纯互联网保险公司众安在线成立，保险行业吹响了正面争夺互联网市场的号角。根据保险公司经营业务主体的不同，专业互联网保险公司大致分为三种：产寿结合的综合性金融互联网平台；专注财险或寿险的互联网营销平台；纯互联网的"众安"模式。

另一方面，以阿里金融为首的互联网公司将成为进军互联网金融领域的重要力量，其竞争优势体现在以下三个方面：一是专注于互联网业务，有技术优势；二是专注于网上业务，有客户优势，特别是积累了大量客户数据，可以预测客户行为；三是激励创新优势，上述企业为民间资本，对创新业务开拓能力、内部治理有较强的激励机制。

四、证券业的互联网化

网上证券，是证券行业以互联网为媒介向客户提供全新的商业服务。它是一种大规模、全方位、体系化、新型的证券经营模式，可为大量远离证券营业部的证券投资者服务。

(一)网上证券的发展历史

1. 网上证券的起因

随着市场经济的发展，人们的投资观念也在发生变化，越来越意识到挣钱是一方面，投资理财更为重要。投资股票的人越来越多，但证券交易所的发展速度总是赶不上股民增加的速度，证券交易所大厅中总是人满为患，令许多人望而却步。另一方面，不少投资证券的个人投资者由于出差在外，难以及时获得行情信息，更无法及时买进或卖出，由此而受到的经济损失令人懊恼。因此，许多股票图文接收设备如雨后春笋般涌现出来。但各种设备需要强大稳定的无线信号，造成用户使用上的不便。

随着互联网与电子商务的进一步发展，股民们通过互联网证券交易商，可以在任何地方、任何时候兼顾到自己的投资。互联网证券商通常在其Web网站上发布证券交易行情，同时为其客户提供通过互联网直接在其Web网站上填写证券买卖单证的服务。证券交易商则把这些买卖单证实时传递给证券交易所。

对投资者来说，利用证券电子商务可以得到比较公平、公正、高效的证券行情、信息和交易服务，可以减少因行情延迟、信息时差或交易不及时等引起的交易损失。对证券商来说，证券电子商务的实现，一方面可以大幅度降低成本，减少基础设施和人力资源的投入；另一方面可以方便扩展业务，通过远程证券交易的手段占领更广大的市场。对交易所来说，支持证券电子商务的发展，积极向电子商务靠拢是非常必要的。

2. 网上证券对未来证券市场的影响

证券市场是一个快速多变、充满朝气的市场，在证券市场的发展过程中，网上证券作为证券市场的一种创新形式，发挥了积极的推动作用。其表现包括以下两个方面。

第一，证券市场的品种创新和交易结算方式的变革，为网上证券建设提出了新的需求。

第二，网上证券建设又为证券市场的发展创新提供了技术和管理方面的支持，两者在相互依存、相互促进的过程中得到了快速发展。

随着网上证券业务的不断推广，证券市场将逐渐地从"有形"的市场过渡到"无形"的市场，现在的证券交易营业大厅将会逐渐失去其原有的功能。远程终端交易、网上交易将会成为未来证券交易的主流方式。

3. 网上证券对证券行业的影响

证券业的经营理念在实践中发生了变化，未来的证券公司将不再以雄伟气派的建筑为标志，富丽堂皇的营业大厅不再是实力的象征，靠铺摊设点扩张规模已显得黯然失色。取而代之的是，依托最新的电子化成果，积极为客户提供投资咨询、代人理财等金融服务，发展与企业并购重组、推荐上市、境内外直接融资等有关的投资银行业务，努力建立和拓展庞大的客户群体将成为其主营目标。

营销方式在管理创新中不断变化，未来证券公司的市场营销将不再依赖于营销人员的四面出击，而将集中更多的精力用于网络营销。通过网络了解客户的需求，并根据客户的需求确定营销的策略和方式，再将自己的优势和能够提供的服务通过网络反馈给客户，从而达到宣传自己、推销自己的目的。

证券业的经营策略发生了变化，在未来网络互联、信息共享的信息社会里，证券公司将不再单纯依靠自身力量来发展业务，而是利用自身优势建立与银行、邮电等行业的合作关系。各行业在优势互补、互惠互利的前提下联手为客户提供全方位、多层次的立体交叉服务。这种合作会给各方带来成本的降低和客源的增加，从而达到增收节支、扩大业务的目的。

金融业中介人的地位将面临严重的挑战，在未来网络互联、信息共享的时代，企业可绕过证券金融机构，直接通过互联网公开发行股票来募集资金，甚至自己开展交易活动。如美国电子股票信息公司自1996年开始利用互联网为客户提供股票交易服务；又如，美国春街啤酒厂（Spring Street），作为全球第一个在互联网上发行股票的公司，直接在网络上向3500个投资者募集了160万美元资本，并在网络上发展出一套交易制度来交易该公司股票。

在网络技术迅速发展的今天，金融机构如果无法适应网络技术的发展，那么无疑将成为最大的输家，很可能成为明日的"恐龙"。

4. 我国网上证券行业的发展现状

我国互联网用户的增长速度很快，网络渗透率极高。同时，证券投资已经成为一般投资者的主要选择，网上炒股的股民数目也在高速增长。这些无限量的信息资源，加快了证券市场信息的流动速度，提高了资源配置效率。

目前，我国证券行业正在向集中交易、集中清算、集中管理及规模化和集团化的经营方式转换。网上交易采用这一经营模式，更有利于整合券商的资源，实现资源共享，节约交易成本与管理费用，增强监管和风险控制能力。可见，集中式网上交易模式符合未来券商经营模式的发展方向。

网上经济与全方位服务融合，在固定佣金政策的大背景下，使得国内券商提前从价格竞争进入了服务竞争阶段。通常情况下，这一竞争阶段应该是在充分的价格竞争之后到来。价格竞争的直接结果是导致网上交易佣金费率的降低，当竞争达到一定程度后，仅靠减少佣金的模式已不能维持下去，全方位服务模式就会出现。这时候，券商的收入将由单一的经纪佣金转向综合性的资产管理费用。

速度问题将会得到解决。在今后几年里，宽带网会获得突破性发展，电信能提供逼近于零时延、零接入、零故障的服务。让用户实时准确地接收海量金融数据成为可能。

网上证券交易正在进入移动交易时代。WAP 技术可以使股票交易更方便，通过 WAP 可实现多种终端的服务共享和信息交流，包括目前广泛使用的和新兴的终端类型，如手机、PDA 等设备。用户通过手机对券商收发各种格式的数据报告来完成委托、撤单、转账等全部交易手续。由此可见，未来几年基于互联网的移动证券交易市场将有巨大的发展空间。网上证券交易实现方式趋向于多元化。据资料显示，中国家庭拥有计算机的比例并不高，但电话、电视机、手机的拥有量却很高，截至 2016 年 7 月底，我国手机用户已达到 9.206 亿部，远远超过美国最新统计的 2.201 亿户，位居世界第一。因此，突破 Web+PC 的网上交易模式，使投资者可以借助电脑、手机、机顶盒、手提式电子设备等多种信息终端进行网上证券交易，这是中国网上证券交易发展的必然方向。

网上证券交易将以更快的速度发展，目前我国大多数县、县级市都没有证券营业部，投资者买卖股票需要到地级市，非常不方便。网上交易的普及、交易网络的无限延伸，将使占中国 85%以上的小城市和农村居民变成潜在的股民，使很多没有条件进行股票买卖的人加入到股民的队伍中来。

(二)网上股票交易方式

证券市场范围大幅度扩大，打破时空界限，证券发行方式将发生根本性改进。

(1)实时股市行情接收。股票行情按照其显示方式可分为文字和图形两种，文字行情采用文字刷新来显示股票价格的变动，而图形行情则将价格变动图展示出来。两种方式又与数据形式不同，导致对网络数据传输速率高低的要求，两种方式都是由客户端先发出请求，由主机提取最新数据后单独返回客户端显示的。

(2)实时网上交易。网上交易通过个人的资金账号、股票账户及交易密码录入，确保股票买卖的准确性，方便及时查询自己的股票成交情况。另外投资者的资金和股票变动可直接通过电子邮件进行通知。

(3)盘后(股市全日交易结束)行情数据接收。大部分投资者只是业余投资股票，其操作周期比较长，没有必要跟踪即时行情。但通过互联网，可方便地了解股票涨跌，查阅各种指标排行，掌握自己的资金和股票盈亏情况，可以对各种技术指标进行分析。

(4)网上电子信息和报刊。信息和报刊上网的优势非常明显，可最大限度地降低印刷和发行费用，还能减少传递环节的"时间差"。

(5)股票自由讨论。网络上各种先进的交流方式同样也可以非常生动地应用到股市沙龙中，让更为广泛的投资者进行多种形式的交流。常用的方式有：邮件交流、网上聊天室、新闻讨论组、互联网可视电话、微信、微博、论坛等。

(三)网上证券带来的问题与挑战

我国网上证券业务发展的问题与挑战主要有以下 3 点。

(1) 交易安全风险。包括：网上委托的技术系统被攻击、入侵、破坏，导致网上委托无法正常进行；委托指令、客户资料及资金数据等被盗取或篡改，甚至造成资金损失；发布虚假信息，误导投资者，操纵市场。

(2) 资金风险。包括：交易成本、预期收益与成本的不对称性。

(3) 对交易主体的挑战。包括信用问题和投资者方面的约束。

为了加速我国网上证券业务，必须做好以下工作：完善制度、加强监管、促进规范发展；通过资格认证规范交易平台；建立有效的责任分担制度；加强监管力度，防范交易风险；加快网上交易的法制化建设；注重网上品牌的创建。

（四）网络证券的发展新趋势

1. 渠道互联网化

随着网络证券的发展，投资人的证券投资渠道倾向互联网，移动 App 用户数持续增长。我国证券交易以互联网为主，随着非现场开户等政策的出台，以及移动终端的普及，证券移动互联网化发展迅猛。据易观千帆数据显示（如图 2-2 所示），2016 年 9 月，证券服务应用的月活跃用户量约为 1.3 亿，移动端已成为主要发展方向。

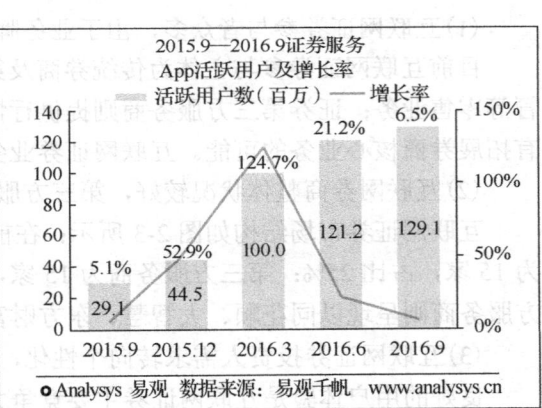

图 2-2　移动用户数趋势

2. 国内互联网证券环境相对完善

(1) 政治环境。

- 2012 年《证券账户非现场开户实施暂行办法》发布，明确证券公司可通过见证，网上为客户开户。
- 2014 年证监会批准中信证券、国泰君安证券、银河证券、长城证券、平安证券、华创证券六家券商成为首批网络券商业务试点。
- 2015 年中国证券登记结算公司决定，取消一人一户制度。投资者可直接通过开多个券商账户来实现更换券商服务。

(2) 经济环境。

- 行业佣金率不断下滑，部分中小券商已逼近万二的成本线，行业竞争加剧，互联网技术能够降低经营成本，聚集大量投资用户。

- 国内券商纷纷推出 App，建立商城，与互联网公司合作，促使传统券商行业整体互联网化。

(3) 社会环境。
- 2016 年券商经纪业务中，网上交易占交易量的比重为 85%，营业部现场交易仅为 13%，社会投资人对互联网线上服务接受度较高。
- 具有互联网使用习惯的 80 后、85 后，逐步成为社会中坚，其财富投资倾向由银行存款、银行理财和网络借贷，转向股票市场。
- 个人投资者是国内证券的主要参与者，便于互联网证券开展业务。

(4) 技术环境。
- 智能投资顾问与量化投资初步尝试，利用技术手段降低投资顾问费用，让投资理财在成本上平民化、大众化。
- 移动互联网及智能手机的成熟、普及，让社会大众能够实时获取行情资讯，并据此做出交易决策。
- 恒生电子 homes 系统上线。

3. 互联网券商为主导，第三方服务商为补充

(1) 互联网证券参与者众多，由于业务牌照的原因，仍以传统券商主导。

目前互联网证券参与主体为传统券商及第三方服务商，券商利用互联网改造经纪、资管等零售业务；证券第三方服务商则提供行情资讯、交流社区、投资工具等周边服务，且有拓展券商核心业务的可能。互联网证券业务模式比较如表 2-2 所示。

(2) 互联网券商整体状况较好，第三方服务商已进入多寡头垄断。

互联网证券市场结构如图 2-3 所示：在前 20 名证券服务 App 中，券商数量占据优势，为 15 家，占比 25%；第三方服务商为 15 家，占比 75%。资源券商的用户较为分散，第三方服务商则呈现以同花顺、大智慧、东方财富网为主导的市场格局。

(3) 互联网证券投资人需求转向个性化，差异化程度日益明显。

良好的用户体验是互联网证券主要竞争力，按照服务深度，其需求分为基础信息、委托交易、投资策略、综合理财服务四个层面。基础信息、委托交易、投资策略用以吸引、保留客户，而综合理财则为平台提供变现。互联网证券个性化特征如图 2-4 所示。

表 2-2 互联网证券业务模式比较

类别	业务	途径	优劣势	成长指标
互联网券商	改造个人零售业务，如经纪、资管等	1.自建网络平台，为用户提供线上综合理财服务 2.与互联网平台合作，导入流量 3.入股互联网平台，参与经营	优势：研究资讯、资产管理、融资及线下网点服务。在提升高净值客户黏性方面更胜一筹，变现方面有较为成熟和清晰的逻辑 劣势：流量不足，需借助第三方导流	转型太多、起步时间、导流能力，研究和资金管理能力，线下网点规模
第三方服务商	行业资讯、社区、智能投资顾问等个人业务	1.提供行情资讯、开户交易、综合金融商城服务 2.低费用投资策略，如智能投资顾问 3.申请网络券商牌照或靠收购进入券商领域	优势：流量和数据优势，初期发展速度快，后期将从互联网证券向互联网金融综合平台转变，实训数据变现，未来行业空间大 劣势：研究和资金管理能力不足	平台流量，一站式服务能力，研究和资金管理资产布局及数据能力等

第二章　传统金融互联网化转型

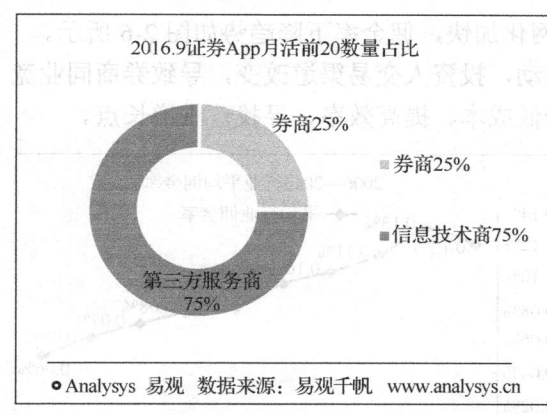
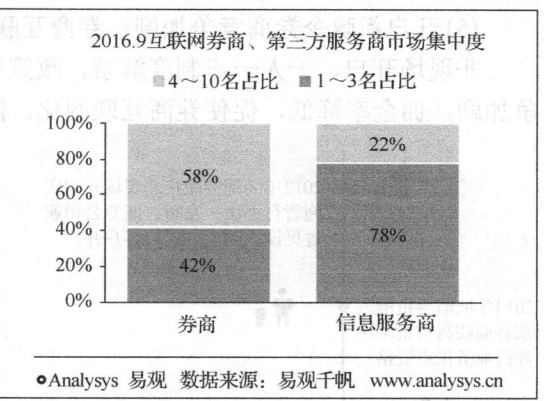

图 2-3　互联网证券市场结构

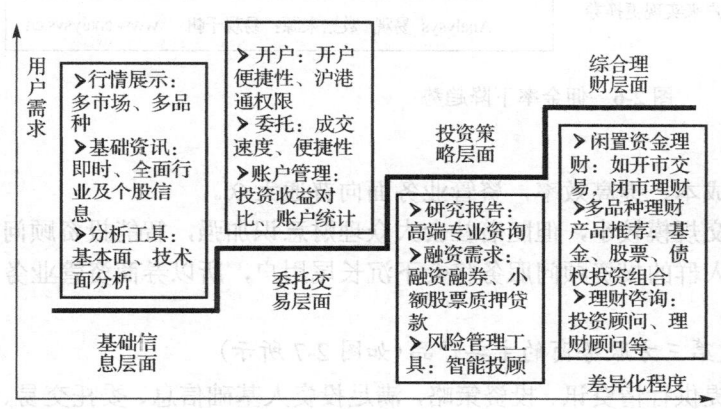

图 2-4　互联网证券个性化特征

（4）基于用户综合金融诉求，现有券商供给不足，转型迫切。

随着余额宝的推出，天弘基金成为国内规模最大的单只基金，金融+互联网成为行业公认的趋势；部分券商下调佣金率，目前经纪业务将继续提供现金流，未来券商将借助互联网向资管、投行等高附加值业务转型如图 2-5 所示。

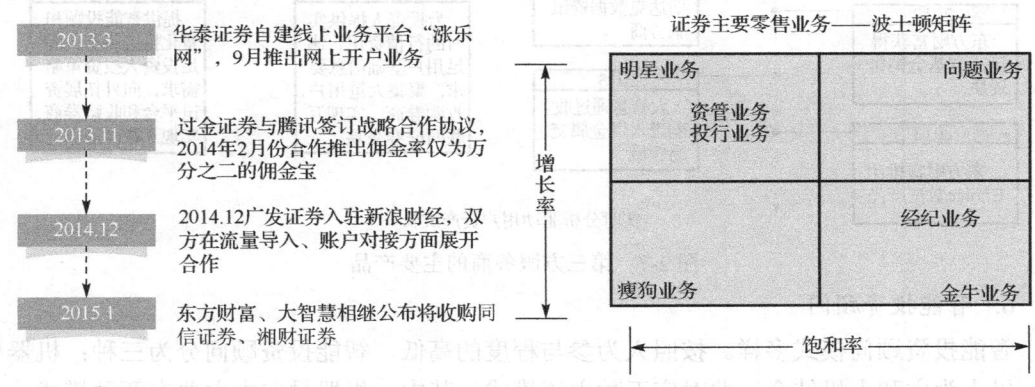

图 2-5　供给转型

(5) 开户新政令券商竞争加剧,券商互联网化加快,佣金率下降趋势如图2-6所示。

非现场开户、一人一户制度解禁,政策变动,投资人交易渠道改变,导致券商同业竞争加剧,佣金率降低,促使券商互联网化:降低成本、提高效率、寻找营收增长点。

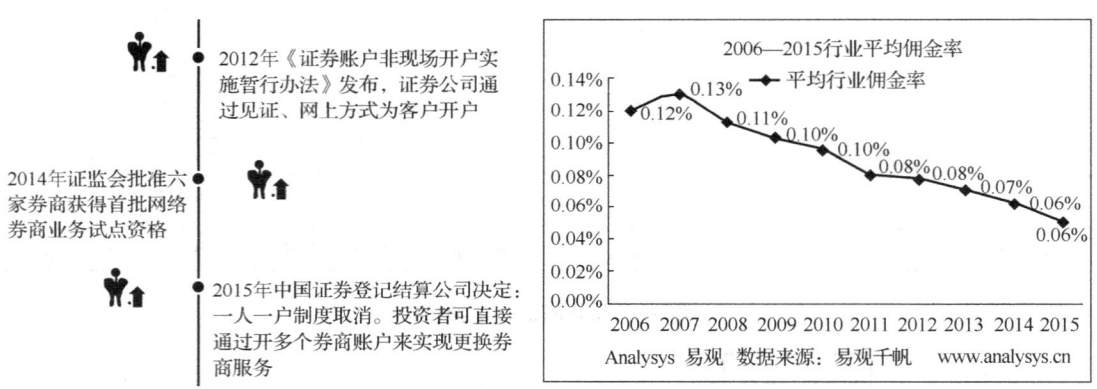

图 2-6　佣金率下降趋势

4. 资管业务普罗大众

智能投资顾问技术可降低成本、提高效率,资管业务面向普通大众。

券商资管业务当前业务成交规模较小,但随着社会大众理财意识加强,智能投资顾问的商业应用,以往面向高净值人群的投资顾问服务将会下沉长尾用户,所以券商资管业务的市场前景很大。

5. 行情资讯、投资策略是第三方服务商的主要产品(如图2-7所示)

服务技术商主要为投资人提供行情资讯、投资策略,满足投资人基础信息、委托交易、投资工具层面的需求。目前主要通过代销基金等方式,进入金融理财领域。

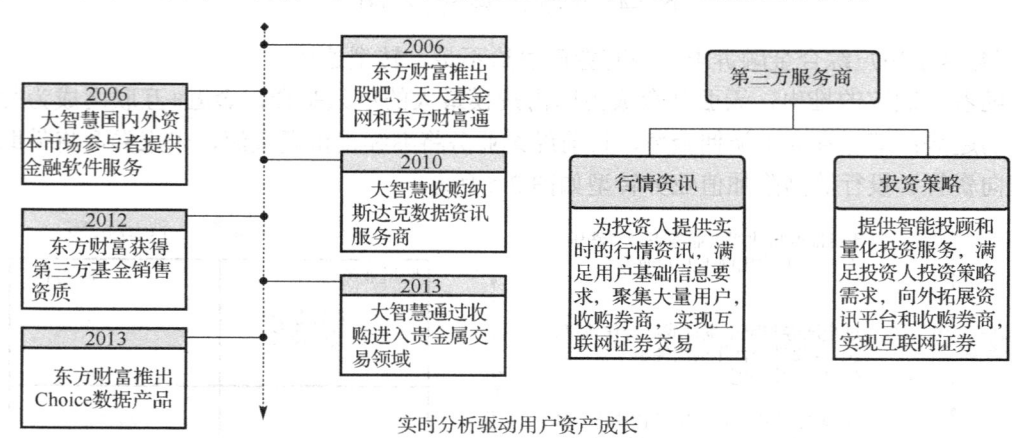

图 2-7　第三方服务商的主要产品

6. 智能投资顾问

智能投资顾问模式多样。按照人为参与程度的高低,智能投资顾问分为三种:机器导向、以人为主和人机结合,并对应五种主流模式。其中,机器导向中主要有两种模式:一是基于现代资产组合的资产大类配置模式;二是数据分析模式。以人为主的模式主要包括两种模式，主题投资模式和跟投模式；在人机结合模式中，线上引流至线下模式是其主流模式。

7. 互联网证券进入高速发展期，进入 AMC 模式（如图 2-8 所示）

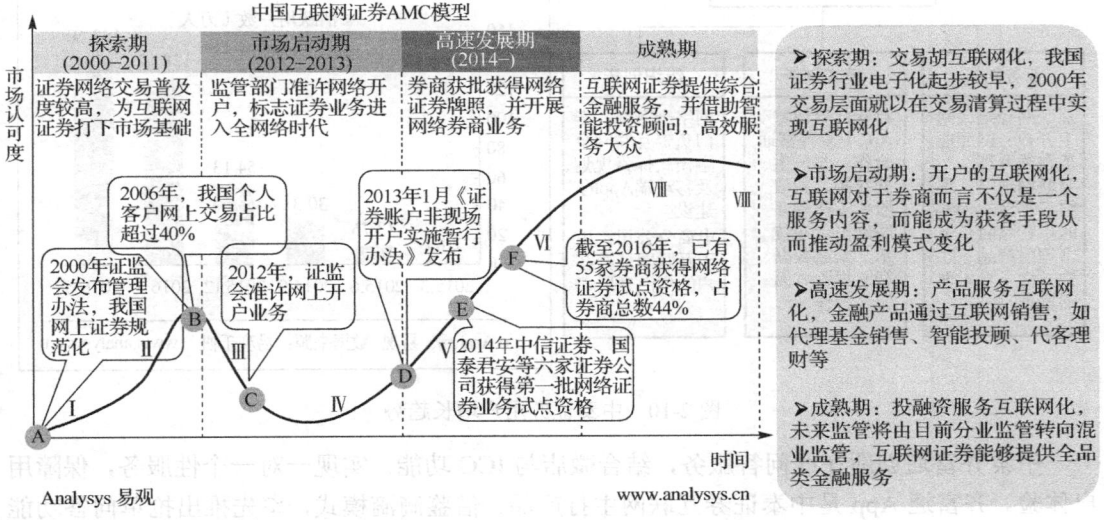

图 2-8 中国互联网证券的 AMC 模式

8. 互联网证券的主要问题

结构调整、差异竞争、互联网深化、牌照获取是互联网证券主要面临的问题。

基于行业历史遗留原因，目前国内互联网证券行业存在营收比重不合理、产品服务缺乏差异化、互联网证券全渠道营销化、证券相关业务牌照申请难四大问题。牌照申请难点如图 2-9 所示。

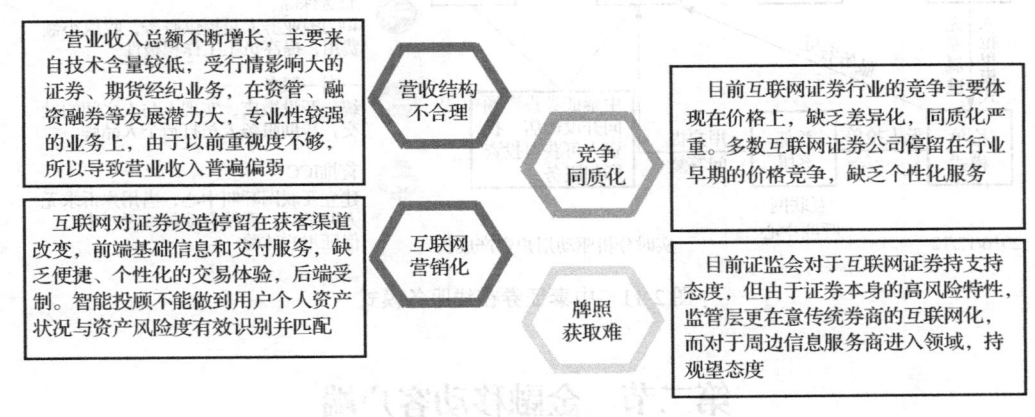

图 2-9 牌照申请难点

（五）中国互联网证券案例

中泰证券积极创新，解决互联网+产生的离散化、碎片化问题，保证活跃用户快速增长。2013 年中泰证券谋求移动端转型，在 2015 年年初推出了 App 中泰齐富通。中泰证券通过业务、模式、组织三方面创新支持券商互联网化，2016 年齐富通被新浪财经评为十佳券商App。据易观千帆监测数据显示出的中泰证券用户增长趋势如图2-10所示：中泰证券转型效果明显，App齐富通运营效果较好，活跃用数量户增长快速。

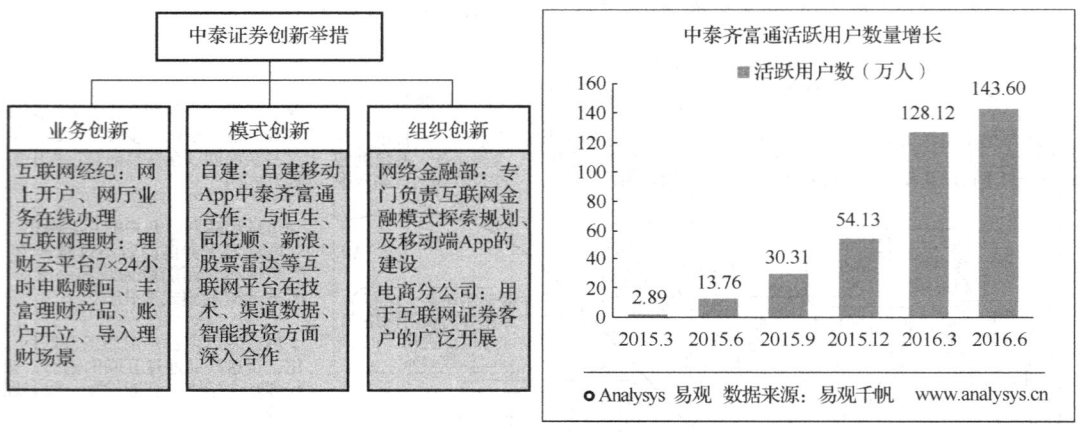

图2-10 中泰证券用户增长趋势

中泰齐富通创新在线问答服务，结合微店与ICC功能，实现一对一个性服务，保障用户体验。齐富通App是中泰证券互联网主打产品，借鉴滴滴模式，率先推出抢单问答功能齐富通答及投顾微店服务，解决信息不对称、提供一对一"人+社交"式服务体验，结合线下营业厅实现O2O服务，同时创新推出券商ICC功能保障用户能够实时在线得到服务，提高体验感（如图2-11所示）。

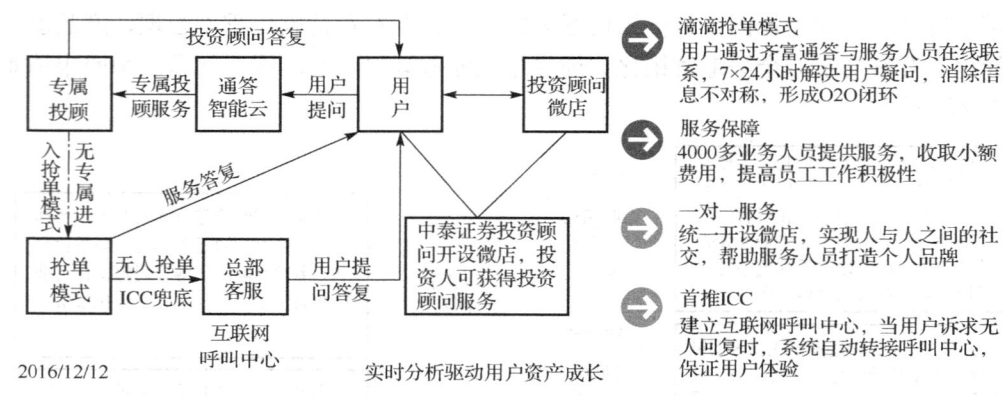

图2-11 中泰证券在线服务模式

第二节　金融移动客户端

随着互联网技术的发展，以及客户对互联网的熟悉度、认可度的提高，互联网金融领域的C2C（个人对个人）业态逐渐发展壮大，如阿里巴巴等互联网公司把自己在C2C、C2B的探索延伸到互联网金融领域。在互联网环境中，客户与客户之间、客户与金融机构之间会直接进行交易，或寻求个性化的支出与帮助。

在实践方面，最早涉足金融业的互联网公司是搜狐，早在 2002 年 4 月 17 日，搜狐宣布与国联证券公司联合成立合资公司，致力于在线金融证券交易技术服务。

随后阿里巴巴等互联网巨头已经成为互联网金融热潮的"领头羊"。阿里巴巴将"平台、金融、数据"确定为集团未来的三大发展战略，并在 2013 年推出如支付宝、阿里小贷、在线保险营销、余额宝等产品，在金融领域进行全面布局。

2013 年 8 月，腾讯介入互联网金融领域，华夏基金旗下的"活期通"正式推出"微理通"（微信交易功能），5 亿微信用户足不出户，通过微信就能实现基金买卖、现金存取、支付等方便快捷的业务。

与此同时，京东商城也确定了"自营电商、开放服务和数据金融"的发展规划，并上线了"供应链金融"服务。京东商城副总裁也明确表示，京东未来将提供小额信用贷款、流水贷款、票据兑现、应收账款融资、境内外保理业务等金融服务。目前，腾讯、阿里巴巴、百度、新浪、网易、盛大等企业都已经推出了自己的支付工具。

一、基金 App

投资基金，是一种利益共享、风险共担的集合投资制度，即通过向社会公开发行一种凭证来筹集资金，并将资金用于证券投资。其优势在于以下 3 个方面：

（1）集众多的分散、小额资金为一个整体；

（2）委托经验丰富的专家经营管理；

（3）分散投资，降低风险。

App 是英文 Application 的简称。由于 iPhone 等智能手机的流行，现在的 App 多指第三方智能手机的应用程序。随着智能手机和 iPad 等移动终端设备的普及，人们逐渐习惯了使用 App 客户端上网的方式，App 已经不仅仅只是移动设备上的一个客户端那么简单，随着"三网融合""云计算""物联网"等概念的落地与应用，以及移动电子商务的爆发，移动互联网进入了快速成长阶段，产业链各环节纷纷加紧战略布局。小到娱乐（视频音乐类），大到出行（携程、途牛、滴滴），手机 App 既给人们生活带来了全新的体验，又给各行各业带来了全新的挑战和机遇。与此同时，基金也在积极创新，发展基金 App 用户。

（一）基金 App 现状

1. 基金 App 用户规模庞大

随着人们使用 App 愈发普遍，推出 App 也成为基金公司的普遍现象。《证券日报》基金新闻部梳理发现，规模排名前十位的基金公司不仅均已推出 App 产品，甚至部分基金公司已推出两款 App。

易观智库金融行业中心研究总监马韬在接受采访时，对《证券日报》基金新闻部表示，据易观千帆产品监测数据，较大规模的基金公司，其 App 月活跃用户量可达几十万量级的规模。由于这一数据统计口径差异较为严格，界定为较长时间打开、使用的用户，已将基金公司或存在的刷量的次数刨除，因此事实上存在的用户数量可能高于这一统计。而类似天天基金网这样已开办较长时间的互联网基金平台，月活跃用户量则在 500 万人次以上。对比来看，基金 App 的活跃用户量已经非常可观了。

2. 低风险货币基金产品，App中打头阵

通过调研规模靠前的5家基金公司的App发现，将低风险的互联网定制货币基金放在主要推荐位置，突出互联网定制基金的申赎便利，冠以"钱包"之名，是这些基金公司App的主要特色。除货币基金外，风险较低的债券型基金也是基金公司App的主推产品。

如易方达基金App的名称是e钱包，主打低风险的互联网定制货币基金，突出基金的申赎便利，冠以"钱包"之名。进入App后，初始界面简单明了地分为存、取和查三个部分，生活和理财则属于二级分类。点击进入理财，则进入了热销产品界面，均是低风险的货币基金或债基，标明1年收益率和7日年化收益。需要再经过一次点击，才能进入全部基金和自选基金，选购偏股基金。

工银瑞信现金快线App主打快存快取功能，将取现功能放置在初始页面中。初始页面上推荐着两款工银瑞信的货币基金产品，以及近日发布的偏股基金。近日较为火爆的QDII基金开展的0费率活动也被放在首页。

嘉实基金名为"理财嘉"。与上述2款App相同，货币基金的首页介绍和存入、取现功能也被放在首页；此外是部分近日发行的基金和费率优惠活动，难觅股基踪影。然而与上述两款App不同的是，嘉实基金将"了解嘉实"和投资者教育活动也放在了首页显著位置。

可见，类"支付宝"基金是以上三个基金公司App的营销重点。

3. 销售并非主目标，特色服务成趋势

相对综合性的互联网基金销售平台，基金公司App的客户群不同，这是基金App最大的特点。事实上，对于基金公司来说，App不单纯是产品销售的工具，更是一个服务投资者和实现互联网创新产品的平台。

如嘉实、汇添富这样的基金公司，有一些独有的、面向高端人群的定制账户服务，属App专属的理财产品，在一般代销平台是找不到的。

此外，App可以根据客户各自的风险偏好，把收益和风险与客户做更细致的匹配，这也是普通的互联网基金销售平台无法做到的。比如，华夏基金既有低风险货币基金App活期通，又有一款华夏基金管家。基金管家App中包含货币型、理财型、债券型、股票型、ETF多种投资产品，为中高端资产客户提供全方位的理财服务。基金App虽然可以用来做基金公司自己的创新产品，在未来定制化服务上有一定发展空间，但从资产配置角度来说，用户有对于资产配置选择多样性的需求。一般的基金投资者不可能只买一只基金，因此可以认为"从未来发展来看，有存在的空间，但不会爆发"。

（二）基金App功能展示

随着手机终端的普及和互联网技术的发展，手机App的作用愈加重要。对于基金行业重要前端——基金销售，手机App直销是基金公司未来的发展方向。下面将从界面设计、客户体验、交易的便捷性三个方面对主要基金直销App和第三方基金App进行多维度的评估。

1. 界面设计

（1）交互流程设计。

绝大多数App的交互设计都是采用目前最为流行的三段式风格。以南方基金为例，界

面的最上面和最下面都有两个 Bar，下面的 Bar 是功能导航区。包含了首页、产品、资产和我的关注四个功能区；而最上面的 Bar，是标题功能区，一般包含着基金公司的名字或者第三方平台的名称，其次包含登录、注册、查询等信息和功能；中间的大幅空间则放置重要的信息，中间这一块的设计主要可以分为图片导航区和信息列表区，依然以南方基金为例，最上面图片区域就是图片导航区，因为这一位置最为引人注目，所以一般会放一些最新的和最重要的基金销售信息，图片是多图自动/手动滑动的。在信息列表区里面，多以列表和方格的形式添加信息和功能模块。基金 App 首页截图如图 2-12 所示。

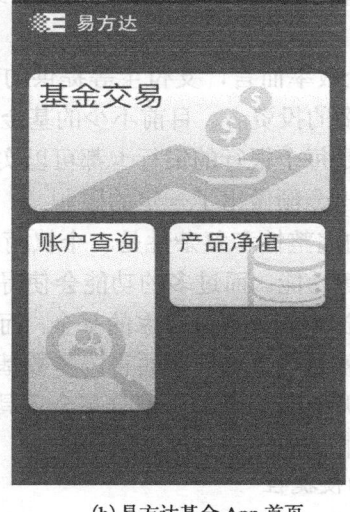

(a) 南方基金 App 首页　　　　　　　　(b) 易方达基金 App 首页

图 2-12　基金 App 首页截图

无论是第三方 App 还是直销 App，交互流程设计都是大同小异的。但是存在一个例外：易方达基金的 App 的页面设计较不同，其设计特点是图片和字体较大，方便中老年人使用。

(2) 颜色风格。

就颜色风格而言，多数都是以红色、橙(红)色和蓝色为主色调。主要有以下几方面原因：首先，在中国证券市场，以红色标注证券价格上升，以红色为主色点会给人一种上涨的心理暗示；其次，红色在中国文化中也有好的象征意义；再次，蓝色代表着冷静沉稳，也是能够代表投资者的颜色。我们可以从南方基金、天天基金网、掌上基金上等 App 的设计得到印证。背景色的选择也是很重要的，所有的 App 都选择了白色为背景色，这是由于 App 提供的信息是以文字和数字为主的，白色有利于人们的阅读。但是，绝大多数的 App 都没有考虑夜晚使用 App 的需求，所以没有提供以灰色等为背景色的夜间模式，仅有和讯基金提供了这一功能。

2. 客户体验

就客户体验而言，我们将从开户体验、资金效率、功能的完整性和复杂性等方面去分析。

(1) 开户体验是客户接触基金直销 App 的第一步，也是 App 能否成功吸引用户至关重要的一步。如果流程烦琐，或者开户过程不顺畅，那么用户就很有可能放弃并转而使用其他产品。几乎所有的基金都会以电话号码、身份证号码作为开户的信息凭证。就银行数量而言，华夏基金提供了包括四大国有银行在内的 15 家银行；天天基金网提供了包括四大国有银行在内的 15 家银行；广发基金提供了包括四大国有银行在内的 11 家银行；博时提供了包括四大国有银行在内的 9 家银行；陆金所则提供 18 家银行；但是大成基金仅提供了 7 家银行，且不包含建设银行；华安基金虽然提供了 10 家银行，但是不包括中国银行和农业银行。相对而言，第三方 App 提供的银行数量更多一点。在注册的过程中某些 App 长时间收不到短信验证码；有的 App 则提供了 QQ 登录和微信登录，虽然这可以提高使用便捷性，但是作为一个理财 App，与平时的交友软件绑定会给人不安全感，毕竟微信和 QQ 等被盗的事件屡屡发生。

（2）就资金效率而言，支付宝等提供的实时到账功能，使得货币性基金等的流动性提高，吸引了更多的投资者。目前不少的基金 App 都支持快速到账功能，但是由于银行端的限制，因此不是每个银行的银行卡都可以实现此功能；考虑到资金的大额流出的风险，基金公司都对准出金额做出了一定的限制。

（3）功能的完整性和复杂性是一个权衡的问题，基金应该包括最基础的基金查询、基金交易、自选等功能。而过多的功能会使得 App 存在较大的学习成本。首先，就基金查询而言，直销基金 App 仅提供自家的基金，而第三方 App 会提供合作的基金公司的基金，选择面会更广。就具体查询细节而言，多数基金都提供了按照基金分类的查询，但是有的基金 App 没有排序功能。此外，部分基金还具有对于投资人的风险水平、历史买卖交易情况进行基金推荐的功能。

3. 交易的便捷性

在交易方面，App 登录和购买产品经常要输入数字，但字号普遍太小，不方便老年人使用。这方面只有嘉实基金在设计中予以考虑。嘉实理财嘉在输入手机号及身份证号时，数字会在输入栏下方放大显示，这在众多 App 中独一无二。

二、微信公众号

微信公众号是公众号主持方与订阅者之间进行互动、沟通和对话的平台，同时也成为了用户在移动端的一个重要信息接入口。文章根据微信公众号提供的内容、运营机构的类别，对微信公众号的类型进行了划分。并对微信公众号的现状进行了梳理。微信作为社交媒体，其发展迅速火爆，其数量呈现出随着微信用户的增加不断上涨的趋势。在未来，微信公众号的发展重点仍在与用户互动、为用户提供服务和原创内容生产等方面。同时也会呈现出垂直化、分层化发展，专业化运营的趋势。

2016 年中国新闻出版研究院公布全国国民阅读调查结果，微信阅读结果显示，我国成年人手机阅读群体的微信阅读使用频率为每天 10 次，人均每天微信阅读时长超过 70 分钟。微信成为用户在移动端的一个重要信息接入口。而这其中来自微信公众号的信息又占据了大部分比重。微信公众号依托多媒体图文推送、互动方便快捷等优势备受用户青睐。

（一）微信公众号的类型

截至 2017 年 7 月 25 日，根据微信官方公开消息显示：公众号总数量超过 2590 万，日均增长数由去年的 8000 个上升至 1.5 万个。微信作为社交媒体，其发展迅速且火爆。与此同时，微信公众号的数量也随着微信用户的增加不断上涨，呈现出百花齐放的景象。面对总量庞大、层出不穷的微信公众号，对其进行分类，有助于将微信公众号细分、简化，从而加深对微信公众平台的认识，掌握微信公众号的发展规律。

1. 根据提供内容的类别进行划分

可以将当前的微信公众号内容分为电子商务类、公共服务类、新闻资讯类、娱乐休闲类、视频影音类、教育文化类、行业知识类等多个类别。根据微信公众号的内容对账号进行归类的方式可以较为直观地掌握一类微信公众号的开设目的、内容特性及运营特点。公众号的发布内容和功能决定了一个微信公共账号的本质属性。公众号发布的内容和实现的功能是微信公众号的首选分类维度。

2. 根据运营机构的类别进行划分

根据微信公众号的运营机构的不同属性，可以将微信公众号细分为政务类，传统媒体和网络媒体类，企业类，社团、商会等组织类和个人类。通过找到不同微信公众号背后的不同运营商，分析不同运营单位微信公众号的特点，可以剖析出运营单位对微信公众号发展带来的影响。

（二）互联网金融微信公众号的发展

随着余额宝、微信红包等金融产品的走俏，移动互联网金融迎来了发展新时代。借助微信建立官方的企业微信公众号已经成为有效的营销方式。互联网金融业也没有放过这一妙招，纷纷开启了互联网金融微信公众号，做起了金融微信运营来推进营销业务。以互联网金融平台微信公众号的发布文章数、阅读数、点赞数、留言数为基础进行综合判断，形成微信公众号的传播指数，用以衡量各家互联网金融微信公众号的影响力和传播效应。互联网金融的微信公众号出现了很多，如和讯网、界面、吴晓波频道、功夫财经、Wind 咨询、华尔街见闻、凤凰财经、商界、山石观事、理财顾问圆桌等。伴随着互联网信息时代的到来，信息获取更加快捷、便利，滋生了一大批新兴行业，互联网金融成为新兴行业杰出代表。因市场经济的飞速发展，人均生活水平的提高，人们对于投资的观念越来越强，互联网金融成为近几年金融界最受投资者追捧的投资方式，掀起了一阵投资狂潮。互联网金融具有较低的门槛、可观的收益、高效便捷的操作等特点，深深吸引了广大投资者。

如何分析一家互联网金融公司微信公众号运营的好坏呢？想要运营好一家微信公众号，内容创新尤为重要。现在有句俗话叫"线上的企业没有流量，都去线下找；线下的企业的没资源，都去线上找"。而线上流量早已进入"负时代"，平台方越来越难以从用户身上套取到更多的时间，如何能争取到更多线上流量成为互联网金融平台绞尽脑汁都在思考的问题。互联网金融公司的公众号运营目标是引流和增强用户黏性，金融投资本身就是一个低频需求，要提升低频需求的用户的活跃度，互联网金融微信公众号的内容创新很重要。

同时做微信营销的最终目的是销售产品或服务，那么最终这些流量要有一个着落点。例如，我看了这条推送图文后对这样东西很感兴趣，如果在微信上就有微店可以直接购买，那么成交率要比留个网站地址或淘宝店铺链接要高 70% 以上。但腾讯的微信公众平台，仅提供了最基本的功能，对于互联网金融平台来说远远不够，所以还需要根据自己的业务类型完善公众平台。

但是，随着大数据、云计算、移动互联网信息技术的迅速发展，互联网金融蓬勃兴起，几乎触及金融业所有领域。互联网金融为居民提供投资理财便利的同时，也布下了潜在陷阱。其中，微信公众号成为新型诈骗手段之一。国务院办公厅印发《互联网金融风险专项整治工作实施方案》，规范 P2P 网络借贷、第三方支付、股权众筹等互联网金融业务，多举措保护客户资金安全。但是，仅仅依靠国家整治还不够，由于互联网金融隐蔽性强、潜在风险多样，因此无论是个人还是金融机构，都需要做好防范工作，时刻保持警惕之心，防患于未然。

案例一

假冒保险公司微信公众号营销

在互联网世界，各类假冒网站、公司丛生，有些公司打着互联网金融的旗号兜售各类理财产品，让投资者防不胜防。2015 年，某互联网网站以某保险资管公司名义公开销售虚假金融理财产品，有群众以银行转账的方式从该网站累计认购 5 万元金融理财产品。经调查，该网站实为伪造虚假的资管公司资质证件，假冒资管公司名义，非法销售虚假金融理财产品，诈骗受害人资金。后受害人向公安机关报案，并向公安部"网络违法犯罪举报网站"举报，该假冒网站随即被公安部网警查封。

近两年，随着微信的流行，各类微信公众号不断出现，一些不法分子以假冒保险公司的名义通过微信平台开展营销，骗取投资者资金。2016 年，某网络科技公司假冒保险公司的名义建立"太保精英展业交流群""新华精英展业交流群""平安精英展业交流群"等微信公众号，发布保险资讯，并趁机进行保险产品营销。目前，有关保险公司已通过寄送侵权通知函等方式制止假冒保险公司的侵权行为，同时联络相关网站删除相关微信公众号的虚假资讯链接。

案例二

预付卡网络销售

近年来，各种预付消费的会员卡席卷社会各个领域和各类人群。一些网络公司借机开设预付卡业务，通过网络营销获得大量的消费者现金。但此类网络公司中有很多属于违规无证经营，风险极高。上海共享商业增值网络服务公司就是典型案例。

成立于 1996 年的上海共享商业增值网络服务有限公司（简称上海共享公司），注册资本 1290 万元，早在 2005 年就开展了多用途预付卡发行与受理业务，并大量发售购物卡。公司与一些商家合作，购物卡持有者通过一些合作商家进行购物。

截至 2017 年，该公司累计发卡 453.66 万张，未偿付金额 4.66 亿元。为此，经中国人民银行上海总部努力，并报经总行领导协调推动，上海市政府牵头建立了上海共享公司风险处置机制，上海市金融办、公安局、工商局、信访办、新闻办、维稳办及相关区县联合参加，明确分工和处置原则，合力推进风险处置工作。

上海共享公司事件只是预付卡的案例之一。如今，随着消费的便利，各类预付卡频频推出，而一旦发生风险往往维权无门，预付卡事实上已成为众多消费者的"糟心卡"。面对问题百出的预付卡消费陷阱，业内专家建议，一方面，消费者应在办理预付卡时增强自我保护意识；另一方面，相关预防、监管和处罚机制的建立健全刻不容缓。

案例三

无证经营银行卡业务

近年来，随着支付结算业务的发展，大量公司参与其中，但同时也存在着部分公司无证经营银行卡收单业务的现象，江苏酷刷电子科技有限公司公司就是其中的典型案例。

据了解，江苏酷刷电子科技有限公司（简称江苏酷印公司）成立于2012年1月，公司实缴注册资本500万元。江苏酷刷公司作为持证机构和上海优乐、北京银联商务的代理服务机构，在拓展商户的过程中开展"二次清算业务"，即收单机构不直接将资金结算给商户，而是清算给江苏酷刷公司，再由江苏酷刷公司结算给商户。

从2015年起，江苏酷刷公司多次出现延迟、拖欠商户结算资金的情况。其原因是江苏酷刷公司经由上海优乐公司提供资金划付服务，2014年10月，由于操作失误，造成向商户重复划付资金3300万元，事后共计1270万元资金无法追回。这导致酷刷公司资金出现困难，出现商户资金结算延迟、拖欠的情况，引发部分商户维权，并引发媒体和社会关注。

针对风险事件，中国人民银行先后约谈了无证机构江苏酷刷公司的合作持证机构上海优乐及北京银联商务，并提出整改要求。

互联网的发展给个人和公司资金业务带来了极大方便。网络支付、网络预付卡、互联网理财投资等方式的不断创新，在给消费者带来快捷便利的同时，也给违法犯罪分子带来可乘之机。上述三起典型案例，提醒消费者和企业一定要提高风险防范意识，切实维护自身合法权益。

第三节 金融产品销售的互联网化

目前互联网金融的发展趋势十分明显，相关创新活动层出不穷。网络交易平台的出现，源于资本市场多层次化发展的内在需求。除了股票、债券、衍生品、大宗商品等主流交易场所，还有大量的金融产品，因为条款标准化、风险收益特征、信息披露等方面的原因，适合不同的客户群，从而也出现了大量金融交易平台。互联网的介入，拓展了交易可能性边界，并提高了交易效率。

中国人寿保险公司副总裁张响贤在2013中国金融年度论坛上坦言，当前快速发展的信息技术正在改变整个社会，也在改变着金融保险行业。其中最显著、最直接的就是销售模式的改变，网络销售成为近两年发展最快的保险渠道。

一、金融产品的网络销售

金融产品的网络销售，本质上是通过网络渠道匹配金融产品的供给者和需求者。

金融产品的需求者在匹配过程中起主导作用。他们根据自己的预算约束、风险收益偏好、融资需求等搜索合意的金融产品，并在不同的金融产品之间分配资金额度。金融产品供给者的目标是，针对金融产品需求者的偏好，通过揭示自己产品的风险收益特征和一定的推广活动，最大化产品进入金融产品的需求者"配置篮子"（交易可能性集合）的概率和配置金额。

(一)网络销售的金融产品类型

目前，网络销售的金融产品主要分为五大类：

(1)投资型产品，如银行理财、股票型和债券型基金；

(2)融资型产品，如网络贷款；

(3)风险保障型产品，如保险产品；

(4)"投资+支付"复合型产品，如余额宝等；

(5)社交型产品，如微信红包。

(二)金融产品的互联网销售模式

金融产品的销售模式，目前主要的模式有自建平台、利用第三方渠道、利用社交网络、供应链金融四种。

1. 自建平台

随着互联网金融热的兴起，各商业银行逐步建立了自己的电子商务平台，不仅提供支付业务，而且提供一揽子金融服务。

例如，建设银行的善融服务，不仅是 B2B 平台，而且是 B2C 平台，是电子商务与金融服务在互联网方面的深度合作。善融服务突破了封闭的服务模式，被业内戏称为"银行搭台，商户唱戏"。自建平台销售产品，主要是培养客户，但由于自建平台的封闭性和产品的单一性，同时又不具备价格优势，因此平台上的客户不够活跃，兴业银行的网上商城的关闭就是最好的明证。

2. 利用第三方渠道

目前这种模式共有五种方式：

(1)在电商平台上开店来销售产品，如淘宝旗舰店等；

(2)以余额宝为代表的第三方金融产品，主要是与基金公司合作，推出符合互联网特性的基金产品；

(3)基金超市，用户可以通过比价选择不同的基金产品，如好买基金网等；

(4)贷款超市，客户在该平台上可以对比选择全国不同银行的各种贷款产品；

(5)保险超市，在该平台上，用户可以对比选择不同的保险产品。

3. 利用社交网络

这种模式是指金融机构通过社交化平台，连接金融机构和用户，并以此来销售金融产品。该模式充分利用了社交网络平台的大数据分析、数据流、云计算和社交关系,能够获得一些软信息,同时通过建立虚拟的线上贵宾室,差异化分消费者和差异化产品与服务,可享受到类似于在金融机构柜台办理业务的 VIP 服务。

社交网络平台销售金融产品,可以从根本上改变金融机构与顾客的关系,实现与金融机构的实时对话。对话机会越多,信息共享就越多,金融机构也就越能准确判断客户的需求。

4. 供应链金融

在这种模式下,销售的不仅仅是某一种金融产品,而是一揽子金融服务,同时客户也不仅仅是单一客户,而是与某核心企业有关系的客户群。

供应链金融通过"转移"目标客户的方式,可以有效解决信息不对称的问题。互联网供应链融资由于实现了信息流、物流和资金流的高度融合和在线控制,因此贷款效率和安全性大大提高。比较典型的有京东供应链金融,京东为商家从金融机构贷款提供担保。而通过担保,商家可以从金融机构获得贷款。

当然,并不是所有的金融产品都适合网上销售,特别是复杂程度比较高、条款个性化程度高、投资风险高、需要投资者做大量研判的金融产品目前还是都不太适合网络销售。

二、网络金融营销的特点

网络金融营销吸收了现代市场营销理论的精髓,同时与现代金融企业的具体经营实践相结合,体现出以下 5 个特点。

1. 网络金融营销是一种理念营销

网络金融业务具有不受地域限制的空间优势,365 天 × 24 小时的时间优势,资金结算和信息传递的速度优势,多层次、多角度的个性化优势,价格低廉的成本优势,满足了数字经济时代客户高增长、快节奏的消费需求。

金融企业通过开展网络金融营销活动将这些优势推荐给客户,帮助客户认识自己的需求,了解网络金融产品和服务能够实现的功能。同时,企业建立起"以客户为中心、以客户价值为导向"的营销理念,培养客户自主、自助式的现代金融消费理念和消费习惯,将由客户引发的被动服务转变成为由企业引发的主动营销服务。

2. 网络金融营销是一种品牌营销

随着金融新产品的不断开发与品种的逐渐繁多,品牌营销在网络金融营销中就显得比金融产品的功能营销更重要。由于金融服务产品具有同质性与模仿性的特点,同一类金融企业提供的服务,其功能都是大致相同的,因此客户在接受金融服务时往往不是被金融产品功能带来的服务盈利或便利所吸引,而是被熟知的品牌所吸引。

因此,越来越多的金融企业正努力在网上客户中构建品牌识别,如招商银行网上银行品牌"一网通"、中国工商银行个人网上银行品牌"金融@家"就在商业银行中形成了自己的品牌效应。

3. 网络金融营销是一种关系营销

金融市场营销是一个与客户、竞争者、供应商、分销商、政府机构和社会组织发生互动作用的过程，正确处理这些个人和组织的关系是营销的核心，是金融企业成败的关键。

关系营销的目的在于同客户结成长期的、相互依存的关系，发展客户与产品、服务之间的连续性的交往，共同谋求长远战略发展，以提高品牌忠诚度和巩固市场，促进产品持续销售。网络金融营销与所有的市场营销活动一样，都以客户满意为核心，注重维持与客户的关系，立足于建立和发展高度、紧密的客户关系。它不仅是对产品和服务功能的推销，而且包括收集客户的需求，反馈客户意见和建议，受理产品和服务的咨询，开展售后服务和帮助客户处理有关业务等，反映了关系营销的基本理念。

4. 网络金融营销是一种价值营销

从市场交换的客观规律分析，价值认同是客户同意交换的原始动力。在网络金融营销活动中，让客户感受到价值，获得价值上的满足，是网络金融产品和服务形成竞争优势的关键因素。

客户对产品和服务的使用价值和增值效应，常常需要经外部引导才能够获得。网络金融营销强调对客户的价值观念培养，如利用营业网点组织座谈、上门访问，以及利用各种传媒进行信息沟通和传递。其中包括运用互联网等新型的通信交流手段，进行在线调查或通过在线论坛、电子邮件等，实现企业相关职能部门与客户的互动交流，帮助客户发现产品和服务价值，感觉价值存在，并且最终利用其价值。

5. 网络金融营销是一种直面营销

金融业提供的产品是无形的服务。因为无形的金融服务在客户购买之前是没有办法利用感觉器官来感受其价值及使用效果的，所以客户只有在接受服务的过程中才能感觉到金融服务的好坏及其价值。金融服务产品的这种无形性与不可分离性促使金融服务营销基本上采用直接销售渠道，向客户面对面地销售各类金融服务。

网络金融营销体现的直面营销，除了企业业务人员与客户的直面营销，还通过产品与客户进行面对面的营销，即感官营销。这种营销方式更容易吸引客户注意，有其他传统金融产品营销所不具备的独特优势。如网上银行可以看，电话银行可以听，手机银行和自助银行可以"触摸"等。

三、网络金融营销的策略

随着经济全球化、金融国际化，以及信息技术化面临的挑战和压力，随着中国金融市场的买方市场的初步形成，金融机构的经营策略从追求"规模效益"向挖掘"客户效益"转变，客户将成为越来越最重要的资源。金融机构过去以网点和人际关系为主，对客户不加选择，今后将过渡到以客户为中心的竞争模式和发展策略，具体表现为细分客户价值，针对不同客户群体进行市场定位，并借助先进的信息技术工具，提供符合客户需求的金融产品和服务，发展高效益的客户群体。

（一）网上市场调查策略

网络金融产品的推出与其他制造品、消费品的不同在于：其与一定时期的经济形势、经济周期、居民收入、社会稳定性密不可分，并且还需对一定数量或一定范围的客户在一定时期内的资金使用、透支额度、信用状况有全面的了解，才能找出准确的市场空白点，进行市场细分，确定目标客户群。

作为整个营销战略承上启下的一个阶段，如何及时收集信息、分析信息、改进产品、改善服务，对于下一步继续巩固和扩大市场份额极其重要。

1. 网上市场调查的方式

网络金融服务的特点之一就是可以对所有客户的服务情况进行跟踪，及时对客户接受服务的具体信息进行采集和分析。具体的方法有如下 3 种。

(1) 在网络服务页面设置调查按钮，进行网上调查。该方法简洁易用，可以了解客户的真实想法和需求。

(2) 设立电话客服系统。如商业银行一般会设立 24 小时客户投诉中心，不断收集客户的意见，可以间接分析客户的实际需求。

(3) 经常性地开展业务恳谈、业务推荐、新闻座谈等，也能直接、深入地了解客户信息，从而不断调整营销战略，改进金融服务。

2. 建立信息网络数据库

网络调研的结果可以汇总后建立网络数据库，这是网络市场分析的基础。网络数据库主要有以下 5 种类型。

(1) 基于浏览器的数据库。它包括简单的文本文件字段和复杂的附有图表和格式化文本的主页。浏览器一般会下载整个数据库文件来搜索目标对象。为了方便使用，这种数据库文件一般有合理的大小。如果数据库超过了 100KB，那么就将它按照逻辑顺序分成几个部分，每个部分的开头附上内容提要，以方便访问者选择他感兴趣的内容。

(2) 链接型数据库。一般使用 HTML 编辑器来建立，通过往数据库中写入链接，提供 HTML 文本格式和运用逻辑方式组织的数据库原材料，创造高质量的数据库。因为源数据库随时会改变，所以用户需要删除旧的文本文件，再用包含最新信息的文本文件来代替它。这种类型的数据库需要公司投入更多的时间和精力，但对于使用者而言，这种数据库是最方便的。

(3) 基于服务器的数据库。这是一种大数据的、需要及时更新的数据库。这种数据库使用 HTML 表单，不但能够显示日常的主页信息，而且其中的文本还允许使用者嵌入新信息。为了安装、储存和保留这种数据库，公司需要和网络服务的有关提供者取得联系，达成协议。

(4) 客户数据库。它是营销过程中最重要的数据库之一，依据客户的习惯、购买偏好、心理特征、需求等有效数据，对客户市场进行分析，并对潜在的客户市场进行预测。这样才能更好地设计、生产和定位产品。可以说，客户数据库的建立与完善是关系公司成败的重要因素。如果金融机构或者市场调查机构有了较为完整的客户数据库，那么市场调查活动的开展就会更有针对性，可以从客户数据库中筛选合适的样本进行调查，有效地节省调查的时间和费用，并且提高调查结果的准确性。

(5) 产品数据库。网络金融业务产品数据库存储了所有金融产品的具体介绍、服务内容、价格、服务时间、服务要求等具体内容，用户可以自由浏览，对比分析。综合性金融产品数据库甚至包含不同金融机构同类产品的数字资料，以方便用户的决策。

3. 网络数据库的优点

网络数据库与传统的数据库相比，有以下三点突出的优势。

(1) 动态更新。传统的数据库的更新效率低、周期长，过期、无效数据记录比例较高，维护成本大。网络数据库则具有数据量大、易于修改、能实现动态数据更新、便于远程维护等多种优点，还可以实现顾客资料的自我更新。网络数据库的动态更新功能不但节省了大量的时间和资金，而且更加精确地实现了营销定位，从而有助于改善营销效果。

(2) 顾客主动加入。在没有借助互联网的情况下，寻找潜在顾客的信息一般比较困难，如利用有奖销售或者免费使用机会要求顾客填写包含有用信息的表格，不但投入成本大，而且覆盖范围有限。在网络营销环境中，获取顾客数据要方便得多，而且往往是顾客自愿加入网站的数据库。最新的调查表明，为了获得个性化服务或获得有价值的信息，有超过50%的顾客愿意提供自己的部分个人信息。

(3) 改善顾客关系。在互联网上，顾客希望得到更多个性化服务，根据顾客个人需求提供针对性的服务是网络数据库营销的基本职能。因此，网络数据库营销是改善顾客关系最有效的工具。

(二) 市场细分策略

网络金融客户与传统金融客户群体有很大的不同，在确定细分标准时也有区别。传统的人口规模和地域分布对网络金融业务是毫无意义的，因为网络业务讲究的是范围经济效应，而非传统业务注重的是市场占有率。突破了时间和空间限制的网上业务，更重视客户的服务量规模、服务特殊性、心理和行为变量等，以此来确定目标市场，并进行整合重组，寻求业务创新的空间，制定符合实际的客户战略。

同其他企业的细分市场一样，金融机构在介入网络金融业务的细分市场时，既要考虑自身的实力，又要考虑竞争对手的情况。在细分市场之后，要努力向目标客户、目标市场推出各种差别化的网络金融产品，使竞争对手在短期无法达到自己的水平，以赢得市场、争取客户、获取超额利润。

从市场情况来看，以下的细分市场空间有利于网络金融产品的营销。

1. 中青年消费者市场

这部分人群大多观念开放、思维活跃、接受新事物快，容易接纳新的服务和消费观念，对网络金融产品的接受能力较强，应该作为重点营销对象。

2. 具有较高文化水准的职业层市场

这部分人群主要包括科技人员、教师、学生、政府官员、金融从业者、公司高级管理者等。有关机构的调查发现，表示愿意使用电子货币的人中，大专以上学历者占65%以上。他们对科学技术的推广应用理解力强，并熟悉电子计算机操作，因此更容易接受网络金融产品。

3. 中、高收入阶层市场

据世界银行的《世界发展指标》报告书介绍，我国居民基尼系数达到了0.397，城镇居民基尼系数为0.295，农村居民基尼系数为0.336。由此看来我国贫富差距在国际上处于较低水平，但依然存在较少部分人的收入占总收入较大部分的现象，因此理应作为网络金融营销市场的重点。

4. 男性消费者市场

从心理学角度讲，男性比女性具有更强的好奇心及探求新事物的欲望，而具有一定社会地位及较高收入的男性往往更易青睐网络金融产品，因此男性可以作为营销的主要对象之一。

5. 城市消费者市场

我国城市的网络用户在全国所占的比重相对较高，且沿海地区城市和中心城市的网络普及率要高于内地城市和广大农村地区。所以，网络金融产品的营销对象主要集中在上述地区，在进行营销活动时应该有针对性。

（三）目标市场策略

目标市场是进入网络金融市场具体的细分市场，或者是打算满足的具有某一需求的金融客户群体。金融机构在进行网络营销时有无差异性营销策略、差异性营销策略和集中性营销策略三种选择。

1. 无差异性营销策略

无差异性营销策略是把整体市场看成一个大市场，不进行细分，以统一的产品、统一的市场营销组合来对待。这显然不符合网络经济下的市场发展。

2. 差异性营销策略

差异性营销策略是将整体市场划分为若干需求和欲望大致相同的细分市场，然后依据企业资源及营销实力选择部分细分市场作为目标市场，并为每个目标市场制定不同的市场营销组合策略。

例如，在客户信息充分的环境下，可以根据客户对金融机构的"贡献率"进行客户服务类别的区分，将优质客户与一般客户区别对待，对优质客户提供定制化的服务方案，实行"差别化"产品或服务策略，以差别营销策略为依托，营造网络金融营销优势。

3. 集中性营销策略

集中性营销策略是在将整体市场进行细分后，只选择其中某个市场为目标市场，集中企业的实力进行营销活动。

金融业要在复杂的、变化的网络市场环境中实现特定的营销目标，除实行产品项目差别外，对收益稳定、发展前景好、市场风险相对较小的网络金融产品，还可以进行重点推广，设计有针对性、集中性的营销方案。

（四）整合营销传播策略

网络金融业务应采取整合营销传播策略，将各种传播工具和方式进行一元化整合，并采取"一个声音、一个面目"的表现手法和宣传声势，塑造企业形象和产品形象，向消费者传达独特的销售主张。

首先，应将网络金融产品和金融机构的经营理念等形象要素结合起来，在产品宣传中强化形象，通过形象的加深反过来增强产品的营销效果。要注重网络宣传与传统媒体宣传的结合，强调一致性和整体性。在形象、业绩、品牌宣传和公共关系宣传等方面统一策划、统一组织、统一行动。采取形象宣传和业务宣传相互联动，点面结合地进行大型立体整合营销宣传模式，使各种传播媒体结合各种促销活动形成一个立体宣传网，有效地营造宣传声势。招商银行开展的主题为"穿州过省，一卡通行"的"一卡通"品牌宣传营销活动则在这方面做了成功的尝试。

其次，还要注重建立金融机构与公众的双向沟通关系，以客户需求为导向加强营销宣传策划。以客户需求为导向就是要"注意消费者"，而不是"请消费者注意"，这就是由外而内、企业与消费者双向沟通的营销传播方式。

（五）一对一营销策略

20世纪90年代初，唐·佩珀斯提出了"顾客份额"的新思维，即决定一个企业成功与否的关键不是"市场份额"，而是"顾客份额"。所谓顾客份额，就是一个顾客的消费总额的份额，即产品或服务在一个顾客的同类消费中所占的份额大小。占据了顾客份额的产品或服务，才真正拥有了顾客的忠诚度。

网络金融产品营销的关键不在于取得多大的市场份额，而在于网络金融产品在顾客同类消费中的份额。为了争取有价值的顾客，网络金融营销必须有针对性地制定营销方案，为不同顾客提供个性化服务，才能立于市场竞争的不败之地。

第四节 传统金融与互联网金融的区别与联系

一、传统金融与互联网金融的区别

随着互联网经济的不断发展，社交网络、云计算、大数据等越来越多的互联网应用为传统行业的业务发展提供支持，互联网对传统经济的渗透程度不断加深。2013年，从阿里金融、余额宝到虚拟货币比特币，再到发展得如火如荼的P2P在线信贷，互联网金融受到社会各界的普遍关注。大家在感叹互联网金融的模式创新和高效的同时，也在思考互联网金融与传统金融的关系。互联网金融为传统金融注入了活力，有望开启金融变革的新时代。

传统金融和互联网金融的区别主要体现在以下三个大的方面。

（一）互联网金融模式存在创新

业内人士对现阶段互联网金融的模式梳理出第三方支付、P2P网络借贷、大数据金融、众筹、信息化金融机构、互联网金融门户六大互联网金融模式。我们分别来看看这些模式的特点及投资优劣。

1. 互联网金融六大模式之一：第三方支付

第三方支付已由最初的互联网支付，演变成如今线上线下全面覆盖，应用场景更为丰富的综合支付工具。目前，第三方支付平台的运营模式主要有以下两种。

第一种，独立的第三方网关模式。如快钱、易宝支付等，主要针对企业客户。

第二种，有电子交易平台且具备担保功能的第三方支付网关模式。如支付宝、财付通，主要对接个人客户。

第三方支付由于操作便捷，吸引了相当数量的企业及个人用户，但是，网络交易的非实名性、隐匿性，使得利用支付平台进行的网络犯罪层出不穷，后果堪忧。

2. 互联网金融六大模式之二：P2P 网络借贷

P2P 网络借贷通过网络平台为借贷双方提供了一个媒介，借款人在相应的平台发放借款标，投资者在平台上进行投资。

目前，P2P 网络借贷主要有以下两种形式。

(1) 纯线上模式。此类模式典型的平台有拍拍贷、人人贷等，其特点是资金借贷活动完全通过线上进行，对其借款人的资质审核完全依靠公司风控团队。

(2) 线上线下结合的模式。如新兴的 O2O 模式，此类模式充分利用互联网线上平台，结合线下体验，让整个借贷的各个环节都清晰可见。

3. 互联网金融六大模式之三：大数据金融

大数据金融是指集合海量非结构化数据，通过对其进行实时分析，可以为互联网金融机构提供客户全方位的信息。其通过分析和挖掘客户的交易和消费信息，掌握客户的消费习惯，并准确预测客户行为，使金融机构和金融服务平台在营销和风险控制方面有的放矢。

目前，大数据服务平台的运营模式可以分为以阿里小额信贷为代表的平台模式和以京东、苏宁为代表的供应链金融模式。

数据体量巨大、数据类型繁多、价值密度低、处理速度快是大数据金融的四大特点。利用大数据有助于提升金融市场的透明度。但不可否认的是，大数据并不能改变人们观念上的偏见，数据之间的相关性也不等同于因果关系，覆盖面问题也会影响数据的准确性。

4. 互联网金融六大模式之四：众筹

众筹，就是集中大家的资金、能力和渠道，为小企业、艺术家或个人进行某项活动等提供必要的资金援助。

众筹平台是一种创新性的以互联网为依托的经营模式，其运营模式较为新颖，较之无借鉴的先例，当前的立法速度无法与之企及，导致诸多法律问题与之相伴而生。目前这些问题主要集中在众筹平台是否涉嫌非法集资犯罪、代持股，项目发起人的知识产权权益易受到侵犯，是否突破《证券法》关于禁止公开发行证券的规定，监管制度缺失所引发的问题等。

5. 互联网金融六大模式之五：信息化金融机构

所谓信息化金融机构，是指通过采用信息技术，对传统运营流程进行改造或重构，实现经营、管理全面电子化的银行、证券和保险等金融机构。

金融信息化是金融业发展趋势之一，而信息化金融机构则是金融创新的产物。金融机构的核心竞争力已逐渐转移到其信息化程度上。信息化对于金融机构来说，意味着更加灵敏的市场反应，更大限度地利用信息价值。

但受我国当前的国情影响，当前信息化机构存在缺乏统一技术规范、过分依赖外包、地区间信息化建设发展不平衡及配置机制不够合理等弊端。

6. 互联网金融六大模式之六：互联网金融门户

互联网金融门户的本质是"搜索+比价"，即采用金融产品垂直搜索方式，在平台上对各家金融机构的产品自身的价格、特点等进行比对分析，方便投资者选择合适的金融服务产品。目前比较受瞩目的是陆金所等门户网站，每天的交易额都非常可观。近年来随着我国经济的发展，各类投资理财产品让人目不暇接。面对不同的规则、条款及各式收益时，因为很难有量化的指标，所以容易因其中隐藏的风险不明而受到损失。

综上，互联网金融的发展早已不可同日而语，从余额宝开始逐步走入大众视线，其市场占有率及影响力均不可小觑，对传统金融行业造成的冲击不可避免，但也推动了整个行业的进步，有可能重塑整个商业格局。

（二）互联网金融更加的快速和高效

人们不需要走出家门，只需在网络上进行一些产品的对比和了解之后就能够完成投资。无论对于什么样的投资者，互联网金融不需要太过于深厚的金融行业的基础。因为在网上进行的这些项目都比较简单，加上一些专业的平台上都有着直接的教程和完善的服务，帮助这些新进入到投资行业的人进行学习和探究。

以阿里余额宝业务为例，用户将支付宝中的资金存入"余额宝"，即自动购买天弘基金旗下"天弘增利宝"货币基金。数据显示，经过短短几个月的发展，到今年9月末，"天弘增利宝"资金规模已达556.53亿元，成为我国最大的公募基金和货币基金。"余额宝"开户数已超过2600万户，货币基金累计申购已超过2200亿元。

（三）互联网向传统金融全面渗透

虽然从2013年开始互联网金融热才遍布全国，但是互联网金融的发展并不是从2013年才开始的。互联网金融已渗透传统金融的方方面面。

一方面是互联网技术的渗透。主要体现在大数据、社交网络、搜索引擎、云计算等方面。互联网能降低交易成本，减缓信息不对称问题，提高风险定价和风险管理效率，拓展交易可能性边界，从而影响金融交易及其组织形式。目前在货币、基金证券、支付、在线信贷、众筹融资领域都有创新的互联网金融业务模式在进行探索。

另一方面是互联网精神的渗透。互联网金融与传统金融的区别不仅仅在于金融业务所采用的技术不同，更重要的在于互联网的核心思想精髓："开放、共享、脱媒、平等、普惠、民主、去中心化"，从而影响分工和专业淡化、产品简单化、去中介化、金融民主化、普惠化、金融脱媒，使得传统金融业务具备透明度更强、参与度更高、协作性更好、中间成本更低、操作更便捷等一系列特征[1]。

（四）互联网存在高风险

在当下互联网金融热的背后，亦隐藏着很多不容忽视的问题。互联网金融还存在很多监管空白。无论法律还是监管标准，都应当跟上时代的步伐，敞开胸怀让互联网金融进入到金融体系当中，同时也要加强监管，防范互联网成为新的非法集资平台。

除了监管的缺失，安全性问题是制约互联网金融发展的最关键障碍。互联网金融未来成功的核心是风险控制，即不仅是高科技创新，而且还应该有信贷技术的创新。面对过去覆盖的几千万企业主、工薪阶层和几亿贫困农户，信用的方式有可能可以生效，但想要把信用风险控制住则必须在信贷技术方面有所突破。

二、传统金融与互联网金融的竞争

互联网金融因具有资源开放化、成本集约化、选择市场化、渠道自主化、用户行为价值化等优点,将对传统银行业务带来巨大冲击。互联网金融为传统金融机构及新兴金融机构带来了巨大的机遇与挑战。

与传统金融相比,互联网金融的优势在于依托信息技术、大数据挖掘和云计算技术,为金融发展提供支撑,可以有效解决传统金融无法顾及的"长尾客户"。而长尾客户与优质客户的交叉地带,成了互联网金融与传统金融竞争的主战场。具体表现在以下4个领域。

(一)支付领域

人们通常说,2013年是我国的互联网金融的元年,传统金融率先遇到互联网支付的挑战。支付宝的诞生,开启了互联网支付的新时代,同时也加速了金融脱媒的步伐。截至2016年年末,我国第三方支付市场规模已达到40万亿,同比增长60%。截至2016年2月,我国共有近400家企业获得第三方支付牌照。互联网支付的快速增长,对于银行卡或者信用卡的支付业务带来了巨大的冲击。银行卡和信用卡支付业务的萎缩,商业银行的中介支付功能逐步弱化已成必然。

(二)居民消费信贷领域

伴随着电商平台的不断发展,其平台本身的融资功能进一步凸显。再加上P2P网络借贷行业的长足发展对传统银行的零售贷款和消费贷款业务造成严重冲击,截至2016年10月,P2P网络借贷平台数量突破4000家,累计交易额突破1万亿。京东白条、蚂蚁花呗等消费金融的异军突起,对传统金融的冲击可想而知。

(三)产业链金融领域

互联网金融借助数据信息整合、挖掘的优势,开始向供应链企业、小微企业提供直接信贷融资,打造产业链金融闭环,进一步蚕食传统金融业务。以阿里为例,截至2016年12月31日,阿里金融旗下三家小额贷款公司累计发放贷款已达2500亿元,累计客户数超过70万家,贷款余额超过149亿元。

(四)投资理财领域

各类宝宝类理财产品和P2P网络借贷融资借助平台流量进行的各类基金、保险等的销售,给银行理财产品带来了挑战,"存款搬家"现象成为常态。在基于互联网的基金销售领域,以"余额宝"为例,截至2016年12月31日,申购客户规模已经突破5000万户,基金存量规模达2000亿元,累计申购金额6200亿元。互联网金融发展利于利率市场化形成的同时,也导致商业银行面临吸收存款的压力越来越大。

三、传统金融与互联网金融的合作

互联网金融与传统金融在市场定位、驱动因素、经营模式、治理机制、自身优势等方面的不同,决定了双方各有侧重,均存在比较优势。互联网金融的优势在于批量化、标准化地服务金融长尾市场。商业银行的优势在于资本、批发客户资源、信用和风控能力。从目前我国的金融体系国情看,传统金融与互联网金融的合作大于竞争,具体表现在以下4个方面。

(一)错位竞争本身就是一种合作共生

传统金融和互联网金融,不论从规模上,还是从承接的角色和使命上,双方都是不对称的。传统金融是我国金融体系的支柱和核心,是国家进行宏观调控和确保国家经济安全的主要支撑,主要服务的群体是大中型企业。而互联网金融主要服务的是中小微企业,属于普惠金融的范畴。双方的竞争实际上是一种错位的、不对称的竞争,其最终的结果都是服务企业融资,促进社会发展。在社会发展中,彼此的目标都是实现共同发展。中国广阔的市场足以容纳传统金融的拓展和互联网金融的发展。

(二)双方在数据共享、征信服务方面

市场经济是信用经济。没有信用就没有金融,而信用是基于信息和数据的。传统金融具有历时数据的纵向长度,而互联网金融具有各类数据的横向宽度。互联网金融平台通过信息数据的搜集、征信体系的建立、信息的联网共享,并进一步与银行信息系统互相联通,这样最终保证金融安全,形成完备的中国信用体系。这对于双方的发展都是互利共赢的。

(三)运营和风控管理方面

按照央行发布的第三方支付征求意见稿的规定,明确了第三方支付与银行的业务边界和相关要求,银行大额支付业务得以确定。商业银行应积极寻求与第三方支付平台的合作,通过第三方支付平台大力推广商业银行各项业务,如理财业务、基金业务、黄金业务等,吸收客户闲置资金,实现客户资金增值。

互联金融指导意见,要求银行为 P2P 网络借贷平台提供账户存管服务或者是联合存管。一方面,通过银行存管,网贷平台符合监管要求,利于行业发展;另一方面,互联网平台的大量交易流水,可以为银行带来存款支持。

互联网金融相对于传统金融机构,在技术风险、市场风险、业务操作风险、流动性风险等方面的预测和控制力有待验证,而这些又是金融业的关键问题。因此,对这些风险的把握程度实际上是决定互联网金融能否可持续地发展的关键。互联网金融需要学习传统金融业管理风险的经验与方法,这样才能确保自身可持续地发展。

(四)金融产品开发与合作方面

互联网金融可以通过整合交易、支付和理财等业务,利用互联网大数据挖掘和信息优势,来实现客户的精准定位和无缝传递对接,推送个性化金融产品,为客户提供多样化金融解决方案。银行可以依托自身的优势,设计开发银行票据理财、不良资产证券化产品与互联网金融公司进行合作。传统金融机构和互联网金融机构,可以在供应链金融、大型项目融资方面进行合作,实现互利共赢。

总之,互联网金融与传统金融可以优势互补、共处、共存、共生、共荣。互联网金融给传统金融及金融机构造成的影响,相对来说更多的是一种补充而非颠覆。两者之间不是"不是东风压倒西风就是西风压倒东风"的零和博弈,而是你中有我、我中有你的互利共赢。技术创新是功能创新的基础,技术的稳定性、可靠性应该放在工作的首位。引领互联网金融的有两个核心技术,其一是大数据技术,所有的经典经济模型都是在理性经济人假设条件下的,然而客观现实人们都带着很强的感性因素在做各种各样的决策,而大数据技术恰

好弥补了这方面的缺陷;其二是区块链技术,区块链技术的价值正被国际社会广泛接受,其作为虚拟货币的生产机制,更加适合互联网金融,它的分布式记账(去中心化以自证信用,开放性及信息较难篡改的特性)在互联网金融应用层面技术极具发展前景。

复习思考题

1. 互联网金融与传统金融有何明显区别?
2. 互联网金融的销售模式有哪些?
3. 如何理解互联网理财的步骤?
4. 微信公众号的特点和优势是什么?
5. 互联网金融的未来发展趋势是什么?

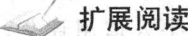 扩展阅读

互联网金融十大金融模式

互联网金融是依托于支付、云计算、社交网络及搜索引擎等互联网工具而产生的一种新兴金融模式,主要包括第三方支付平台、P2P网络小额信贷、基于大数据的金融服务平台、众筹、网络保险、金融理财产品网络销售等模式。互联网金融因具有资源开放化、成本集约化、选择市场化、渠道自主化、用户行为价值化等优点,将对传统银行业务造成巨大冲击。同时,互联网金融为传统金融机构及新兴金融机构也带来了巨大的机遇与挑战。

1. 第三方支付平台模式

(1) **模式概述**。第三方支付企业是指在收付款人之间作为中介机构提供网络支付、预付卡发行预受理、银行卡收单及其他支付服务的非金融机构。

(2) **核心逻辑**。支付拥有金融、信息双重基因,可能成为整个互联网金融问题的核心。

(3) **主要机遇**。当前的第三方支付平台主要执行的还是支付功能,未来可能基于沉淀资金做理财业务,基于用户的消费数据做信用分析、营销分析等,将成为未来颠覆传统金融行业的核心平台。

(4) **面临挑战**。在传统支付领域里只需搞定银行的情形已经不可能了。在移动支付领域,由于运营商的介入,第三方支付必须要与运营商、设备供应商建立紧密联系,才有可能把握技术发展脉络,从而整合支付资源,取得先发优势。要想做到这一点,第三方支付企业的资金实力、技术基础、公关实力都是缺一不可的。

(5) **代表企业**。支付宝、易宝支付、拉卡拉、财付通为代表的互联网支付企业,快钱、汇付天下为代表的金融型支付企业。

(6) **点评**。第三方支付未来的发展将呈现多元化及两极分化,一部分好的企业会从某些具体的细分领域入手,抢占更多的地盘和空间,知名度越来越大,品牌越来越被人熟知。而一些没有明显特色、战略定位不清晰的第三方支付企业可能从规模上、品牌上越来越不被人熟知,最终走向衰亡。

2. P2P 网络小额信贷模式

(1) **模式概述**。通过 P2P 网络融资平台，借款人直接发布借款信息，出借人了解对方的身份信息、信用信息后，可以直接与借款人签署借贷合同，提供小额贷款，并能及时获知借款人的还款进度，获得投资回报。

(2) **核心逻辑**。P2P 模式的本质其实就是一个互联网平台通过网络一端对接有小额借款需求的人，一端对接有理财需求的人，是一个理财平台加上一个小额贷款平台。

(3) **主要机遇**。小微贷款因其成本过高让银行敬而远之，但是在互联网时代，这一切将发生根本性的改变。有效的技术手段和创新的服务方式，为高效满足庞大普通个体的金融需求创造了可能性。这些普通个体往往能贡献更高的收益率，因此对金融机构来说，由他们组成的集群所创造的财富将是一笔巨大的宝藏，互联网和数据就是关键的"寻宝图"。

(4) **面临挑战**。小微贷款处于无准入门槛、行业标准和主管机构的三无状态，根本原因在于我国没有完善的个人信用评级机制。P2P 公司很难找到比较可靠的个人信用评分，不得不把自身的商业模式做"重"。不仅要提供像国外的 P2P 公司的服务，还要通过线上、线下等手段去获得客户的信用评级，实际上做了产业链上多个环节的事情，这对于企业来说非常不利。

(5) **点评**。国外典型的 P2P，像美国的 Prosper 和 Lending club P2P 公司，不具有担保功能，是纯粹的平台，不介入到交易中，由出借和借出方直接交易。国内有些 P2P 为了吸引用户，先把借款打到平台账户，在监管方面还处于空白状态，不符合规范，可能出现卷钱跑路的风险。国内信用体系不完善，仅仅靠线上评估难度很大，如果我国的个人信用评级方面的金融基础设施更为完善，那么 P2P 会呈现更加百花齐放的局面。

3. 众筹融资模式

(1) **模式概述**。所谓众筹平台，是指创意人向公众募集小额资金或其他支持，再将创意实施结果反馈给出资人的平台。网站为网友提供发起筹资创意，整理出资人信息，公开创意实施结果的平台，以与筹资人分成为主要赢利模式。

(2) **核心逻辑**。在互联网上通过大众来筹集新项目或开办企业的资金。

(3) **主要机遇**。众筹融资是一种新型的融资方式，融资方通过众筹融资的平台发布自己的创意、项目或企业信息，互联网用户根据自己的判断来用金钱投票，少量的资金就可以成为一个企业的股东。对创意的提出者或创业者来说，他们的创业成本更低，众筹融资能更好地促进创新创业。

(4) **面临挑战**。我国的相关法律还跟众筹融资的方式有冲突，因此，众筹模式在我国面临很大的法律障碍。众筹只能在夹缝中找机会，逐渐演变，最后往往成为产品打广告或者新产品试用的平台。众筹平台必须严格遵守规则，如果作为公募，那么股东人数不能超过 50 人，不得向非特定人群募资，不得承诺回报；如果是私募基金，那么起点至少要在 100 万元以上。

(5) **代表企业**。国外最早和最知名的平台是 kickstarter，国内有点名时间、众筹网、淘梦网等。

(6)点评。众筹融资的发展被认为有三个阶段：第一阶段是用个人力量就能完成的，不需要提案多技术门槛的产品，支持者的成本也比较低，在最初更容易获得支持；第二阶段则是技术门槛稍微高的产品；第三阶段是技术门槛较高，甚至需要小公司或者多方合作才能实现的产品。目前我国的众筹融资基本处于第一个阶段。

4. 虚拟电子货币模式

(1)**模式概述**。虚拟货币是一种计算机运算产生或者网络社区发行管理的网络虚拟货币，可以用来购买一些虚拟的物品。如网络游戏当中的衣服、帽子、装备等，只要有人接受，可以使用像比特币这样的虚拟货币购买现实生活中的物品。

(2)**核心逻辑**。虽然电子货币是因电子商务而崛起的，但未来电子货币将逐步取代现有货币的部分功能。因为电子货币具有高度的便利性，而货币产生的主要原因就是为了方便人们的生活。

(3)**主要机遇**。第三方公司推出预付费卡、Q币这样的虚拟货币可以刺激消费，而不是去发展成货币可兑换的东西。消费实体货币的感觉非常强，而消费虚拟货币跟信用卡类消费的感觉类似，可以刺激消费。

(4)**面临挑战**。一些虚拟货币发行量太大，导致这个币种在其流动的领域膨胀，严重还会导致公司破产。像比特币早期只是在线商户使用，但后来线下实体商户也开始接受，还有兑换的比例。但我国认定比特币是非法的，不允许进行实体交易。虚拟货币可能对货币体系产生冲击，因此监管会很严格。

(5)**代表企业**。国外的比特币、亚马逊币、Facebook币，国内的Q币等。

(6)**点评**。腾讯的Q币和亚马逊币跟比特币不一样，它是一个封闭运行的虚拟货币，不能随便拿到市场上购买其他商品，也不能兑换成现金，对实体经济不会造成很大的影响，并且成为腾讯和亚马逊的收入。像比特币这样的虚拟货币虽然天生就是要取代主权货币，但在可预期的将来发生的可能性不大。

5. 基于大数据的金融服务平台模式

(1)**模式概述**。这种模式通过打造类似"去哪儿"这样的金融产品垂直搜索引擎的方式，把有借款需求的个人和有放款需要的中小银行和小贷机构在一个平台上进行对接。然后通过广告费或者交易佣金的方式获得收入。

(2)**核心逻辑**。以对各类银行和小贷公司进行垂直搜索，为其带客户的模式运行。

(3)**主要机遇**。这种模式不存在太多政策风险，主要原因是资金流不经过中介平台。简单而言，这些金融垂直搜索，其实就是给银行带客户的一个市场外包渠道，赚的主要是银行和小贷公司的市场费。

(4)**面临挑战**。很多在互联网、移动互联网上提供新型金融服务的从业人员往往是互联网行业出身，对金融的理解还不够深入，做的事情还停留在用户体验等表面的层面，没触及金融较深层面的内容。未来客户的需求会越来越专业化，这些企业如何抓住这些更深层次的需求，需要进一步下功夫。

(5)**代表企业**。国外的Bankrate(银率网)，国内的融360、好贷网、金融界理财等。

(6)**点评**。我国的金融服务业还不发达，借贷业务、理财业务等都非常落后，一些企业针对当前金融服务的不足,从金融业务流程里切割出一块细分的领域,进行精耕细作,慢慢地获得了越来越多客户的认可。

6. P2B 模式

第一个 P2B 网站称为 Fundind Circle,这个模式就是引导个人向小企业提供贷款。它不做资金的集中,只做一个中介。专业团队对这些融资的小微企业进行评级,评级直接对应它在平台上的借款利率,评级低的借款利率就高,评级好的利率就低一些。评级分成四档,每档分别对应一个借贷款的个人利率,然后通过竞标实现交易。

7. 互联网银行模式(Internet Bank or E-Bank)

互联网银行模式是指借助现代数字通信、互联网、移动通信及物联网技术,通过云计算、大数据等方式在线实现为客户提供存款、贷款、支付、结算、汇转、电子票证、电子信用、账户管理、货币互换、P2P 金融、投资理财、金融信息等全方位无缝、快捷、安全和高效的互联网金融服务机构。互联网银行的便利性、高效性将给传统银行带来较大的挑战。

8. 互联网保险模式

互联网保险模式主要指对网络虚拟财产进行投保,没有线下渠道,是服务互联网及相关产业的保险服务平台,如众安在线只销售运费险及未来设计的虚拟物品投保等。

第三章 互联网金融的支付

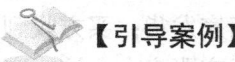【引导案例】

手机支付的原理

手机支付的基本原理是将用户手机 SIM 卡与用户本人的银行卡账号建立一种一一对应的关系。用户通过发送短信的方式,在系统短信指令的引导下完成交易支付请求,操作简单,可以随时随地进行交易。用户还可以通过 WAP 和客户端两种方式进行支付,无须任何绑定。用户在短信引导下完成交易,仅需要输入银行卡号和密码即可,银联结算。

手机支付这项个性化增值服务,可以实现众多支付功能,此项服务强调了移动缴费和消费。当我们在自动售货机前为找不到硬币而着急时,手机支付可以很容易地解决这个问题。当客户身处外地,或者移动运营商的营业厅下班以后,为了缴话费四处找人,四处寻找手机充值卡而耗费精力时,手机支付将真正让手机成为随身携带的电子钱包。

移动支付关键点是绑定银行卡并培养用户习惯,这通常需要一个强大的平台或生态圈进行推动。日本是从线上消费到交通出行,中国支付宝是网上购物,微信支付是红包和社交转账,再加上活动刺激,培养用户使用移动支付的习惯。世界第一个移动支付公司是哪家?答案是 Paypal。其实 Paypal 的第一个产品就是让用户之间简单转账,在移动设备上支付。当然最后没有继续并转型变成了互联网支付企业。全球移动支付最活跃的国家不是美国,而是非洲肯尼亚。M-PESA 是一个 2007 年推出的移动支付服务,其拥有超过 1900 万人的注册用户,占国家人口 70%,每天有超过 600 万笔交易在平台上完成。

本章学习目标:

- 了解移动支付和第三方支付的特点;
- 了解第三方支付、移动支付的模式;
- 理解第三方支付、移动支付的原理;
- 掌握第三方支付、移动支付的风险特点和管理方式。

第一节 第三方支付

一、第三方支付的流程与特点

第三方支付是指通过互联网在客户、第三方支付公司和银行之间建立连接,帮助客户快速实现货币支付、资金结算等功能,同时起到信用担保和技术保障等作用。

(一)第三方支付的流程

第三方支付的一般运行模式为:买方选购商品后,使用第三方平台提供的账户进行货款支付,第三方在收到代为保管的货款后,通知卖方货款到账,要求商家发货;买方收到货物、检验商品并确认后,通知第三方付款;第三方将其款项转划至卖方账户上。这一交易完成过程的实质是一种提供结算信用担保的中介服务方式。这里以 B2C 交易为例的第三方支付模式的交易流程如图 3-1 所示。

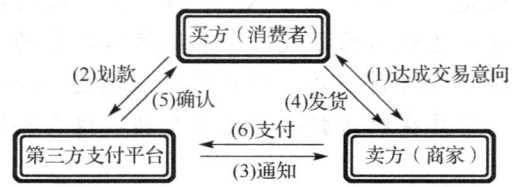

图 3-1 第三方支付模式的交易流程

(1)消费者在电子商务网站选购商品,最后决定购买,买卖双方在网上达成交易意向。

(2)消费者选择利用第三方支付平台作为交易中介,用借记卡或信用卡将货款划到第三方账户,并设定发货期限。

(3)第三方支付平台通知商家,消费者的货款已到账,要求商家在规定时间内发货。

(4)商家收到通知后按订单发货,并在网站上做相应记录,消费者可在网站上查看所购买商品的状态。如果商家没有发货,则第三方支付平台会通知顾客交易失败,并询问是将货款划回其账户还是暂存在支付平台。

(5)消费者收到货物并确认后,通知第三方支付平台。

(6)若消费者满意,则第三方支付平台将货款划入商家账户,交易完成。若顾客对货物不满则申请退货,第三方支付平台确认商家收到退货后,将货款划回消费者账户。

(二)第三方支付的特点

互联网金融环境下,支付系统具有以下两个根本性特点。

1. 账户都在中央银行

所有个人和机构(法律主体)都在中央银行的支付中心(超级网银)开立账户(存款和证券登记),二级商业银行账户体系将不复存在。

当个人和企业的存款账户都在中央银行,将对货币的供给定义和货币政策产生重大影响,同时也会促使货币政策的理论和操作发生重大的改变。例如,全社会用作备用金的备付金的现金和活期存款将会大幅减少,并且存在方式和存放的方式也会有所改变,原来商业银行的货币创造能力也会大幅下降。

2. 支付清算完全电子化

证券、现金等金融资产的支付和转移,都通过移动互联网进行(具体的工具是智能手机和计算机)。社会基本不需要现钞流通,即使有极个别的小额现金支付,也不影响系统的正常运转。

在第三方支付产生以前,支付清算体系是客户与商业银行建立联系,商业银行与中央银行建立联系。中央银行是所有商业银行支付清算的对手,能够通过轧差(买卖双方相互抵减)进行清算,因此支付效率相对较低。

自从第三方支付诞生以后,客户与第三方支付公司建立联系,第三方支付公司代替客户与商业银行建立联系。第三方支付公司成为客户与商业银行支付清算的对手方,通过在不同银行开立的中间账户对大量交易资金完成轧差,少量跨行支付通过中央银行的支付清算系统来完成。所以在一定程度上,第三方支付公司承担了类似中央银行的支付清算功能,同时起到信用担保的作用。

尽管这样,但这种支付系统还是不会颠覆目前与中央银行同意发行信用货币的制度,货币与商品价格的关系的基本理论不会发生根本性的转变。

(三)第三方支付的优势

第三方支付的产生,使得客户可以不直接与银行进行支付清算,从而具有多方面的好处:

(1)在电子商务中可以起到担保的作用;

(2)第三方支付可以集成众多银行,且不开通手机银行和网上银行也能进行支付,方便快捷;

(3)可以节约交易成本;

(4)支付与旅游、购物、投资等社会经济活动相连,具有社会性。

二、我国第三方支付产业的发展

(一)我国第三方支付产业现状

比达咨询(BigData-Research)最新发布的《2016 中国第三方移动支付市场研究报告》显示,2016 年中国第三方支付总交易额为 58 万亿人民币,同比增长 85.6%。

中国支付清算协会发布的《中国支付清算行业运行报告(2017)》显示,非银行支付机构共处理互联网支付业务 663.3 亿笔、金额 54.25 万亿元,同比分别增长 98.60%和 124.27%。

目前央行发放了 267 张支付牌照,从业务范围来看,涵盖了 B2C/B2B 在线支付、快捷支付、银行卡收单、代缴费、信用卡还款、购买基金、网络融资等多种业务。主要的第三方支付机构有支付宝、银联商务、银联电子支付、财付通、快钱、盛付通、汇付天下等。267 家支付机构形成了 3 个梯队。

第一梯队,按照市场份额计算,支付宝以 52.3%居首,财付通以 33.7%位列第二,两家支付巨头共占 86%的份额。

第二梯队有 8 家支付企业：拉卡拉，易宝，联动优势，连连支付，平安付，百度钱包，京东支付和快钱瓜分剩下的 13%。

第三梯队由其他的 257 张支付牌照组成，市场交易额仅占 1.4%。

第三方支付移动支付的产生，大幅降低了交易成本。

（二）商业银行与第三方支付机构合作模式

从业务操作流程来看，商业银行与第三方支付机构的主要合作业务可以分为四大类：网关支付、快捷支付、代扣支付和第三方 POS 收单。

1. 网关支付

网关支付是指客户首先需开通网银，并使用网银账号、密码进行支付的方式，一般存在交易额度限制。客户和商户双方都需先与银行签订相关协议。支付时，客户从商户的支付页面跳转至网银页面，并提交卡号、静态密码及短信动态密码或 Ukey 等双因素认证信息。银行对这些信息验证一致后，从客户的网银账户扣款以完成支付。

东亚中国推出的"Shopping 卡支付"是一种新型的网关支付，客户需先通过网银创建一个虚拟账户（Shopping 卡账户），并向其中划转一定限额的资金。支付时，客户无须提供网银密码，仅需输入虚拟账户号即可从虚拟账户扣款，这样可以更好地隔离和保护客户的网银账户信息。

2. 快捷支付

快捷支付是指客户无须开通网银，利用支付验证要素完成互联网支付的方式，为"一次验证，多次支付"。快捷支付的典型代表是支付宝模式。客户在支付平台输入姓名、身份证号、手机号、银行卡号和有效期（仅对信用卡）等认证信息，支付机构将这些信息发送给银行进行校验，并获取银行反馈的校验结果。若校验一致，则签约快捷支付成功。每次支付时客户不用输入银行卡密码，只需输入快捷支付密码和短信验证码即可完成支付。

除支付宝外，其他主流第三方支付平台也推出了类似的支付方式，但在细节上存在一定差异。

其一是签约验证，财付通提供了跳转到银行页面输入验证信息或至银行柜面面签等多种方式；

其二是产品功能，部分第三方支付机构推出了卡通、一点通等具有提现功能的快捷支付业务，可以将交易资金从第三方支付账户划转到客户的借记卡账户。

3. 代扣支付

代扣支付是指在一些需要定期结算的服务领域，服务商通过第三方支付平台向客户主动发起收款的支付方式。客户首先在第三方支付机构开通代扣业务，包括提供姓名、身份证号、代扣账单、银行卡号、密码等信息。第三方支付机构根据与客户约定的代扣规则，定期向银行发送扣款请求，银行根据请求完成资金扣划和清算。客户仅需手机短信确认，即可完成代扣支付。代扣支付使客户无须进行重复支付操作，提升了定期缴费交易的效率，也有利于避免因客户未能及时支付而导致收款延误的问题。

代扣支付常运用于代缴公用事业费、保险费、学费、税费及信用卡还款等。

4. 第三方 POS 收单

第三方支付机构获得银行卡线下收单许可后，可以自行发放、布设、管理收单机具。第三方支付机构从厂家购买 POS 机具，再通过代理商布设、推广，并向商户收取一定的费用，费率与商户所属行业（MCC 码）挂钩。第三方 POS 收单的业务流程与传统的银联 POS 收单类似，区别在于支付机构可能绕开银联网络，直接连接各发卡行，即由第三方支付机构承担清算职能。

目前，开展收单业务的第三方支付机构主要有汇付天下、盛付通、易宝支付、快钱、付临门等。

三、支付宝的案例分析

（一）支付宝发展概况

支付宝（中国）网络技术有限公司是国内领先的第三方支付平台，致力于提供"简单、安全、快速"的支付解决方案。支付宝公司从 2004 年建立开始，始终以"信任"作为产品和服务的核心。旗下有"支付宝"与"支付宝钱包"两个独立品牌。自 2014 年第二季度开始成为当前全球最大的移动支付厂商。

2014 年双十一全天，支付宝手机支付交易达到 1.97 亿笔。支付宝稳健的作风、先进的技术、敏锐的市场预见能力及极大的社会责任感，赢得了银行等合作伙伴的广泛认同。目前，支付宝已经跟国内外 180 多家银行及 VISA、MasterCard 国际组织等机构建立了深入的战略合作关系，成为金融机构在电子支付领域最为信任的合作伙伴。

蚂蚁金服旗下的支付宝，是以每个人为中心，拥有 5.2 亿实名用户的生活服务平台。目前，支付宝已发展成为融合了支付、生活服务、政务服务、社交、理财、保险、公益等多个场景与行业的开放性平台。

支付宝除提供便捷的支付、转账、收款等基础功能外，还能快速完成信用卡还款、充话费、缴水电煤费等业务。通过智能语音机器人一步触达上百种生活服务，不但能享受消费打折，跟好友建群互动，而且能轻松理财、累积信用。支付宝目前已覆盖到除中国大陆以外的 38 个国家和地区。

（二）支付宝主要功能

1. 支持余额宝，理财收益随时查看；
2. 支持各种场景关系，群聊群付更方便；
3. 提供本地生活服务，买单打折尽享优惠；
4. 为子女父母建立亲情账户；
5. 随时随地查询淘宝账单、账户余额、物流信息；
6. 免费异地跨行转账，信用卡还款、充值、缴水电煤气费；
7. 还信用卡、付款、缴费、充话费、卡券信息智能提醒；
8. 行走捐，支持接入 iPhone 健康数据，可与好友一起健康行走及互动，还可以参与公益。

(三)产品支付服务

1. 支付宝使用

使用支付宝支付服务需要先注册一个支付宝账户,分为"个人账户"和"企业账户"两类,在支付宝官方网站或者支付宝钱包注册均可。

2. 支付宝认证

用户使用支付服务需要实名认证,是央行等监管机构提出的要求。实名认证之后可以在淘宝开店,增加更多的支付服务,更重要的是有助于提升账户的安全性。实名认证需要同时核实会员身份信息和银行账户信息。2016年7月1日开始,实名认证不完善的用户,其余额支付和转账等功能会受到限制。

个人支付账户分为三类,各类账户的功能、额度和信息认证标准不同。其中,Ⅰ类账户只需要一个外部渠道认证客户身份信息。例如,联网核查居民身份证信息,对应的付款限额只有自账户开立起累计1000元的限额。该类账户余额可以用于消费和转账,主要适用于客户小额、临时支付。Ⅱ类和Ⅲ类账户的客户实名认证强度相对较高,分别通过至少三个、五个外部渠道验证客户身份信息。其中,Ⅱ类账户的余额付款限额为年累计10万元。Ⅲ类账户的余额付款限额为年累计20万元。

3. 支付宝钱包

支付宝也可以在智能手机上使用,该手机客户端为支付宝钱包。支付宝钱包具备了电脑版支付宝的功能,也因为手机的特性,内含更多创新服务。如"当面付""二维码支付"等。还可以通过添加"服务"来让支付宝钱包成为自己的个性化手机应用。支付宝钱包主要在iOS、Android上使用,iPad版与WP版正在开发中。

4. 支付宝安全

支付涉及用户的资金安全,因此遵循官方的安全规范至关重要。如安全控件、短信校验服务、数字证书、第三方证书、支付盾、宝令、宝令手机版、安全保护问题、安全策略、手机安全设置等。

几乎所有的支付服务都可以使用支付宝。从购物到水电燃气缴费,且正有部分取代现金的趋势。

5. 支付宝还款

2009年1月15日,支付宝推出信用卡还款服务,国内39家银行发行的信用卡均支持。是最受欢迎的第三方还款平台。

主要优势:免费查信用卡账单、免费还款,还有自动还款/还款提醒等增值服务。推荐使用支付宝钱包。

6. 支付宝转账

通过支付宝转账分为两种:(1)转账到支付宝账号,资金瞬间到达对方支付宝账户;(2)转账到银行卡,用户可以转账到自己或他人的银行卡,支持百余家银行,最快2小时到账。

7. 支付宝缴费

自2008年底开始,支付宝推进公共事业缴费服务,已经覆盖了全国300多个城市,支持1200多个合作机构。除水电煤等基础生活缴费外,其还扩展到交通罚款、物业费、有线电视费等更多与老百姓生活息息相关的缴费领域。常用的在线缴费服务有水电煤缴费、教育缴费、交通罚款和有线电视费。

8. 支付宝服务窗

在支付宝钱包的"服务"中添加相关服务账号，就能在钱包内获得更多服务。包括银行服务、缴费服务、保险理财、手机通信服务、交通旅行、零售百货、医疗健康、休闲娱乐、美食吃喝等10余个类目。

不同于其他公众服务平台，服务窗具有天然的支付基因、超亿的支付用户群体，以及严格审核的商户服务，这使得服务窗产生了更大的生态价值。

9. 线下服务

当用户装上支付宝钱包，他就可以在商场小巷享受电子支付带来的好处。自2013年11月起，全国29家银泰百货、银泰城门店都可以使用支付宝钱包付款。2013年12月开始，美宜佳、红旗连锁、喜士多C-STORE、7-11等多家连锁便利店企业陆续全面支持支付宝支付，北京出租车司机也开始接受支付宝付打车费。随后，万达影院、大悦城、王府井等全国大型零售企业及电影院、KTV和餐饮企业等均接入了支付宝。

10. 支付宝余额

支付宝账户内的资金被称为余额。充值到余额，支付时使用余额及余额转出都是当前最常见的服务。银行卡中的资金可以通过网银和快捷支付进入支付宝账户。20多家银行网银和170多家银行的快捷支付都能充值到支付宝余额。使用余额支付时基本没有额度限制，用户可以先多次充值再付款。支付宝余额还支持随时提现，用户可以将余额提现至自己绑定的银行卡。

11. 支付宝快捷支付

快捷支付是为网络支付量身定做的网银服务，主推支付功能，由银行与支付宝直连，保障了支付的安全性和便捷性。其支付成功率达到了95%左右。用户可以通过在银行留下的联系方式、银行卡号、手机校验码等信息快速开通快捷支付服务，付款时输入支付宝支付密码。支付宝与保险公司承诺用户资金安全。并且有180多家银行与支付宝合作提供了快捷支付服务。

缺点是部分银行出于多种目的考虑，限制了单日单次的支付额度，使得大额支付使用快捷支付不甚便利。

12. 支付宝余额宝

余额宝是支付宝推出的理财服务，但也能用于日常的购物、还信用卡等支付。在用于支付时，余额宝的优势在于额度较大、支付成功率非常高；未用于支付时，余额宝还能获得理财收益。余额宝占支付宝支付的比例正在逐步升高。2018年2月1日至3月15日，余额自动转入余额宝功能被取消，并设置了余额宝每日申购总量。

13. 支付宝充值

支付宝卡是由支付宝发行的自有预付卡，卡内资金可以在所有支付宝支持的商家购买商品时使用，暂支持天猫商城及淘宝平台。支付宝卡卡面值为100元或200元，该卡需要在有效期内使用，有效期为36个月。逾期可进行付费延期，延期后可继续使用。支付宝卡不记名，不挂失，发生退货时，使用支付宝卡支付部分的资金退回卡账户，不予提现。

用户可以通过"手机话费充值卡（联通一卡充、神州行卡）"来完成支付宝付款。这种付款方式无须使用银行卡，但需要向充值服务提供方（非支付宝）缴纳手续费，标准为交易金额的5%。

14. 支付宝付款

支付宝用户也可以去身边的便利店、邮局、药店等支付宝合作网点完成付款。无须开通网上银行，线下解决付款问题，刷卡、现金均可。包括"拉卡拉"等自助终端机、空中充值店店主都能为支付宝订单付款。合作的网点覆盖了北京、上海、广州、深圳、杭州、成都等25个大中城市，总计10万个网点。

15. 支付宝"找人代付"

支付宝支持"找人代付"功能，可选择一位愿意代付的支付宝用户，就可通知代付人代为付款。

16. 支付宝海淘

用户即使没有外币信用卡，也能轻松实现支付宝人民币"海淘"购物付款。截至2014年3月，iherb、windle、Forever21、aoso、wiggle、MYbay、雅虎日本、莎莎、韩国乐天、DHC等32个国家和地区的上千家网站都支持支付宝购物付款，支持英镑、美元、瑞士法郎、欧元、韩元等15种海外货币结算。

17. 支付宝红包

2014年春节，微信凭借"微信红包"轰炸了微信群聊和朋友圈，让不少用户绑定了银行卡，腾讯由此借势闯进了阿里巴巴更擅长的支付领域。2015年1月26日，支付宝钱包的"新春红包"上线。用户打开支付宝，即可在中间显赫位置看到该功能，可通过这个功能发个人红包、接龙红包、群红包、面对面红包，或者讨红包。2015年2月2日晚间，支付宝钱包内当天新增的"支持将红包分享到微信"的功能，被微信"拦腰截断"，而原本这一功能可以让用户用支付宝钱包给自己的微信好友发红包。目前有关部门正对这一块业务的风险给出管理规定。

18. 支付宝国际航旅

当需要出国旅行时，支付宝也能为用户实现机票、酒店等境外旅游产品的人民币购买服务。支付宝支持新加坡、阿联酋、大韩、全日空等30家国际航空公司官网机票购买，以及UPTP、Agoda、HotelClub、亚洲假日等国际商旅平台的机票、酒店预订，为用户提供全球机票、酒店的购买捷径。

19. 支付宝退税

2013年10月，支付宝首次推出海外退税服务，消费者出国购物可以使用支付宝办理退税，税金最快7个工作日到账支付宝，效率比传统信用卡退税方式提速5倍以上。这一服务已率先在韩国开通，现已逐渐推广至新加坡、欧盟等地区。

目前支付宝海外购物退税的国家机场有：德国杜塞尔多夫机场退税、德国法兰克福机场退税、法国巴黎戴高乐机场退税、韩国退税（金浦机场、仁川机场）、荷兰阿姆斯特丹史基浦机场退税、西班牙马德里机场退税、意大利罗马 FCO 机场退税、英国伦敦希斯罗机场退税、意大利米兰马尔彭萨机场 T1 航站楼退税、瑞士苏黎世机场退税。

20. 支付宝海外转运

针对一些海外商家尚未提供直邮中国的服务，支付宝与海外转运服务部合作，推出一站式海外转运服务。用户海淘时可以使用支付宝"海外转运"应用提供的转运仓库地址，作为收货地址去购物。转运仓库收到商品后，用户通过支付宝支付运费，就可以坐等商家送达，并且可随时跟踪物流信息。未来，支付宝会推出转运担保服务，用户转运商品没有在指定时间内送达，可获得理赔，进一步提高海外转运的体验。

21. 支付宝留学交费

支付宝与国外支付机构 Uni-pay、PeerTransfer 合作，开通支付宝交付留学费服务。用户只要登录 Uni-pay 或 PeerTransfer 就可使用支付宝交留学费。全球支持这一服务的海外大学有麻省理工、康奈尔、杜伦大学、利兹大学、曼彻斯特等 300 多家。

22. 支付宝担保交易

2003 年，为解决网络交易时买卖双方互不信任的问题，当时淘宝网财务部尝试作为信用中介建立担保交易方式。

其交易流程为：(1) 消费者拍下网络商品，向卖家支付资金，此时这笔资金被支付宝冻结；(2) 支付宝将支付结果通知卖家；(3) 卖家发货，消费者收到货物并确认支付；(4) 支付宝按消费者指令将资金打入卖家账户内，担保交易由淘宝网和支付宝配合完成。这一交易与支付方式解决了网购时的信任问题，并由此推动了中国电商行业的进程，成为国内 C2C 行业的标准。

23. 支付宝淘宝理财

小微金融服务集团(筹)搭建的综合开放式理财平台，由小微集团理财事业部运作。淘宝理财平台搭建在淘宝网上，以服务普通网民群体的理财需求为宗旨。入驻淘宝理财的理财机构包括保险、基金、银行等，提供包括基金产品、保险理财产品及银行理财等丰富多样的理财品种。消费者可以在淘宝理财上实现如淘宝购物般的理财选择，从筛选理财产品、购买交易到后续管理，均可在平台上完成。同时，淘宝理财也秉承小微集团的开放性，引入如招财宝等别具特色的理财机构进入，在传统理财产品之外，向互联网网民提供定制化、特色化的理财产品。

24. 支付宝淘宝保险

小微金融服务集团(筹)搭建的综合开放式保障平台，由小微金服保险事业部运作。淘宝保险平台依托淘宝网搭建，以向互联网网民传递风险保障和特色保障产品为宗旨，并实现全程互联网化的保险购买、管理及理赔流程。国内主流的保险公司均已入驻淘宝保险，在平台上呈现的保险产品亦包含车险、健康险、寿险、意外险、旅行险等种类。

淘宝保险同时具备互联网创新业务的保障需求与保险公司产品创新的纽带。携手保险公司推出运费险、春运险等创新险种。此外，根据不同保障群体的特性，淘宝保险搭建了国内首个以服务小微企业员工、创业者群体为主的保障平台——乐业保。通过向这一群体输送定制化、低成本的商业保险，以改善他们缺少保障的状况。

25. 支付宝透支消费

2014年12月16日，阿里金融计划推出信用支付服务：用户使用支付宝付款不用再捆绑信用卡或储蓄卡，能够直接透支消费，额度最高为5000元，38天免息期。如果出现逾期，那么阿里金融会短信通知，然后语音催收，最后是人工催收直至注销账户。贷款资金全部由合作银行提供，阿里巴巴旗下重庆商诚担保公司提供全额担保并承担全部风险。支付手续费由商户或客户自行承担，费用在0.8%～1%。信用支付拥有38天的免息期，逾期后实行基准利率50%的罚金。用户得到信用支付额度后，只能在淘宝、天猫等阿里系购物网站消费，并非全网。

26. 支付宝机器人客服

2015年9月，支付宝宣布推出由蚂蚁金服旗下的智能服务技术部研发的智能客服机器人。相较于传统的机器人客服而言，智能客服不但能理解非常口语化的问题，而且能理解特殊的问题焦点，能根据上文信息推断用户问题的真正涵义，甚至能明白某个用户问题不够完整，再反问用户、要求用户提供更多信息。它还会自我学习，通过学习让自己变得越来越聪明。

27. 支付宝共享单车

2017年4月29日，支付宝宣布用支付宝扫一扫便可打开6家共享单车，覆盖面达50个城市。而且"通过支付宝扫码骑车的用户都有保险保障"，享受保险的有ofo、永安行、小蓝、优拜和funbike单车，其中身故或伤残保额为50万，意外医疗报销上限为5000元。

28. 支付宝小程序

2017年5月4日上午消息，支付宝小程序已悄然上线，但目前在支付宝App上并没设专用入口，需要通过扫描二维码才能进入。

29. 支付宝医疗服务

2017年5月9日有消息称，蚂蚁金服旗下支付宝今日宣布面向个人用户推出一站式的"医疗服务"平台。除了整合支付宝已有的挂号就诊等服务，用户通过该平台还可以获取健康咨询、健康资讯、母婴服务、健康金融等15项健康管理服务。据悉，这些服务是由超过1500家公立医院、15家医疗健康创业公司提供的。

30. 支付宝高速支付

支付宝直接推出"车牌付"，用户可以把车与支付宝账户绑定，车就变成了支付宝，车牌就变成了付款码。下高速时，自动识别车牌，自动从用户的支付宝扣费。全程不需要现金，不需要找零，更不需要掏出手机。

第二节 移 动 支 付

一、移动支付的含义与模式

移动支付是指移动支付工具使用者通过以手机为主的移动终端完成支付其各种消费的一种新型支付模式，它代表着支付结算领域新的发展方向。

移动支付的物理技术基础是移动通信技术和设备的发展。一方面是智能手机和掌上电脑的普及；另一方面是移动互联网和多网的进一步融合。随着 Wifi、4G 等技术的发展，互联网和移动通信网络的融合趋势已十分明显，有限电话网络和广播电视网络也会融合。在此基础之上，移动支付与银行卡、网络银行等电子支付方式进一步的融合，促进了移动支付的快速发展。

（一）移动支付

1. 移动支付的模式

我国的移动支付模式分为三类。

第一类，若是由银行推出的，则需要开通手机银行，同时配合近场支付，可能需要手机具有 NFC 功能。

第二类，若是由三大运营商推出的移动支付，则一般通过 SIM 卡植入芯片来完成支付（如手机贴膜卡、翼支付的 RFID-UIM 卡）。使用时需要事先储值。

第三类，若是纯粹由第三方支付公司推出的，则无须开通手机银行就可直接进行支付，如支付宝、微信支付等。其最大的特点是无须事先储值，方便快捷，能最大限度地满足客户对速度的要求。

国外的移动支付模式，在发达地区的情况与我国比较相似，而在贫困地区主要表现为手机银行，一般不需要第三方支付来配合。以非洲为代表的手机银行在支付使用时一般需要事先储值（国内手机银行有交易额的限制），这影响到支付的便利性，有被淘汰的趋势。

2. 手机银行与移动支付的区别

手机银行和移动支付的关系主要体现在以下两个方面。

其一，手机银行侧重于银行业务，同时也具有支付功能，但由于其对设备和安全性要求较高，因此需要在银行网点或网上银行开通此功能，并且支付程序烦琐，需要输入一大堆号码。

其二，移动支付侧重于支付，只需绑定一张银行卡就可以支付，并不需要频繁输入银行卡号码等信息，使得其支付的便捷性大大提高。同时，移动支付还具有金融商品的属性。

（二）第三方移动支付

移动支付表面上是把支付终端从电脑端向手机端等转移，但这一转移，可能导致支付领域的巨大变革。因为支付是货币在不同账号之间的转移，支付本身就蕴含着移动的意思。而手机等终端最大的优势也是可移动性，二者不谋而合，移动支付和第三方支付的融合，放大了这个优势。

第三方移动支付主要指支付公司通过移动终端完成的支付，提供支付的主体是第三方支付公司。目前典型的有手机炒股、手机购物支付等，支付宝和微信支付已经广泛用于出行、购物、工资发放等日常活动，智能手机和掌上电脑替代信用卡已逐渐成为主流。

中国支付清算协会发布的《中国支付清算行业运行报告（2017）》显示，移动支付行业延续了高速发展的态势。2016 年，非银行支付机构共处理移动支付业务 970.51 亿笔、金额达

51.01 万亿元，同比分别增长 143.47%和 132.29%。非银行支付机构移动支付业务每笔平均交易金额分别为 525 元。非银行机构移动支付服务小额化、零售化特征明显。

比达咨询(BigData-Research)最新发布的《2016 中国第三方移动支付市场研究报告》显示，2016 年中国第三方支付总交易额为 58 万亿人民币，同比增长 85.6%。其中移动支付交易规模为 38.6 万亿元，约为美国的 50 倍。

二、移动支付的发展

1. 移动支付的发展趋势

随着以互联网为代表的现代信息科技的发展，移动支付得到迅速的演进，体现出了支付的三大发展趋势。

(1)终端离散化。从银行柜台到 ATM 机和 POS 机，再到无处不在的互联网和移动通信设备。

(2)身份数字化。

(3)服务通用化。

移动支付的核心不是每个人都有每个银行的银行卡，而是只要手机里有一个类似于支付宝的第三方账号就可以实现几乎所有的支付需求。由此，人类基本的交易方式将发生显著的改变。

未来的移动支付将更便捷、更人性化，真正实现随时随地并以任何方式进行支付。随着身份识别技术和数字签名技术等安全防范措施的发展，移动支付不但能完成日常生活的小额支付，而且能完成企业之间的大额支付，完全取代现在的现金、支票、信用卡等银行结算支付手段。

2. 支付账户系统的发展

支付与账户紧密相连，账户是支付的起点与归属，没有账户就没有支付，在电子货币时代账户尤其重要。支付是将货币从一个账户转移到另一个账户，支付的过程就是货币在账户之间转移的过程。在电子货币时代，要使货币具有支付和金融商品的属性，个人账户不可或缺。与金融相关的账户大致可以分为以下三类。

第一类是个人在传统金融机构的账户，人在这类账户中处于主导地位。

第二类是客户在第三方支付公司、金融服务公司的账户，如支付宝账户等。从 2013 年 7 月起，支付宝逐渐向第三方应用开放账户体系，如丁丁优惠、iReader 等。开放账户体系后，客户可以通过登录内置的第三方应用直接调用支付宝账户，免去注册的烦琐。同时，当用户需要在这些应用进行支付时，也可以直接使用支付宝账户进行快捷支付，方便又安全。

第三类是各种社交网络平台账户，可以使用虚拟货币购买虚拟商品，如 QQ 账户等。

总之，目前各类账户只是在类别内完成部分功能的集成，还没有实现不同类别账户的集成，这在很大程度上限制了移动支付与第三方支付的发展。而随着信息技术的发展，个人账户将逐步集成，未来的账户将是一个综合类的账户，能够集成个人的所有业务和所有资产负债。这个账户将成为个人金融活动，乃至日常生活的出发点和归属点(账户除了具有身份认证功能，还能归拢信息，有助于信用评估，也是金融营销的"抓手")。账户的集成反过来又会促进移动支付与第三方支付的发展，因为账户集成后，客户可以在可能移动支付的任何地方使用移动支付，移动支付的网络规模效应将凸显。

三、微信支付的案例分析

(一)发展概况

微信自 2012 年以来，短短 6 年内，发展经历了三个阶段。

第一阶段是在 2012 年到 2014 年期间，微信开放出的第三方账号体系和社交分享体系促进了整个移动互联网的发展，也给微信的中心地位打下了基础。从第一阶段开始微信虽然已经很开放，但是在其最核心的资源能力，也就是社交关系链依然处于保守姿态，仅向腾讯内部产品线及极少数合作者开放。

第二阶段是在 2014 年到 2016 年期间，微信公众号进入鼎盛时期，不少创业公司把微信作为主要用户阵地，甚至整个业务都依托于微信公众号来开展。同时，微信也百花齐放，任其探索发展。"十万加"成为内容领域优秀作品的标志。在这个平台上诞生了一批批的网红和自媒体，也诞生了不少各行业的创新案例。从这个角度上来看，微信公众号大概是整个移动互联网最优秀的开放平台了。

第三阶段是以小程序的发布作为标志，从应用号的概念提出到小程序公测贯穿了 2016 年一整年。正是从这个时期开始，微信的开放政策收紧。虽然早在 2014 年微信就宣称"去中心化"的概念，但却实实在在地走在中心化的路上。

(二)微信支付的工作原理

1. 微信支付的两层含义

微信支付有两层含义：

其一，是通过第三方支付平台财付通来完成的快捷支付，是一种移动创新产品；

其二，是通过银行开通的微信公众号引导到手机银行来完成的支付。

通常所说的微信支付更多地是指第一层面含义上的微信支付。微信支付不但整合了社交网络平台与第三方支付公司，而且也整合了手机银行，能够最大限度地满足客户的支付需求，如图 3-2 所示。

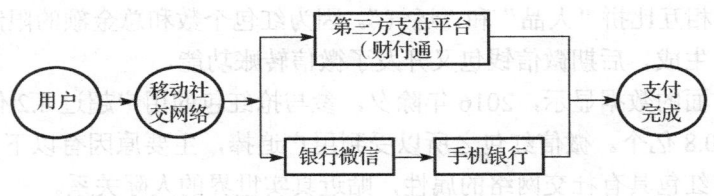

图 3-2　微信支付的流程

2. 微信支付的流程

第一层意义上的微信支付的运作过程如下：微信用户首先需要在个人资料里添加银行卡，完成银行卡的绑定。绑定银行卡时需要输入银行卡号、身份证号、姓名、手机号，并通过手机号验证身份，只要以上信息准确无误，即可完成绑定。一般情况下，用户需要设定一个微信支付密码，并且这个支付密码必须与银行支付密码不同。完成银行卡的绑定之后，就可以进行支付了。

第二层含义的微信支付，首先需要银行开通微信支付公众号，微信用户与银行通过微信进行互动，并通过微信平台把客户引导到手机银行来完成支付，但前提是客户需要开通手机银行。

微信支付的核心是融合了社交网络平台、第三方支付平台与手机银行，充分利用了社交网络平台的大客户优势、第三方支付的开放性及手机银行功能的多样性。

(三)风险特征

微信支付面临的主要风险是信息科技风险，指运用微信进行支付时，由于硬件瘫痪、软件故障、网络病毒、人员操作失误、数据传输和处理偏差及网络欺诈等造成损失的风险。主要表现为客户账号和资金的风险。对于微信支付的信息科技风险，不能仅仅用单一的手段来管理，而是需要建立一整套监控策略(技术与非技术手段并用)。

技术手段主要有：单独设立微信支付密码，短信及语音认证相结合，运用大数据分析来验证身份。除此之外，当信息科技风险发生时，要及时报警并对可疑行为做出合理处理，为用户账户提供实时保护。

非技术手段主要有由保险公司提供保险等，比如目前微信支付已经由中国人保财险全额承保。

(四)微信红包

微信红包是传统红包、移动通信、社交网络与支付相结合的产物，是互联网金融在社交网络的应用。微信红包分为拼手气群发红包和普通红包两种。收发红包过程的背后是财付通的充值功能、银行卡的提现功能和银行支付结算功能的整合。

一个典型的微信抢发红包的步骤如下。

首先，建立一个微信群(多数情况下微信群已经存在，或者有时直接把红包发给指定的朋友或亲戚等)，这类似于"定向增发"；

其次，绑定自己的银行卡，充入发红包的金额；

最后，发红包，红包一经发出，不能主动收回，成员可以在群里争抢，并可以晒出各自抢到的金额，相互比拼"人品"和"运气"。因为红包个数和总金额的限制，每一个红包金额由系统随机生成。后期微信钱包又开发了微信转账功能。

来自腾讯方面的数据显示，2016年除夕，参与抢红包的用户超过4.2亿人，领取红包总计个数超过80.8亿个。微信红包之所以受到用户追捧，主要原因有以下5点。

其一，微信红包具有社交网络的属性，贴近真实世界的人际关系。

其二，拼手气群发红包的实质是抢红包，意味着竞争，竞争机制的引入增加人气，同时也渗透了趣味性。

其三，微信红包符合中国传统的发红包的文化习俗。

其四，微信红包摆脱了物理位置的限制。

其五，微信红包体现了互联网精神，即共享、平等、普惠、民主等。

在微信红包的活动中，腾讯公司的潜在收益大致有：其一，微信红包活动使微信支付功能得到了大范围的推广，大部分参与"抢红包"的用户都将微信账户进行了绑定；其二，大部分领到微信红包的用户不提现，使得微信红包成为腾讯的沉淀资金，腾讯可以通过沉淀资金来获益；其三，用户沉淀资金倒逼腾讯植入更多的增值服务，如话费充值、销售金融产品等。

第三节 移动支付、第三方支付的风险防范

第三方支付平台的出现，解决了电子商务中因支付产生的一些问题，但其自身存在和面临的一系列发展瓶颈，也使其受到的挑战越来越多。

一、合规风险管理

（一）合规风险

1. 合规风险的含义

合规风险主要是针对第三方支付机构而言的，它包含以下两层含义。

（1）第三方支付机构因未能遵循法律、监管规定和规则、自律性组织制定的有关准则，以及适用于机构自身业务活动的行为准则，而可能遭受法律制裁或监管处罚、重大财务损失或声誉损失的风险。

（2）由于第三方支付监管法律法规缺位，致使第三方支付机构业务被叫停或者面临更加严格的监管而遭受的风险。

合规风险的性质通常较为严重，造成的损失也较大，是第三方支付机构所面临的最基础性的风险。

2. 我国第三方支付面临的主要合规风险

在我国，第三方支付面临的最大合规风险是由于监管法律法规缺位或不到位，致使第三方支付机构的业务可能被叫停或者面临更加严格监管的风险。具体而言有以下几种。

（1）第三方支付机构的法律地位不明确，这不仅是中国才有的问题，美欧各国对第三方支付机构法律规制都存在法律缺位的问题。在社会发展加速的形势下，法律地位的确定，是规制第三方支付业务的核心问题，直接影响到支付企业市场的准入机制、业务范围、消费者权益保护机制和相应的网络金融安全的监管制度建构等方面的走向。

（2）支付服务参与各方主体间法律关系模糊。第三方支付机构的法律地位尚不明确，导致第三方支付服务关系参与主体之间的法律关系模糊，各方权利义务范围不明。法律缺位更是导致在支付服务中的纠纷，进入司法程序对相关责任进行认定和追究时无法可依。

由于种种不明确会带来负面的后果，在有争议性的问题出现需要分辨责任的情况下，如何承担责任在法规中还是空白。第三方支付机构该如何对客户负责，这样的主体虚置不是规制涉及所想得到的结果，违背了良法原则。

(二)合规风险的管理

1. 第三方支付相关的法律法规

2005年起,中国就开始着手建构第三方支付机构的监管制度,一些法规文件陆续出台,主要包括(按时间顺序):《电子支付指引(第一号)》《支付清算组织管理办法(征求意见稿)》《非金融机构支付服务管理办法》及其《实施细则》。正式将第三方支付机构界定为非金融机构,并由中国人民银行进行监管,同时国家开始通过颁发牌照的方式来规范市场准入和业务范围。为了更加规范每类业务的具体运作,中国人民银行针对预付卡、移动支付业务、客户备付金存管等又先后出台了具体管理办法,主要有《支付机构预付卡管理办法》《中国金融移动支付系列技术标准》《支付机构客户备付金存管办法》。

对于处在快速发展的第三方支付行业,我国确实在制定法律法规上做了很多的努力。由于种种原因,这些努力所产生的规制并没有达到预想的效果。这主要是因为在一段时间,对新生事物还有一个探索的过程,相应的法律法规不可能及时跟上科技进步和社会发展的步伐所致。探索的过程,也包括法学法律界对第三方支付运行情况的深入了解,以及对第三方支付未来发展趋势的把握。

2. 加强牌照发放前的审批和后期的定期回访

政府通过发放第三方电子支付牌照,规范了第三方支付机构的资质和业务范围,使一些信誉良好、盈利能力较强的第三方支付企业进入了支付服务市场。

通过回访,切实加强对从事支付服务的非金融机构在基础架构和管理能力等方面的监督,防范操作、信誉和合规等风险的发生。还要杜绝一些第三方支付机构利用手中资金和调配的自由性,从事类似保理、小额贷款等业务;以及通过发放红包等手段,鼓励客户对支付账户进行充值以达到吸存目的的违法行为。从而确保此类机构的健康发展,维护支付结算市场的稳定。

随着国家对于第三方支付行业的重视及监管的逐步完善,第三方支付机构在运作时必须首先保证合规守法,否则会给机构带来严重的负面影响。如2014年3月,中国人民银行处罚了包括汇付天下、易宝支付等在内的8家第三方支付机构,通知其停止接单。究其原因源于年初浙江、福建等省部分持卡人通过向信用卡内存入大额溢缴款,利用预授权完成交易需在预授权金额115%范围内予以付款承兑的业务特性,与部分支持预授权类交易的特约商户勾结,合谋套取发卡银行额外信用额度。有多家发卡银行牵涉其中,有银行发现后向银联汇报。

3. 法律监管对第三方业务的影响

此外,第三方支付机构的创新类业务可能随时受到监管的约束。例如,2014年3月初,支付宝和财付通与中信银行合作拟推出虚拟信用卡,但是2014年3月13日,央行下发紧急文件叫停支付宝、腾讯的虚拟信用卡产品,同时叫停条码(二维码)支付等面对面支付服务。这项通知的推出对于第三方支付机构产生了很大的影响,不但限制了相关服务,而且其股价也受到不小的影响。例如,中国人民银行下发的《支付机构网络支付业务管理办法》(征求意见稿),其中规定支付机构转入资金不得向银行账户提回,个人支付账户单笔金额不得超过1000元,个人支付账户单笔消费不得超过5000元,同一客户所有支付账户转账年累计金额不超过10 000元,这些规定在一定程度上限制了第三方支付业务的开展。

二、沉淀资金管理

(一)沉淀资金风险

"信用担保、二次结算"的模式使得第三方支付机构内部滞留了大量的客户备付金,具体而言有以下两种模式产生沉淀资金。

(1)使用第三方支付平台的客户,会在支付平台上注册个人账号,这个账号可以进行充值,在进行交易的时候直接使用账号内预先放入的资金,简便了支付过程。同时,充值部分的金额会形成沉淀资金。

(2)还有一种情况,买卖双方通过网络进行交易后,买家支付的货款在第三方平台暂时保存,在确认收货之前存在2~10天的时间差,这期间会形成资金沉淀。

随着网络交易用户和网络交易金额的增加,就会有大量的资金沉淀于此。客户并不知道沉淀资金是如何保留的,目前除支付宝规定将沉淀资金放置在中国工商银行外,其他第三方支付机构的沉淀资金的托管存放方式都是未知的。这就会产生新的风险,具体风险如下。

其一,第三方挪用这些沉淀资金作风险投资,或者在企业运营状况不善时偿还负债,一旦产生问题,用户的资金无法保障,可能产生风险。

其二,《支付机构客户备付金存管办法》允许第三方支付机构在满足日常支付业务办理需要后,可以以单位定期存款、单位通知存款、协定存款或者中国人民银行认可的其他形式存放客户备付金。这时成为了一种间接风险,即沉淀资金的风险取决于备付金存管银行沉淀资金运用的收益情况。如果备付金存管银行出现流动性风险,不能按时足额支付定期存款或协定存款的利息,那么沉淀资金的风险就会产生。

其三,第三方支付机构通过短期的存款获得利息,利息如何分配又会产生新的问题。

其四,第三方支付企业退出市场时消费者的预存资金安全存在风险。第三方支付企业和其他企业一样会面临着市场竞争,当面临竞争失败或者战略性变动的时候,第三方支付企业退出市场时消费者预存在账户中的沉淀资金返还的程序和方式都还尚待立法的保障。

(二)沉淀资金风险管理

对于沉淀资金,国家已于2013年6月出台了《支付机构客户备付金存管办法》,其中要求第三方支付机构的客户备付金必须全额缴存至相应的备付金专用存款账户且不得擅自挪用、占用或借用,这就限制了第三方支付机构擅自动用沉淀资金。但是,风险备用金的划拨、管理、使用方面仍有漏洞可钻,银行监管没有真正纳入体系中来。

直到2017年1月13日,中国人民银行发布了一项支付领域的新规定《中国人民银行办公厅关于实施支付机构客户备付金集中存管有关事项的通知》。《通知》明确了第三方支付机构在交易过程中产生的客户备付金,今后将统一交存至指定账户,由央行监管,支付机构不得挪用、占用客户备付金。国家对第三方支付行业的资金沉淀问题,正式步入监管。

一方面,客户备付金在人民银行的监管下,由银行和第三方支付机构共同管理,第三方支付机构账户内的资金用途透明化、公开化。另一方面,央行从多方面对第三方支付进行监管,这会让第三方支付行业的信用提高,也更加规范。

此外，可以参照商业银行的保证金制度，要求第三方支付企业按照一定比例向监管部门或其他指定部门缴纳保证金。一旦第三方支付企业出现资金问题，就可以动用这笔保证金用于赔偿各方面的一部分损失，将损害降到最低，避免社会惶恐、引起骚乱。

三、技术风险管理

对于第三方支付机构这样依托于互联网经营的企业，其内外部的软件操作流程设计、硬件设备能力和网络响应速度至关重要，它影响着第三方支付机构所提供服务的质量。

（一）技术风险

1. 硬件系统缺陷风险

硬件系统缺陷风险是指第三方支付机构在运营过程中，因为计算机硬件设备故障而导致的风险。由于第三方支付机构的特殊性，计算机硬件设备对其经营起着至关重要的作用。一旦计算机设备出现故障将导致交易无法完成，将给客户和第三方支付机构带来不小的损失。

以支付宝为例，"双十一"期间由于淘宝网和天猫商城推出一年一度的优惠活动，吸引了不少网络用户的参与，当天的交易量更是达到一年内的最高值。如此大的交易量需要计算机系统有效运作做保证，否则，一旦交易量激增超过其设备所能处理的交易上限，将导致系统不能正常交易。不少网友曾表示，在"双十一"期间的高峰时段很难完成支付，当系统恢复时，其心仪商品可能已经被选购一空。因此，由计算机硬件设备引发的风险，不但影响消费者的网络交易，而且会使得第三方支付机构本身的信誉受到损害。

2. 网络故障风险

许多金融机构采用的技术本身是一个开放的系统，数据从客户机传送到服务器要经过的许多不同节点，存在着技术安全漏洞。

例如，网络支付中还有一类特有的风险称为"掉单"，是由于网络故障、客户端故障等引发的在客户完成支付后信息传递发生中断的风险，导致商家未能及时收到货款，只能通过各方协商对账来解决。但实际过程中这种对账费时费力，第三方支付机构可能由于免责而不能提供有效的解决方案，使得商家和消费者受损，影响第三方支付机构的公信力。

3. 内部软件程序风险

内部软件程序风险是指第三方支付机构在具体运作时，处理业务的流程设计不当所引发的风险。资金通过第三方支付平台实现最终支付的过程中，资金从转入第三方支付平台开始具体来说包括合同条款的设计、转账支付流程设计、报账流程设计等。如果这些内部的软件程序设计有误，那么将直接影响使用者的使用和客户体验。

如果流程设计不当，即使未发生人员操作问题，也可能产生交易失败的风险。一方面，第三方支付机构在处理常规业务时，可能因为内部软件流程设计引发相关问题；另一方面，当客户的账户出现异常时，可能因为没有相应的风险防控流程设计而导致客户遭受损失。

4. 移动端风险

随着我国移动支付的快速发展，移动支付的风险也随之而来。

移动端的风险是指，由于第三方支付移动端系统安全设计方面存在漏洞，而导致客户资金被盗、交易失败等风险。目前移动端的设计上仍存在漏洞。以支付宝为例，移动支付需要客户输入支付密码，一旦客户手机丢失，不法分子就可以通过"忘记密码"选项重新申请新的密码进行转账和支付，从而将客户账户的资金盗走。

5. 个人信息泄露风险

现实操作中，消费者为了实现网上交易，出于对第三方支付平台的安全信任，输入个人身份信息和银行卡信息，而第三方支付平台掌握消费者的重要信息。然而，第三方支付机构成立背景复杂，风险管控能力参差不齐，在对敏感数据的保护方面存在严重安全隐患。例如，部分敏感字段未进行加密存储、账户口令管理不严密、缺乏安全策略和安全设施、应用设计存在安全漏洞、无审计监控手段、人员流动性大、岗位配置不完备等。

当遇到网络攻击安全网崩溃或者为了某种目的直接泄露个人信息的恶意情形，一定会对消费者造成损失。因此，保护个人信息是十分必要的。

(二) 技术风险的防范办法

首先，政府应继续加强第三方支付牌照发放的审核，可以考虑将第三方支付企业纳入金融机构的安全管理体系，使其能够以金融机构的安全管理制度和标准规范开展业务。

其次，第三方支付机构自身应增强安全意识。在日常的工作中，大部分信息数据风险要依靠职员来进行有效的控制，可以通过培训、宣传和教育等手段来提升员工的信息安全认知，发挥员工在安全信息管理中的主观能动性，以自律的方式来实现信息安全保障。

最后，第三方支付机构应在系统安全方面加强检查。可以组建专门的技术团队或者委托专业的网络系统安全服务机构定时对系统进行全面的安全检查。系统安全漏洞能否及时发现并进行漏洞修复，对信息保护系统的正常运行至关重要。由于软件与系统的不断更新，系统漏洞也会不断出现，因此，对系统进行定时的安全检查是非常必要的。

四、恶意欺诈风险管理

虚拟交易环境下不法分子利用网络漏洞恶意欺诈，其行为不仅影响消费者的交易，而且会破坏健康有序的交易秩序，对第三方支付机构本身也有很大的影响。因此，恶意欺诈风险也是第三方支付在运营过程中的一个重要风险。

(一) 恶意欺诈风险

1. 网络欺诈风险

不法分子利用网络漏洞进行恶意欺诈使得消费者利益受损，这种情况通常是利用消费者自身的防骗意识较弱得以实现的。具体而言，一般是通过注册网店，然后推出一些优惠活动吸引消费者参与，并告知若想参与此活动只能通过所给链接进行支付，从而诱使消费者付款。还有一种方式是以第三方支付机构的名义给消费者发邮件，通过窃取消费者的账户信息来实现其不法行为。

随着网络交易的丰富，各式各样的欺诈形式层出不穷，其本身大都与第三方支付机构无关，但是不法分子正是利用消费者对第三方支付机构的信任或第三方支付机构本身运作时存在的漏洞进行不法行为，最终使得消费者蒙受损失。

对于第三方支付机构来说，其对网络交易未能进行有效的监控，并通常设有免责条款。以支付宝为例，其明文规定"本公司对您所交易的标的物不提供任何形式的鉴定、证明服务"。这本身就是不承担相关的监督责任。此外，由于对第三方支付机构业务操作的具体流程没有相关规定，因此，无法对其注册用户的信息进行有效的核实和管理，也使得不法分子能够利用虚假信息来实现网络欺诈。

2. 信用卡的套现、洗钱风险

利用第三方支付平台，无须通过银行即可实现跨行转账，这一渠道可能被不法分子利用，进行信用卡套现或洗钱，使第三方支付平台沦为不法分子犯罪或销赃的渠道。

例如，有些不法分子通过进行虚假交易，使用信用卡付款后，该笔资金进入第三方支付平台账户，再通过第三方账户把资金转移到事先设定的银行账户，最后从银行提现。在此过程中有发生实物交易，却将信用卡提现，并且不用付给银行任何费用，严重扰乱了金融市场秩序。信用卡套现是明令禁止的行为，而第三方支付平台的出现却让信用卡套现变得更为便利，不利于市场监管。

与此同时，第三方支付机构为独占第一手交易信息，将产品类别、二级商户等关键信息屏蔽在银行系统之外，导致银行难以掌握支付用户线上消费资金的真实去向，无法对支付交易风险进行评级并采取相应的事中控制措施。这大大增加了对洗钱、欺诈和非法套现的防范难度。

(二)恶意欺诈风险的防控与管理

1. 加强注册客户身份核实

首先，第三方支付企业应确切履行自己的社会责任，在客户注册信息时，核实和记录其客户的身份，并在持续交易时及时更新客户的数据资料。支付企业应该建立鉴别可疑客户身份的相关机制，同时在技术手段上可以建立密钥托管机制，使相关部门在某些情况下能够获得网络支付密码技术中的私人密钥，从而掌握客户身份信息。

设立该制度，一是有利于发现可疑交易，并在可疑交易进行时记录交易过程；二是可以为洗钱、网络赌博等违法犯罪活动的调查与起诉提供证据。

2. 完善统计与信息披露制度

其次，要完善统计与信息披露制度。第三方支付企业需采取必要措施将客户的个人信息与交易数据保留一定期限。这样做不但是为了使信用评价的结果汇总更加真实、客观，而且可以为打击网络赌博、洗钱、信用卡套现等工作提供帮助。

五、纠纷处理风险

纠纷处理风险是指在第三方支付运营过程中，由于网络欺诈、机构自身软硬件设备故障及买卖双方纠纷而导致交易不能正常完成或使得客户发生损失等情况时由于第三方支付机构未能有效解决问题而产生的风险。

纠纷处理风险是第三方支付机构经营过程中一直存在的一类风险，但是又未能像上述风险一样被给予足够的重视和研究。这种风险具有普遍性，它直接影响着第三方支付机构的公信力和社会的认可度。具体而言，纠纷处理风险主要有以下三大类。

（一）网络欺诈所引发的纠纷处理风险

这类纠纷是由不法分子的违法行为所引起的，通常情况下第三方支付机构本身不存在相关的违规操作。

但是不能因为这样就不承担相应的管控和防范责任。如果任由不法分子采取欺诈行为，那么最终也将降低第三方支付机构的公信力。因此，对于第三方支付机构而言这种潜在的风险应予以重视，并采取相应的措施。

（二）机构自身软硬件设备故障而引发的风险

这类风险是由于机构自身导致的，当这类风险发生时，买卖双方可能因此受到不同程度的损失，所以往往也涉及相应的纠纷。即使软硬件设备故障没有造成实际损失，也可能影响客户的使用，不利于客户群的巩固。

由于这类风险是机构自身所致，因此及时有效地提供客户满意的解决方案会增加客户黏性。相反，若是对此置之不理或者推卸责任，则虽然短时间内不会有明显的影响，但是不利于机构的长久发展。

（三）买卖双方纠纷而引发的风险

网上交易的特征是虚拟性，买方对商品的认识基于网页图片和文字描述，无法有直观、准确的认识。经过货物运输到达买方时，如果货物与描述不一致，买方不认可商品质量而选择退货，那么必须由买方承担举证责任，投入精力进行申诉。这种解决纠纷的方式对消费者不利。

此外，还有过了7天无理由退货的期限，向卖家申请退货时，卖家拒绝的情况。此时由于第三方支付的中介性质，资金尚未转移到卖家账户，但是买方同样无法重新获得款项。在双方达成一致意见前，资金一直滞留于第三方支付平台内，虽然资金安全得以保证，但是纠纷仍旧没有得到有效处理。

目前，国内第三方支付机构大都选择让第三方来介入进行纠纷调解。但是，谁来扮演第三方的角色这一问题一直未能解决，而买卖双方通常会首先向第三方支付机构来寻求帮助。如果第三方支付机构能够采取相应的措施帮助此类纠纷的解决，那么不但能够维护健康有序的交易秩序，而且能在买卖双方间建立起一定的公信力，有利于机构的长期发展。

六、第三方支付的风险防范

第三方支付为金融消费者带来了便利，推动了电子商务和电子支付行业的发展。但同时，第三方支付功能对商业银行支付结算功能的替代，又构成了对商业银行的竞争。更重要的是，第三方支付平台的风险极易向银行传播、累积，最终可能影响到整个银行业的健康发展。

（一）商业银行与第三方支付合作面临的风险

1. 客户敏感信息泄露风险给客户账户带来安全隐患

第三方支付机构掌握着大量客户和银行卡信息，这些信息足以使银行的授权系统相信交易或资金流动请求来自客户。例如，银行卡的磁条信息和信用卡的校验码，这些是银行判断对方是否为持卡人的关键依据。然而，第三方支付机构风险管控能力参差不齐，在对敏感数据的保护方面存在严重安全隐患，一旦发生信息泄露事件，可能给银行支付结算体系带来严重的影响。

2. 支付平台可靠性不足，可能波及银行系统声誉

高交易量给银行系统造成压力。如淘宝网先后在2010年和2011年的11月11日进行促销，造成交易量激增，引起中国银行、招商银行、中信银行等诸多银行的网银相继短时崩溃。同时，一些小型支付平台由于运行管理不善，可能出现单边账、划款不及时等情况，使客户对商业银行的服务和管理能力产生质疑，以致影响到商业银行的声誉。

3. 安全认证强度不足，难以把控风险关

银监会《关于加强电子银行客户信息管理工作的通知》明确规定，从客户银行账户扣划资金，原则上应由账户所在银行完成安全认证，对于由第三方支付机构完成安全认证的，"应至少在首笔业务前由账户所在银行通过物理网点、电子渠道或其他有效方式直接验证客户身份"。

但在实际操作中，第三方支付机构为追求交易的便捷，通常要求业务流程中减去银行验证客户身份的环节，而银行为了争取市场而迁就对方。目前，第三方支付机构的客户实名认证流程一般为"客户基本信息+身份证件上传与审核+小额打款回填"。该认证流程为非面对面的间接身份认证，与银行实施的客户柜台面签的实名认证流程相比，其认证强度较弱。对于快捷支付等业务来说，客户安全认证是控制风险的首道关口，认证强度不足将在后续支付安全中埋下风险隐患。

4. 虚拟货币可能引发对银行系统的冲击

部分第三方支付交易涉及虚拟货币，虚拟货币能够通过第三方支付平台或其他渠道与实体货币进行双向兑换，也可购买商品，已经部分具备了实体货币的职能。随着第三方支付业务的发展，将有越来越多的人认可和使用虚拟货币。虚拟货币与实体货币的对接需求一旦高涨到一定程度，将对金融体系产生巨大冲击。

5. 多头接入挑战传统价格体系

第三方支付机构为抢占市场，争取银行既有的客户资源，普遍与多家银行建立了直接连接。由于银行内部未统一归口管理部门，因此第三方支付机构可通过总行不同部门或不同分支行进行洽谈、议价，这将带来以下三方面的问题。

（1）第三方支付机构同时承担收单和清算的双重职能，使客户通过第三方支付机构直连发卡行，绕开了银联网络，跨行交易费率相对较低，从而在受理端争抢客户，对中国银联的跨行交易价格标准构成挑战。

（2）第三方支付机构整合线下、线上各种业务的支付数据，将高费率交易包装成低费率交易，打乱正常的交易规则，以赚取手续费差价，使商业银行遭受损失。

（3）由于受管理体制和内部考核等因素的影响，各商业银行之间、银行各部门及分支行之间存在一定的竞争关系。第三方支付机构在银行各部门、分支行之间进行多头谈判，利用不同部门、分行间的不对称接入门槛，在服务价格上各个击破，不断压低银行的线上收单手续费，扰乱市场上的银行卡价格体系。

复习思考题

1. 移动支付的原理是什么?
2. 试述移动支付与第三方支付的区别与联系。
3. 第三方支付有哪些风险特征?
4. 如何对第三方支付与移动支付进行风险监管?

扩展阅读

(一)第三方支付迎来新格局

随着互联网的快速发展及向金融领域的不断渗透,互联网金融在我国实现了迅猛发展。互联网金融的发展过程中涵盖了传统金融业务的网络化、大数据金融、第三方支付、P2P 和众筹等多种模式。各种模式的大量创新和不断丰富为用户带来了便利和良好的体验。

第三方支付作为非金融机构在收、付款人之间提供网络支付、预付卡的发行与受理等服务,如今已不仅仅是局限于最初的网络支付,其应用场景更加广泛,成为线上线下全面覆盖,用户群体众多的综合支付工具。其中,支付宝依附淘宝、天猫的网购商业模式在不断壮大,财付通凭借 QQ 钱包积累了大量线上用户,微信的支付场景拓展积累了大量线上及线下的用户。两者成为了第三方移动支付领域的巨头,百度钱包和京东钱包等支付平台也在不断跟进。

艾瑞咨询数据显示,2016 年第三方支付达到近 80 万亿元交易规模,同比增长约 300%。其中,移动支付占第三方支付总交易规模的 74.7%,移动支付用户规模达 4.62 亿人,较 2015 年增长 30.1%。预计 2017 年增长规模会有所减缓,用户规模将达到 5.6 亿人,可见第三方支付在不断地改变人们的生活方式,渗透到人们的日常生活中,有较大的发展潜力。

(二)网联的诞生

我国银行之间通过银联来实现跨行交易清算,使得银行卡能够跨行、跨地区和跨境使用。为了在第三方支付机构和银行间接入一个清算系统,同时实现中央金融维稳在第三方支付平台的渗透,8 月 4 日,央行支付结算司向有关金融机构下发了《中国人民银行支付结算司关于将非银行支付机构网络支付业务由直连模式迁移至网联平台处理的通知》。《通知》要求,自 2018 年 6 月 30 日起,支付机构受理的涉及银行账户的网络支付业务全部通过网联平台处理。同时,要求各支付机构和银行应于今年 10 月 15 日前完成接入网联平台和业务迁移相关准备工作。

第三方支付机构接入到网联,就相当于连接所有银行,无须和银行分别结算。此前,第三方支付系统和银行之间是单独连接的"直连"模式,绕开了央行的清算系统。由于机构和银行众多,涉及的账户较多且资金的流向并不明朗,因此一些规模较大的支付机构实际上从事了跨行转接清算的工作,某种程度上执行了央行或者央行特许的清算机构才能行使的权利。该模式同时给反洗钱、金融监管、货币政策调节、金融数据分析等央行的各项金融工作带来了很大困难。

网联（网联清算有限公司）由多方共同设立，注册资金为 20 亿元，央行系第一大股东。央行及下属 6 家单位共持股 37%，支付宝和财付通均持股 9.61%。网联模式在国际范围内并无先例，结合我国具体的国情和实际发展情况来看，也凸显了金融监管部门对第三方支付的监管决心。

以往大型的支付机构由于其巨大的业务量和交易规模，因此他们在与银行谈判时能够获得更多的行业竞争优势，而银行也更乐意与那些规模较大的支付机构合作，因为他们能为银行带来巨额的备付金和额外收益。而相比之下，那些中小支付机构不被银行所重视，从而更加缺乏市场竞争力。

网联清算模式的建立，使得支付机构和银行系统之间的接入成本更低，更为稳定，运营成本也将大幅度降低，客观上促进了公平竞争。但也正是由于网联的搭建使得支付机构某种程度上又站在了"同一起跑线"，由以往"直连"模式积累起来的优势将会被削弱，业务处理和业务费用将会被同等对待，这也就意味着中小规模的支付机构将获得相对以往更加平等的竞争环境。市场环境的无差异将会刺激各机构不断进行业务创新，最终形成服务和价格的差异化竞争，而这对于广大用户来说，可以从中受益。

央行（及旗下单位）作为网联的最大持股方，从系统上监督了第三方支付机构的资金，使其透明化。以往的第三方支付机构以其合理的方式绕开银联，为自己进一步开拓支付周边市场获得了海量真实的用户数据。而不同的支付机构，形成了一个个信息孤岛，随着信息数据的增加，诸多三方支付机构的金融擦边球做法，都时刻潜伏着用户信息遭受泄露、不良利用的危险。网联的出现，将会是打破数据孤岛的第一步，未来能够有利于我国征信系统的完善也是我们所期待的。

现在网联也在面临着技术上的挑战。首先，各支付机构和各个银行之间的技术接口、标准各不相同，要全面整合起来有相当大的难度。其次，庞大的数据流处理也是巨大的挑战。例如，去年支付宝"双 11"支付峰值达到 2 万笔/秒，除夕当天微信支付和 QQ 钱包两大平台的移动支付峰值超过 2 万笔/秒。目前，网联系统还远远不能达到满足第三方支付公司交易的需求，仅能作为第三方支付公司的备份渠道。期待网联能够完成技术上的考验。

（三）新闻头条

第三方支付企业资本局：近六成由上市公司入股两家拟 IPO。

网联清算有限公司的组建也将给第三方支付行业带来深远的影响。网联公司正是在央行整肃第三方支付行业的背景下组建的，在此背景下，备付金机制等监管手段也大大限制了第三方支付公司的发展。

同时，IPO 审核常态化。在这样的契机下第三方支付公司冲刺 IPO，希望利用资本市场加速发展。

【21 世纪经济报道】

Chapter 4

第四章 P2P 网络借贷

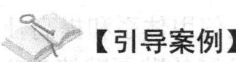【引导案例】

"P2P 网络借贷"的发展历程

1976 年,默罕默德·尤努斯教授在一次乡村调查中,把 27 美元借给了 42 位贫困的村名,以支付他们用以制作竹凳的微薄成本,免受高利贷的盘剥,由此开启了他的小额贷款之路。

1979 年开始,他在国有商业银行体系内部创立了格莱珉(意为"乡村")分行。开始为贫困的孟加拉国妇女提供小额贷款业务。随着互联网技术的快速发展和普及,P2P 小额贷款逐步由单一的线下模式,转变为线下线上并行,随之就产生了 P2P 网络借贷平台。

2016 年 8 月,我国银监会向各家银行下发了《网络借贷资金存管业务指引(征求意见稿)》。不但对开展存管业务的银行提出了一定的资质要求,而且对于接入的平台也提出了工商登记注册地,地方金融监管部门完成备案登记,按照通信相关部门的规定申请相应的电信业务经营许可等五项要求。最受业内关注的一条是:存管银行不应外包或由合作机构承担,不得委托网贷机构和第三方机构代开出借人和借款人交易结算资金账户。

本章学习目标

- 了解 P2P 网络借贷的基本发展概况;
- 了解 P2P 网络借贷的运营模式;
- 了解 P2P 网络借贷的经济学原理;
- 掌握 P2P 网络借贷的风险特征。

第一节 P2P 网络借贷概述

P2P 网络借贷的发展现状

P2P 网络贷款是近年兴起的一种互联网上个人对个人的贷款模式。其中,"P2P"可以引申为 Peer-to-Peer 或 Person-to-Person,即个人对个人。P2P 网络借贷是指个体和个体之间通过互联网平台实现的直接借贷，电子商务专业网络平台帮助借贷双方确立借贷关系，并完成相关交易手续。

P2P 网络贷款出现的背景是正规机构一直未能有效解决中小企业融资问题和替代民间金融机构。而以互联网为代表的信息技术，大幅降低了信息不对称和交易成本，使得个人对个人借贷这一人类最早的金融模式焕发出新的活力，并弥补了正规金融的不足。P2P 网络借贷使投资人和借款人都能从中受益，借款人可以获得比民间借贷更便利的信用融资渠道，付出更低的借贷成本，投资人可以获得比银行存款更高的回报。

(一)P2P 网络借贷的发展历史及现状

1. P2P 网络借贷的历史

P2P 网络借贷的社会价值主要体现在满足个人资金需求、发展个人信用体系和提高社会闲散资金的利用率三方面，它是 2006 年"诺贝尔和平奖"得主孟加拉国的默罕默德·尤努斯教授首创的。

全球第一家 P2P 网络贷款平台是 2005 年 3 月成立于英国的 Zopa。目前，网络贷款行业比较关注的是美国的 Lending Club 和 Prosper。在我们国家有陆金所、宜人贷等。据《2013 年中国 P2P 借贷服务行业白皮书》统计显示，P2P 借款平台从 2009 年的 9 家迅猛增加到 2012 年的 200 多家，可统计的 16 家 P2P 平台线上业务借款余额近 100 亿元，财富管理者超过 5 万人，年增长速度超过 300%。国际比较来看，中国的 P2P 行业虽然借款总量比不上以美国为代表的发达市场，但借款的增量在短期内的增长却是相当惊人的。有些 2010 年成立的 P2P 公司，累计借款规模已超过二三十亿元，而美国最早成立的 Lending Club 累计借款也只有 37 亿美元，Prosper 累计借款不过 7 亿美元。据数据显示，2016 年网络借款平台数量在 2000 家左右，国内网络借款平台的借款余额约为 600 亿元，是 2012 年同期测算值的 8 倍。

2. 树立我国 P2P 行业标杆

互联网金融的快速崛起和发展，在带动金融行业快速发展的同时，也急需相对应的金融监管为这个行业树立规范的标杆。

2016 年 5 月 18 日，广东互联网金融协会于广州揭牌，成为全国首家由政府批准成立的省级互联网金融行业社会组织。它的成功也预示着此前央行提出的对互联网金融实行的五大监管原则在广东省真正落地。广东是国内 P2P 最活跃的省份，无论 P2P 公司数量，还是成交量均居全国首位，与此同时，广东 P2P 跑路事件也比其他省份更多。

广东地区对 P2P 行业的规范，给其他地区起了很好的带头作用，也标志着国家将会逐步规范 P2P 行业的发展，创建健康向上、理性规范的行业环境。

3. 平台收益现状

我国有 P2P 平台企业 2000 余家，而在未来，国内的 P2P 网络借款平台也许会更多。伴随着 P2P 行业进入稳定发展期，P2P 行业将会日趋规范和理性，使内 P2P 行业出现"百家争鸣、百花齐放"的喜人局面。但是平台收益率并不容乐观。

从 2014 年 2 月至今，全国范围内的 P2P 平台综合收益率持续走低，9 月平均收益率仅为12%左右。未来一段时间内，P2P平台收益率将会呈现缓慢下降的趋势。首先，央行将继续推行稳健的货币政策，市场货币供应量总体充足，因此借贷利率将会呈逐步下降趋势；其次，在新常态的经济环境下，国内经济由高速发展转变为中高速发展，实体经济不断转型升级，金融市场环境将更加成熟与开放，且随着利率市场化程度不断加深，也将会促进行业借贷利率水平的下降。

（二）我国P2P网络借贷行业面临的问题

互联网金融的萌芽起源于2005—2010年全球P2P网络借贷的兴起，并在2011—2013年得到高速发展，中国P2P网络借贷平台数量增幅最为显著。2014—2016年，中国P2P网络借贷行业在全球占据了主要地位。目前，P2P网络借贷行业面临着信用风险不断暴露、行业竞争加剧及监管趋严的问题。

1. 信用风险不断暴露

近年来，在"互联网+"发展的大趋势下，P2P网络借贷平台数量剧增，发展态势异常火爆。但与此同时，整个行业也是泥沙俱下，良莠不齐。一方面P2P行业仍然呈现高速增长态势，另一方面则是平台跑路、倒闭、坏账风波不断。究其原因在于监管缺位，线上线下的入市成本较低，且缺乏相应规范，出资者的权益往往得不到保障。平台建立初期违约率极低，随着风险积累，资金链断裂，P2P平台或难以兑现支付或直接网上蒸发。而P2P平台的虚拟性质，导致其背后的操盘手难以被追责。

2. 行业竞争加剧

互联网金融市场巨大，越来越多的强背景企业涌入P2P网络借贷行业。

一方面，互联网系主力军持续加码，除BAT外，京东、小米等公司动作频频，已经开始深耕互联网金融领域；另一方面，传统金融机构加快创新转型，自建互联网金融平台或牵手互联网巨头，部分实业企业也以供应链金融模式参与互联网金融。

此外，金融云、第三方评级、金融社交等机构也开始涉足其中。随着参与者的剧增，互联网金融企业在资源有限的情况下，行业获客成本不断升高，实力薄弱的平台生存空间愈发狭窄，并且随着互联网金融市场的细分化，互联网金融企业之间的竞争日益激烈。

3. 监管趋严

P2P的金融乱象，倒逼监管跟进并形成刚性的制度约束。2015年7月18日，人民银行等十个部门发布了《关于促进互联网金融健康发展的指导意见》。2015年12月18日，中国银监会会同工业和信息化部、公安部、国家互联网信息办公室等部门研究起草了《网络借贷信息中介机构业务活动管理暂行办法(征求意见稿)》，央行发布了《非银行支付机构网络支付业务管理办法》等文件以规范网贷行业。

监管政策的目的是将那些处于灰色地带的P2P公司尽快从市场中清理出去，净化行业环境，降低金融风险。优胜劣汰下，不符合监管要求的、业务违规的、实力薄弱的平台将会出局。在历经数年的井喷发展之后，P2P网络借贷行业正进入一个调整的新时期。

2016年8月24日，中国银监会、工业和信息化部、公安部与网信息办四部委正式发布《网络借贷信息中介机构业务活动管理暂行办法》（以下简称《暂行办法》）。《暂行办法》的颁布结束了网络借贷没有行政监管的野蛮生长，标志着网络借贷行业进入了一个依法创新、公平竞争、有序健康发展的新时代。《暂行办法》中对网贷行业最大的影响有以下两点。

（1）清晰定位网贷平台信息中介的性质。P2P网络借贷平台作为信息平台，主要为借贷双方的直接借贷提供信息服务，不得提供增信服务，不得非法集资。

（2）平台去担保化。网贷平台只作为信息平台而非信用平台的定位，使得去担保化成为P2P公司发展趋势。目前，由于国内社会征信体系的缺失，多数P2P平台为分散风险，同时也为取信投资者，都纷纷引入担保机制。P2P平台与担保公司合作进行资金担保的模式主要分为两种：一是平台自身有担保公司，二是与第三方担保公司进行合作。诸多P2P网络借贷平台跑路事件的发生，表明P2P平台自担保所导致的风险不容小觑。因此，为了促进整个行业的健康发展，P2P平台去担保化是必然趋势。P2P网络借贷平台去担保，不是不保障投资人权益，而是在投资人权益保护与去担保之间建立一个立足点，实现行业发展与投资者权益保护共赢的目的。在投资人权益保障形式上将会更加丰富化，风险准备金、保险保障等都有可能成为主流，可以较好地解决风险共担、责任划分的问题。

第二节　P2P网络借贷的经济学分析——以Lending Club为例

Lending Club从2007年开始运营，办公地址在旧金山，没有分支机构，所有业务通过互联网和电话开通。截至2013年10月底，其累计促成了27.7亿美元的贷款交易，产生了2.5亿美元的利息收入，是全球最大的P2P网络贷款平台，发展迅猛。

一、运营框架

Lending Club为满足美国法律和监管的要求，形成了非常有特点的运营框架，核心参与者有四类：Lending Club、投资人、借款人和Web Bank，其中Web Bank是一家在犹他州注册、受联邦存款保险公司保护的商业银行。

尽管P2P的本意是个人对个人（Peer to Peer），但在Lending Club的运营框架中，从法律意义上，投资人和借款人之间不存在直接的债权债务的关系（实际上他们注册时使用账号名称，保持匿名，也不允许获取对方的真实姓名和地址）。投资人购买的是Lending Club按证券法规定发行的票据，给借款人的贷款，先由Web Bank提供，再转给Lending Club。每一个系列的票据对应着一笔贷款，两者之间存在类似于镜像的关系。如果借款人对贷款违约，那么对应的票据持有人也不会收到Lending Club的支付（Lending Club不为投资人提供担保），但也不构成Lending Club自身的违约。所以，Lending Club不承担与借贷交易有关的信用风险。对于Web Bank而言，因为向借款人发放及向Lending Club转让贷款几乎同时发生，所以也不承担与借贷交易有关的信用风险，在一定程度上类似于托管银行的角色，贷款风险实际上完全由投资人承担。

因此，Lending Club运营框架的核心是有镜像关系的贷款和票据。每对贷款和票据均有相同的本金、利息、期限、现金流特征，这类票据称为收益权凭证（Payment Dependent Notes），类似于证券化中的转手证券（Pass Through Securities）。通过贷款和票据的安排，尽管Lending Club、Web Bank和借贷双方存在复杂的契约关系，但从信用风险的角度来看，投资人和借款人之间如同有直接的债权债务关系，Lending Club 和 Web Bank 则如同不介入借贷交易，却涉及贷款的发放和转让及票据的发行和交易。这跨越了银行和证券两个领域，同时收取相应的服务费作为盈利。

二、借款人

(一)借款须知

1. 借款条件

拟借款的人经注册后在 Lending Club 网站上提交贷款申请，Lending Club 对借款人的资质有以下限制：

(1)拥有美国国籍或为美国永久居民；

(2)年龄在 18 周岁以上，有邮箱、美国社会保障账号及在美国金融机构的账号；

(3)信用资质上要求 FICO 信用评分 660 分以上，债务收入比小于 35%（按揭贷款不计入债务），信用历史长度大于 3 年，过去 6 个月在 Lending Club 上贷款少于 6 次。

拟借款的人在申请贷款时按要求提供反映本人信用情况的信息，以及说明贷款三项核心内容：金额、期限、用途。

2. 借款金额及期限

Lending Club 允许的贷款金额在 1000 美元到 35 000 美元之间，贷款期限由借款人指定，有 3 年期和 5 年期两种。对金额在 100 美元到 15 975 美元之间的贷款，若借款人没有特别的请求，则默认贷款期限是 3 年。

3. 借款用途

Lending Club 对贷款申请进行筛查，贷款用途也由借款人说明，Lending Club 不会确认或监督贷款的真实用途。数据显示，截至 2013 年年底，贷款用途以再融资和归还信用卡欠款为主，这两个用途大约占 83%，基本属于消费信贷的范畴。

(二)Lending Club 的风险定价

1. 风险评级

Lending Club 的风险定价是其核心技术之一，由信用评级和贷款利率定价两部分构成。信用评级从高到低分成 A 到 G 7 个等级，每个等级从高到低又细分成 1 到 5 档，分两步得到。

第一步，Lending Club 根据借款人的 FICO 信用评分及其他信用特征，得到一个模型次序，每个模型次序对应着一个基准信用评级。

第二步，根据贷款金额和期限，对基准信用评级进行调整，得到最终的信用评级，贷款金额越大或期限越长，信用评级下调的档次越多。评级方法如表 4-1 所示。

2. 利率定价

在 Lending Club 中，贷款利率是市场化的，采用固定利率的形式，贷款利率与信用评级挂钩，等于基准利率与风险、波动率调整之和。其中风险、波动率调整的目标是覆盖贷款的预期损失，评级越低，贷款利率越高。借款人手续费在贷款金额的 1.11%～5.00%，直接从总本金中扣除。费率与信用评级、贷款期限有关，信用评级越低或贷款期限越长，费率就越高（见表4-2、表4-3）。

表4-1 Lending Club 评级方法

(a)基本信用评级与模型次序的关系

模型次序		档 次				
		1	2	3	4	5
信用评级	A	1	2	3	4	5
	B	6	7	8	9	10
	C	11	12	13	14	15
	D	16	17	18	19	20
	E	21	22	23	24	25
	F	26	27	28	29	30
	G	31	32	33	34	35

(b)贷款金额与信用评级调整

	下调档次	基准信用评级		
		A	B	C～E
贷款金额	<5000	1	1	1
	5000～10 000	0	0	0
	10 000～15 000	0	0	0
	15 000～20 000	0	0	1
	20 000～25 000	0	1	2
	25 000～30 000	1	2	3
	30 000～35 000	2	3	4
	35 000	4	5	6

(c)贷款期限与信用评级调整

贷款期限	信用评级	下调档次
3年	A～G	0
5年	A～G	8～4

表4-2 Lending Club 的贷款定价机制（年利率 %）

贷款利率		档 次				
		1	2	3	4	5
信用评级	A	6.03	6.62	7.62	7.90	8.90
	B	9.67	10.99	11.99	12.99	13.67
	C	14.30	15.10	15.61	16.20	17.10
	D	17.76	18.55	19.20	19.52	20.20
	E	21.00	21.70	22.40	23.10	23.40
	F	23.70	24.08	24.50	24.99	25.57
	G	25.80	25.83	25.89	25.99	26.06

表 4-3 Lending Club 贷款手续费费率（%）

手续费费率 信用评级与档次		期限	
		3 年期	5 年期
A	1	1.11	3.00
A	2～3	2.00	3.00
A	4～5	3.00	3.00
B	1～5	4.00	5.00
C	1～5	5.00	5.00
D	1～5	5.00	5.00
E	1～5	5.00	5.00
F	1～5	5.00	5.00
G	1～5	5.00	5.00

Lending Club 具有独家权利从借款人手中按月取得还款，通常采取电子转账的方式，而且可尝试追索任何已经逾期的贷款，也有权决定是否或者何时将贷款转让给第三方收款机构。

三、投资方

Lending Club 对投资人有适当性要求，比如要求投资人的收入和财富（用净值衡量）达到一定的标准，在 Lending Club 上的投资不超过财富的 10%，但无须信用审核。此外，Lending Club 还成立了一个投资顾问公司 LC Advisors，类似于基金管理人，募集外部资金投资于 Lending Club 发行的票据。投资人可以在 Lending Club 网页上挑选愿意购买的票据，也可以使用其组合工具，风险分散效果明显。如下就是一个票据样本及披露样本。

Lending Club 票据发行披露文件样本

本补充文件在 2011 年 8 月 15 日发行的基础上，说明我们近期发行的一笔收益权凭证，您应该将 2011 年 8 月 15 日的发行说明书和本补充文件结合起来看，以理解这笔收益权凭证的条款、发行机制和投资风险。

Lending Club 公司收益权凭证

我们出售了如下收益权凭证（序列号 356706）：

序列号	本金	利率	服务费	发行日	到期日	Lending Club 为贷款的融资
356706	2400	17.76%	1.00%	2013-10-23	2016-10-28	0

该收益权凭证对应着序列号 356706 的贷款，该贷款由以下借款人于 2013 年 10 月 14 日申请：

住房所有权	租赁	毛收入	4187 美元/月
当前雇主	美国陆军	债务收入比率	31.45%
雇佣关系长度	9 年	地点	纽约州
家乡			
当前与过往雇主	美国陆军		
教育			

该借款人对贷款的描述如下(未经我们核实)：归还信用卡欠款。

一家信征局对该借款人 2013 年 10 月 14 日的情况报告如下：

信用评分区间	690～694	违约账户数量	0
最早信用额度	10/2003	违约金额	0
可用信用额度	14 个	过去两年违约次数	0
信用额度总数	36 个	距最近违约的月份数	n/a
循环信用贷款余额	12 833 美元	循环信用额度使用率	70.10%

投资方根据 P2P 平台披露的信息在各种工具上进行甄别，从而进行 P2P 网络信贷投资，投资由 Lending Club 发行的票据。

四、P2P 网络借贷的经济学

对于 P2P 网络贷款有三种分视角：法律视角、资金视角和风险视角。我们认为风险视角最有利于解释其经济内涵，因此以下经济学分析将围绕着风险视角展开。与民间金融相比，P2P 网络借贷的投资人和借款人之间如同有直接的债权债务关系，因而 P2P 网络借贷最接近民间金融组织的"标会"，与银行存贷款相比更接近于直接融资。

1. 标会简介

标会是轮转储蓄与信贷协会(ROSCA，也称"合会")的一种，是一种信用互助方式。一般由发起人(会首)邀请亲友若干人(会脚)参加，约定每月或每季举会一次。每次各缴一定数量的会款，轮流交一人使用，以此互助。以后依不同方式，决定会脚收款次序。若用投标竞争办法决定得到资金的顺序，则称为"标会"。一般每一个标会成员都有一次获得会金的机会(会首一般有权获得第一期会金)。

标会会首一般负有以下义务：

(1) 召集和组织各期竞标；

(2) 收取并发放各期会金；

(3) 在会脚无法按期交纳会金时代其垫付会金。

标会会首获得一笔贷款后分期偿还，最后一轮得会金的会脚相当于参加了零存整取的储蓄，处于中间的会脚则相当于先参加了零存整取的储蓄，再获得一笔贷款后分期偿还。

为了更好地分析类似于标会的 P2P 网络借贷的经济学原理，我们以一个 4 个人的标会为例进行分析。假设每人会金为 m 元，第二期和第三期得会者的标价分别为 b_2 和 b_3，则标会的现金流为：

$$\begin{pmatrix} 3m & -m & -m & -m \\ -m & 3m & -m & -m \\ -m & -m-b_2 & 3m+b_2 & -m \\ -m & -m-b_2 & -m-b_3 & 3m+b_2+b_3 \end{pmatrix}$$

可以将标会的现金流分解为一系列的两两之间的借贷，通过分析可以看出 P2P 网络借贷和标会有三个共同特点：其一，本质上都是个人之间的借贷；其二，借贷完全基于信用，不依赖抵押品或担保；其三，利率市场化。在 P2P 网络借贷中，利率由风险定价机制决定，在标会中，利率随行就市，能包括参与者的信用风险水平。

2. 标会的不足

标会有非常精巧的契约形式和风险控制机制，特别是长期博弈中的社会资本，包括非成文的道德和习俗约束，熟人之间的相互信任及社会惩罚作为履约保障手段等，以缓解信息不对称的问题，降低交易成本。但与 P2P 网络借贷相比，标会有以下两方面的不足。

第一，标会本质上是基于社会网络的人格化交易，参与者大多是亲友关系，陌生人很难组织起标会，这限制了标会的作用范围。而 P2P 网络贷款中，通过第三方机构提供的风险控制机制，陌生人之间也可以发生借贷关系，因此是非人格化交易。这样作用范围很广，而且风险定价机制要科学得多。

第二，包括标会在内的民间金融都有内在的不稳定性，一般表现为一系列相互分割的局部市场，存在一定的利率差异，风险容易膨胀。

P2P 网络贷款与银行存贷款相比，如果将票据视为借款人发行的一种债务（从风险角度看），那么 P2P 网络贷款就类似于一个债券市场。投资人购买借款人发行的债券，直接承担借款人的信用风险，而且不存在期限转换，也没有流动性风险。平台既不承担信用风险，又不承担流动性风险。其盈利不是来源于风险承担的补偿，而是来源于向投资人和借款人提供的服务（包括促成借贷交易、风险定价、贷款清收和票据服务等），本质上是一种中介业务。

银行贷款则代表了另一种资金融通方式。首先，银行解决了资金供需双方的期限不匹配问题；其次，银行提供了"受托监督"功能。银行提供了服务，还承担了信用风险和流动性风险，其盈利来自对风险承担的补偿，主要体现为存贷利差。银行也因为承担的风险而受到资本充足率、流动性风险监管、存款准备金率等一系列监管约束。

第三节 P2P 网络借贷的核心技术

一、风险定价

P2P 网络贷款在借款人方面的核心技术主要是内部信用评级和贷款利率定价。内部信用评级本质上是利用模型，按违约可能性将借款人划分为不同等级，如果信用评级越低，信用资质越差，那么信用评级是有效的。另一个衡量工具是 ROC 曲线，ROC 曲线下方的面积越大，说明信用评级越有效。

P2P 网络贷款的利率定价，理论上与债券定价类似。贷款利率等于无风险利率与风险溢价之和，且信用评级越低，风险溢价越高，以实现风险与收益的平衡。

二、组合构建工具

P2P 网络平台上可供投资人选择的票据很多，为提高投资人做资产配置的效率，平台除提供基本的票据浏览、排序、搜索等功能外，还提供组合构建工具。平台根据投资人的风险收益偏好，推荐一个票据组合供投资人参考。因为票据与贷款有镜像关系，所以组合构建工具的理论基础是贷款组合理论。我们可以利用如下简单模型加以说明（如图 4-1 所示）。

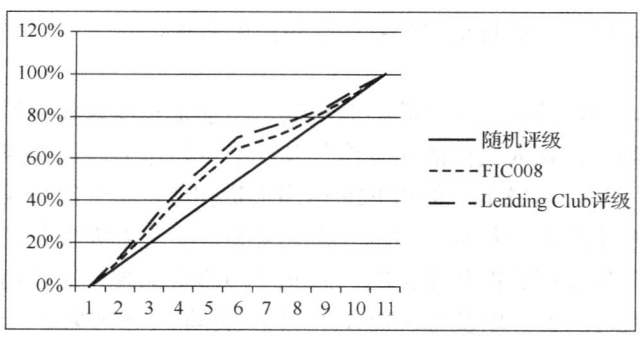

图 4-1 Lending Club 的 ROC 曲线

假设有 n 笔可投资的贷款,在贷款组合中,第 i 笔贷款的权重为 w_i,满足 $\sum_{i=1}^{n} w_i = 1$。在 P2P 网络贷款中,投资人资产配置问题的核心是求解 $w_i (i=1,2,\cdots,n)$,使得贷款组合满足投资人的风险收益偏好。

假定第 i 笔贷款的利率为 r_i,无条件违约概率为 p_i,违约后损失率为 c_i,用随机变量 X_i 表示第 i 笔贷款的违约率,则 $E(X_i)=p_i$。因此,第 i 笔贷款的收益率是 $L_i=(1-X_i)r_i-X_i c_i$,对其余的贷款可以做类似的假设。由此,贷款组合的收益率为:

$$L = \sum_{i=1}^{n} w_i L_i$$

组合的预期收益率为:

$$E(L) = \sum_{i=1}^{n} w_i [(1-p_i)r_i - p_i c_i]$$

贷款组合的风险特征可以用信用风险价值(CVaR)来刻画,在置信水平 α 下,可以用 $\text{CVaR}(L,\alpha)$ 表示在该置信水平下的信用风险价值,定位为:

$$\Pr(L > -\text{CVaR}(L,\alpha)) = \alpha$$

信用风险价值实际上也刻画了贷款组合收益率的分布。

P2P 网络贷款在未来有以下三个可能的发展趋势。

(1)"P"的扩大,P2P 网络贷款目前主要是自然人对自然人的借贷,将来可以拓展到个人对机构,机构对机构的借贷,理论上的交易边界可以无限延伸。

(2)基于大数据的信征大发展,P2P 网络借贷中定价效率会显著提高。

(3)P2P 网络借贷平台可以提供信用保险功能,投资者在交纳一定保费后,可以将借款人的部分或者全部信用风险转移出去,甚至可以衍生出很丰富的衍生产品。这既丰富了市场,提供了新的风险管理工具,又进一步拓展了 P2P 网络借贷的交易可能性边界。

第四节 P2P 网络借贷的风险

P2P 网络借贷的风险首先是纯技术性风险,各个账户下的资金只是一个数字,而不是实物体现，这也正是互联网世界虚拟性的一个缩影。由于网贷平台身处金融行业，金融行业的特殊性导致它极容易被犯罪分子光顾。网贷这种结合互联网和金融两个行业的特色的新兴行业，就等于把两者所面临的风险性集于一身。

从互联网这个角度来说，由于大量的资金不是在一个封闭性的网络中流通，因此平台自身缺乏为客户提供独立于平台之外的第三方账户，这不仅使自己行走于堆积资金池的边缘，而且等于让自己成为恶意攻击的大标靶。一旦出问题，平台就成了众矢之的，所以网贷行业的独特性所导致的危险毫无疑问是对网贷平台的技术团队的考验。

如果说技术性风险能够利用技术手段基本解决（只能说基本解决，不能说完全解决），那么从借款端来源的风险确实更为现实，而且短期内很难杜绝。

首先，参与到网贷平台的借款人，其还款意愿和还款能力都是存疑的，高的借款利率进一步加大了其还款的难度。而且网贷平台提供的贷款基本都是信用贷款，大部分的风控团队做的只是资料审核工作。虽然也有实地考察，但是由于地域的限制，如果说投资人来源于全国各地，而借款人(方)可能只是平台所在城市的周边地区或所在省份，那么可能会觉得平台的实力有限，以至于无法发展出布局全国的风控团队。除非平台把自己辐射不到的区域的潜在借款客户交于与之合作的当地小贷公司或第三方担保机构。但是这种将风控转嫁出去的方法往往不会被每个平台所接受，他们更愿意做自己力所能及的事情。纵然提供诸如房产等抵押品，但如何将其快速的变现确实是个大问题。

所以，很难确定通过要求借款方提供抵押品，是否能够显著降低借款人违约率，或者对借款人的违约心理起到遏制的作用。很大程度上，这就好似是平台给自己的一种心理安慰，平台的风险准备金或(和)第三担保机构能够为投资人提供保障。这种保障不是吹嘘，而是实实在在的。本息保障是中国网贷平台首创，但也使得网贷平台背负着远比国外同行更高的经营成本。平台的风险准备金和第三方担保机构是对投资人利益的保障，而不是说平台的坏账率一定在安全线以下。何况资料都是通过网络上传的，所以也不能排除借款人对信息造假的可能性。

由于现在中国投资人的投资心态和策略都不成熟，因此 P2P 网络借贷还隐藏着很大风险。P2P 网络借贷的八类主要风险如下。

1. 借款人违约的风险

当贷款人贷款给借款人的资金没有抵押时，即借款人未为贷款提供保证(如房子按揭贷款)，如果借款人违约，那么作为借贷人几乎也无计可施，只能承担剩余未支付款项的损失。P2P 网络借贷违约率平均每年为 3% 左右，而大部分借贷人也会遇到 3% 左右的违约。

2. 借贷合同无效风险

由于 P2P 网络借贷平台并非我国法律承认的金融机构，因此平台促成的借款人和投资者之间的借款关系性质属于民间借贷。根据《合同法》规定，在 P2P 借贷交易时若贷款人没有实际提供借款，则这种借款合同无法生效，对各方都没有法律约束力。若其中一方以非法手段违背另一方意愿进行借贷，则是无效借贷关系。若投资者明知借款人借款用于非法活动而仍实行借贷，则双方均有被依法处罚的风险。

从企业角度来说，若某经营放贷业务为主的企业不具备金融从业的资质，则借款合同应属无效。

3. 网络借贷公司的经营风险

Lending Club 及 Prosper 公司都在赔钱，他们仍然有好几个月（或者可能是几年）都无法实现收支平衡。甚至当他们开始赚钱的时候，也无法保证他们会继续如此。因此，在破产的情况下，这两家公司都会以备用贷款资金来继续处理借款人的借款。但是法律上没有 P2P 网络借贷公司破产的先例，因而也就无人准确知晓具体后果。尽管如此，这两家公司都呈现出强劲的增长趋势，因此这两家公司破产的可能性很低，但是这种可能性会一直存在。

4. 利率上升的风险

在几年之前，投资者能够获得 FDIC（Federal Deposit Insurance Corporation）保险（放心保）6%的回报率。若利率上升，则 FDIC 保险能够给出更高的回报，投资人会大量流失，同时投资人投资于 Lending Club 3 年期的 A1 级贷款或 3 年期的 AA 级贷款的年化收益率将低于 5%。在两三年内，可能会获得更高收益率的 FDIC 保险账户，那时网贷对投资人的吸引力将大大下降。

5. 监管的风险

P2P 网络借贷仍然属于一个新兴行业，因而政府目前不知道如何对其进行监管。Lending Club 及 Prosper 公司由证券交易委员会负责监管，其监管方式类似于对股票经纪与投资银行等几乎与 P2P 网络借贷无任何共同之处的机构的监管。虽然监管方式目前尚未发生任何变化，但有一丝可能，监管机构会将 P2P 网络借贷公司排除在外。目前我国尚未针对 P2P 行业出台有效的法律规范，P2P 行业可以说是处在"灰色地带"。

6. 债权转让模式的风险

《合同法》规定，在通知债务人的前提下，债权人有权将债权全部或部分转让给第三人。这一规定对于 P2P 网络借贷形成的借贷关系同样适用，也因此产生了债权转让风险。一些 P2P 平台上线后开始大量吸收资金，随后以各种理由宣布倒闭，并让网络水军大肆发布收购债权的消息，骗取债权人以超低折扣转让债权。达成债权回收后，平台只需对付少数投资人的本金后即可圈钱走人。

7. 借贷双方的隐私安全风险

P2P 网站在吸引借款人和投资者时会记录双方的身份信息、财产状况和交易情况。如果平台的保密技术做得不好，或平台工作人员恶意泄露以获取利益，那么客户信息容易丢失、损毁甚至被不法分子掌握，借贷双方的隐私权无法得到有效保护。为保障自身的资金安全和合法权益，在进行网贷时，借款人需要严格遵守法律规定，保证信息的透明性、公开性；投资者则需要审视自己的投资是否触犯法律，在必要时还可以运用法律武器为自己维权。

复习思考题

1. P2P 网络贷款的模式有哪些？
2. P2P 网络贷款有什么样的特点？
3. 试论述 P2P 网络贷款的经济学原理。
4. P2P 网络贷款的核心技术是什么？

5. 论述 P2P 网络贷款的风险特征与管理。

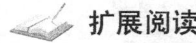 扩展阅读

P2P 新闻头条

大平台规模竞赛成绩单：最快者一年待收增五倍(名单)

为了更直观地描述 P2P 网络借贷平台特别是大平台之间的竞争态势，本文从贷款余额和月度成交量两个维度计算平台发展规模的同比增速，以此衡量平台在这一年里的发展表现。据网贷之家研究中心统计，36 家贷款余额在 30 亿及以上的样本平台中，有 34 家平台贷款余额出现同比增长，占比高达约 94.44%。从平台成交量变化来看，36 家样本平台中，有 29 家平台 7 月当月成交量同比上升，其中增速在 100% 以上的有 11 家，平台成交量整体处于上升态势。

【网贷之家】

72 家 P2P 接入互金协会披露服务平台但依然有三大问题不清不楚

截至 2016 年 8 月 20 日，中国互金协会登记披露服务平台已接入 72 家网贷平台的运营数据，包括交易金额、投资人数、项目逾期率等内容。但《国际金融报》记者梳理了 72 家平台数据发现，尽管大部分平台公开了详细的数据，但是面对公众，逾期率、代偿金额、人均借款额三大问题依然没有说清楚。

【国际金融报】

监管在给 P2P 网络借贷"做除法"

近日，互联网金融风险专项整治工作领导小组要求网贷平台业务规模不再增长。政策严格实施后，对于部分资金实力弱的平台，其风险可能会被提前刺破。

这个政策的微妙之处在于，对于目前绝大多数互金平台而言，其经营模式大多采取目前互联网时代的创投模式，即由股东出资成立公司，通过经营的创新扩大市场、扩大业务、扩大品牌影响力。这种模式是否能够适用于金融业，到底给金融业带来什么风险尚不确定，至少从监管层目前的新政而言，这种烧钱抢夺规模的模式是不被认可的。

【华夏时报】

网贷平台起诉校园欠贷者也是一种进步

近年来，几乎关于校园贷的消息都伴随着暴力与恐惧。近日总算有一则消息让人眼前一亮：长沙一网贷平台向 39 名大学生提起诉讼，要求偿还贷款，同时支付四倍于银行利率的罚息，在已审理的案件中，法院判决大学生偿还借款本金，并按照同期银行年利率计算利息。

这是一个积极的信号。网贷平台采取法律诉讼的方式追讨借款，这比原来以各种威胁、暴力催逼手段，要显得文明多了。虽说这可能是因为这些学生分散天南海北，已经失联，但网贷平台能这么做，说明他们也知道，法律是所有人最后的依托。当然，这或者也意味着网贷平台已经主动放弃了暴力。

【钱江晚报】

Chapter 5

第五章 众 筹

【引导案例】

你知道自由女神像底座是靠众筹而建成的吗？

1876 年，法国为了纪念法美友谊，决定赠送一座塑像给美国，也就是现在的自由女神像。1884 年，当塑像即将完成时，人们惊讶地发现，这座塑像还没有底座。难道让自由女神就这么站在地上？

当时的美国陷入严重的经济危机，政府自顾不暇，政客们当然对自由女神像的底座能扯皮就扯皮，能推脱就推脱。著名的新闻家普利策(Joseph Pulitze)，当时还不是太出名，得知自由女神像项目因为没有资金建底座而将失败时，他在他新近购入的《纽约世界报》上宣布：他将把每一个给自由女神像捐款的人的名字印在报上，哪怕只捐一分钱。

这个众筹项目运行了大约 6 个月的时间，最终得到了 12.5 万人的捐款。捐款人从小孩子到老人，从商界大佬到普通百姓，甚至是生活在社会底层的贫民，都为这个计划献出了自己微薄的力量。每个捐款人想看到自己的名字印在报上，到最后全美国都想知道捐款的进度，《纽约世界报》也因此成为西半球发行量最大的报纸。最终筹募得到的款项是 100 091 美元，换算到当下市值大约是 220 万美元。故事的结局很令人满意，众筹完成，自由女神像在 1886 年 10 月 28 日正式落成。

（资料节选改编自：匿名.你知道自由女神像底座是靠众筹而建成的吗？[EB/OL].搜狐网，http://mt.sohu.com/20150805/n418225363.htm）

本章学习目标

- 了解众筹发展基本情况；
- 掌握众筹的基本模式及其特征；
- 掌握众筹的基本原理和优势；
- 了解众筹的风险特征和管理方法。

第一节 众筹的含义与发展

一、众筹的含义

众筹一词翻译自国外 Crowdfunding 一词，即大众筹资或群众筹资，是指一种向群众募资，以支持发起的个人或组织的行为。从众筹的本意来看，并非一定要通过互联网来运作，完全可以通过社交网络或媒体来进行。

众筹早期比较多地被艺术家所应用。许多艺术家家境贫寒，缺乏资金，有了很好的创意或作品，却无法展现给大家，让人觉得非常可惜，自己也非常遗憾。于是，有的艺术家就向公众宣传自己的作品，吸引公众投资，等到资金筹集足够了以后，艺术作品就可以出版或演出了。

小案例 5-1

莫扎特的众筹

1783 年，17 岁的莫扎特新谱写的 3 部钢琴协奏曲，想要在维也纳音乐大厅演奏。为了达成目的，他使用的方式是——众筹。莫扎特当时还不是"欧洲最伟大的古典主义音乐家之一"，所以即使他答应会向支持者提供手稿，第一次众筹也还是没能成功。但这并不能打击到他，越挫越勇的莫扎特在第二年再次发起众筹。还好没放弃，这次终于等到了支持者，而且有 176 名！这 176 人不仅如愿拿到了手稿，而且被记录在了协奏曲的手稿上。

现代众筹是指通过互联网方式发布筹款项目并募集资金。相对于传统的融资方式，众筹更为开放，能否获得资金也不再是以项目的商业价值作为唯一标准。只要是网友喜欢的项目，都可以通过众筹方式获得项目启动的第一笔资金，为更多小本经营或创作人提供了无限的可能。本书中所提到的众筹均指现代众筹。

众筹具有以下这些特征。

(1) 低门槛：无论身份、地位、职业、年龄、性别，只要有想法有创造能力都可以发起项目。

(2) 多样性：众筹的方向具有多样性，在国内的众筹网站上的项目类别包括设计、科技、音乐、影视、食品、漫画、出版、游戏、摄影等。

(3) 依靠大众力量：支持者通常是普通的草根民众，而非公司、企业或是风险投资人。

(4) 注重创意：发起人必须先将自己的创意（设计图、成品、策划等）达到可展示的程度，才能通过平台的审核，而不单单是一个概念或者一个点子。

二、众筹的要素与流程

(一) 众筹的要素

众筹一般包含以下三大要素（如图 5-1 所示）。

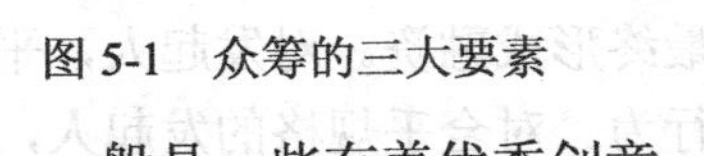

发起人 → 平台 → 支持者

图 5-1 众筹的三大要素

众筹的发起人也就是筹资人，一般是一些有着优秀创意，希望得到人们的欣赏，有信心在市场上获得很好的回报，但是缺乏资金的人。

众筹的支持者是那些被发起人的创意所吸引，看好发起人项目的前景，愿意投资支持，希望以后能从中获得回报的人。

众筹的平台是互联网平台，一般由专业的机构或企业设立。发起人在平台上展示自己的创意构想，并提出相应的营销和盈利计划。支持者则在平台上浏览各个项目，选择自己心仪的项目进行投资。所以，平台实际上就是一个联结发起人和支持者的纽带。平台一般不对发起人项目的真实性和盈利性做出保证。

(二)众筹的流程

众筹的流程可以从发起人、平台和支持者三个方面来说明(如图 5-2 所示)。

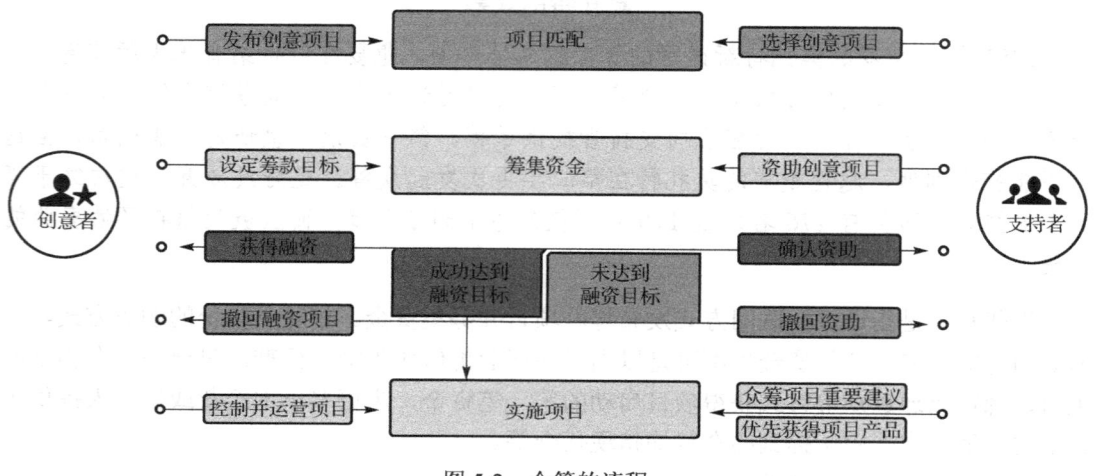

图 5-2 众筹的流程

(资料来源：众筹网http：//www.zhongchou.com/partake)

1. 发起人

发起人有了好的创意后，编制好商业计划书，然后与众筹平台的工作人员进行沟通，确定筹资的金额和时间期限，将该项目放在平台上开始进行众筹活动。若在期限内未能募集到所需的资金，则宣布众筹失败，已募资金原路返还给投资人。若在期限内获得了足够的资金，则众筹成功，发起人使用这些资金进行经营活动，并在承诺的时间给予支持者适当的回报。

2. 支持者

支持者在平台网站上浏览各个项目，有了看好的项目后，对该项目进行深入了解，确定投资意向后，将资金打入该项目的筹资账户。若该项目筹集到足够的资金，则投资成功，日后按约定收取回报。若该项目众筹未成功，则缩头资金将返回到自己的原账户。

3. 平台

平台首先是提供给发起人和支持者双方一个联系和沟通的纽带，让本来完全没有关系的双方能够进行相互了解，最终形成融资。对发起人，平台还要对其进行适当的审核，尽力避免那些虚假项目和诈骗行为。对合乎规格的发起人，平台的运营方应对其进行众筹前的辅导，增加他们众筹成功的可能性。

三、众筹在国内外的发展状况

(一) 众筹在国外的发展

众筹作为一种新型融资模式,起源于美国,出现不过十余年。近几年,该模式在欧美国家发展速度不断加快,在其他国家和地区也得到迅速传播。据《2014年上半年中国众筹模式运行统计分析报告》显示:2014年上半年,美国国内共发生近5600起众筹集资案例,有大约281万人参与众筹投资,拟募集资金10 426.99万美元,实际募集资金21 508.61万美元,集资成功率高达206.28%。2012年,美国研究机构Massolution在全球范围内对众筹领域展开调查。结果显示,2011年全球众筹平台筹资金额14.7亿美元,平台的数量不足100个;2012年全球众筹平台筹资金额达到28亿美元,截至2017年年底平台数量已超过1700个。

在欧美国家的诸多众筹平台当中,成立于2009年4月的Kickstarter最具代表性。Kickstarter通过公开的网络平台为有创造力的项目和创意向公众融得所需资金,并使众筹这种新兴融资模式开始得到业界的关注。Kickstarter刚成立时主要为文化产业类项目融资,如音乐、电影和动画类等。如今,Kickstarter已经发展成为包括技术融资在内的15类项目的融资平台。

从建立到2016年底近4年的时间里,Kickstarter平台共发布项目87 086个。其中,成功融资的项目有61 836个,融资额达到19 934.44万美元,参与投资支持项目的人数超过500多万人,有两次或者两次以上投资经历的人,约占总投资人数的30%。对于一个处于创业初期面对资金短缺的企业来讲,上述数据证明众筹是一个值得肯定和推广的融资模式。

> **小案例 5-2**
>
> **Kickstarter 是怎么出现的?**
>
> 网站创意来自于其中一位华裔创始人 Perry Chen(中文译名佩里·陈),他的正式职业是期货交易员,但因为热爱艺术,他开办了一家画廊,还时常参与主办一些音乐会。2002年,他因为资金问题被迫取消了一场筹划中的在新奥尔良爵士音乐节上举办的音乐会,这让他非常失落,进而就开始酝酿建立起一个募集资金的网站。佩里·陈回忆说:"一直以来,钱就是创意事业面前的一个壁垒。我们脑海里常会忽然浮现出一些不错的创意,想看到它们能有机会实现,但除非你有个富爸爸,否则不太有机会真的去做到这点。"

(二) 众筹在国内的发展

2011年7月,国内第一家众筹网站"点名时间"上线,标志着中国众筹行业的开始。由于市场的广泛认可与接受,再加上政策的向好,因此从2013年开始,我国众筹行业就开始了爆发式的高速发展,众筹平台大量涌现,融资规模增势迅猛。

据不完全统计,截至2016年3月底,全国各种类型的众筹平台总共328家,其中非公开股权融资平台最多,有131家;其次是奖励众筹平台,有112家;混合众筹平台有73家;公益众筹平台仍然为小众类型,仅有12家。

截至2016年3月底,在奖励类众筹平台的当月成功项目的筹资金额中,京东众筹反超淘宝众筹，重新位居榜首，当月成功项目的筹资金额为 22 582.44 万元；其次是淘宝众筹，当月成功项目的筹资金额约为 16 908.55 万元，当月成功项目的投资人次高达 106.81 万人次；苏宁众筹排名第三，单月成功项目的筹资金额首次过亿，约为 10 800.39 万元，与淘宝京东逐渐缩小了差距，当月成功项目的投资人次达到 85.13 万人次；众筹网的 3 月项目数与上月相比有所增加，达到 682 个，但当月成功项目的筹资金额仍不高，仅为 256.99 万元，远低于淘宝、京东、苏宁这三大巨头众筹平台。由此可见淘宝众筹、京东众筹和苏宁众筹这三大电商巨头在奖励众筹平台中仍呈三足鼎立之势。

在非公开股权融资平台中，众投邦作为一家专注于上市资产的非公开股权众筹平台，3 月成功项目的筹资金额达到 3713 万元，且 3 月成功项目的投资人次为 58 人次；人人投作为一家专注于实体店铺的非公开股权融资平台，3 月成功项目的筹资金额达到 2488 万元，且成功项目的投资人次达到 254 人次；聚募作为一家专注于早期创业项目的非公开股权融资平台，3 月成功项目的筹资金额达到 1094.4 万元，3 月成功项目的投资人次为 170 人次；众投天地作为一家专门做消费连锁品牌店铺的非公开股权融资平台，3 月成功项目的筹资金额为 225 万元，3 月成功项目的投资人次仅为 46 人次。

截至 2016 年 3 月底，全国公益众筹平台总共有 12 家，并且腾讯乐捐占据绝对的主导地位。腾讯乐捐是为数不多仅专注于公益众筹的平台，3 月成功项目数达到 913 个，3 月成功项目的筹资金额达 3461.9 万元，参与投资人数达 407.17 万人次（数据来源：搜狐网 http://mt.sohu.com/20160415/n444275609.shtml）。

第二节　众筹平台商业模式

目前，我国国内的众筹已经发展得较为成熟，但同发达国家相比还有一段差距。这也和环境有一定的关系，从种类上说，世界上常见的四种模式在我国都存在，只是发展的程度有所不同而已。

一、债权众筹

债权众筹——我给你钱，你之后还我本金和利息。

在债权众筹方式下，企业给予投资者的回报是以债权的形式。也就是说，投资者的收益来自约定的利率。当创业公司取得利润之后，就会按照约定将本金与利息还给投资者。这种模式的风险性较低，当然收益也会比较少。目前业界认为，债权众筹其实就是 P2P 借贷平台，但由于 P2P 借贷平台这个话题比较大，所以一般也不包括在大众谈论的狭义众筹之中。

二、股权众筹

股权众筹——我给你钱，你给我公司股份。

股权众筹并不是很新奇的事物，投资者在新股 IPO 的时候去申购股票其实就是股权众筹的一种表现方式。但在互联网金融领域，股权众筹主要特指通过网络的较早期的私募股权投资，是风险投资的一个补充。

此外，股权众筹涉及的法律问题非常多，其运作模式中有些方式可能处于现行法律的模糊地带，若运作不好，则容易被当作是非法集资而遭遇监管。但专业人士认为股权众筹是众筹模式中最具有魅力的一种模式，也代表着众筹的发展方向。

股权众筹在我国有凭证式、会籍式、天使式三种形式：
(1) 凭证式众筹，一般由熟人介绍加入众筹项目，投资者不成为股东；
(2) 会籍式众筹，投资者成为被投资企业的股东；
(3) 天使式众筹，财务回报要求明确。

小案例 5-3

《大圣归来》——股权众筹造就票房奇迹

号称国漫崛起之作的《西游记之大圣归来》于 2015 年 7 月 10 上映之后，62 天狂揽近 10 亿票房。当然，电影结束之后片尾滚动着的 100 余位投资者名字成为人们茶余饭后最津津乐道的话题，《大圣归来》的众筹合计投入 780 万元，但是这个票房是他们从来没有想过的。

《大圣归来》的众筹可以说是非常成功的了，之前的许多影视类众筹项目只是噱头而已，并不是影视本身的真正股东。《大圣归来》众筹的成功为影视众筹提供了一个发展方向。

三、回报众筹

回报众筹——我给你钱，你给我产品或服务。

回报众筹一般指的是仍处于研发设计或生产阶段的产品或服务的预售，与团购是已经进入销售阶段的产品或服务的销售有所不同，回报众筹有可能面临着不能如期交货的风险。

此外，回报众筹与团购的目的也不尽相同：回报众筹主要是为了募集运营资金、测试需求，而团购主要是为了提高销售业绩。

经研究可以发现，目前市场上大部分回报众筹的主要目的并不是筹款，而是对市场对产品的需求进行测试，以便确定正式销售时的市场策略。所以回报众筹实际上是一种营销手段。

小案例 5-4

索尼的回报众筹

索尼公司借助日本众筹网站 Makuake 来推出新产品。此次产品为一款门锁，用户使用智能手机便能控制门锁开关。该产品众筹项目已完成公司目标。毫无疑问索尼发布新品根本不需要筹集资金，但是众筹的功能除筹集资金外，还可以检测新产品的市场吸引力，通过众筹来预测市场的未来发展趋势。另一方面，公司也可以通过发起众筹，为新产品的发布做一个提前的预热宣传。随着众筹模式的发展，其功能不再仅仅是融资作用，检测市场反响度和宣传的功能开始凸显。

四、捐赠众筹

捐赠众筹——我给你钱,你什么都不用给我。

捐赠众筹实际就是做公益,通过众筹平台筹集善款,包括红十字会等非政府组织的在线捐款平台算是捐赠众筹的雏形:有需要的人由本人或他人提出申请,非政府组织做尽职调查、证实情况,在网上发起项目,从公众募捐。根据我国目前的法律规定,个人现在还不被允许开展捐赠活动,所以只能通过非政府组织(Non-Governmental Organizations,NGO)来进行。

五、各种众筹模式的比较

众多的众筹模式在发起人、投资者、融资资金量、回报及风险方面各有不同,具体如表5-1所示。

表5-1 各种众筹模式的比较

众筹类型	捐赠众筹	奖励众筹	股权众筹	债务众筹
发起人	多为非政府组织如教育机构、宗教团体等	初创企业或个人	初创企业	企业
投资者	大众	大众	主要为投资者	主要为投资者
融资金额	较小	较小	较大	较大
回报	无回报或象征性回报(如感谢信、明信片等)	与投资金额价值相对应的实物产品或虚拟服务	股东权利	还款及利息
风险	低	低	高	较高

第三节 众筹平台的风险分析

一、众筹行业的法律法规

2014年,中国众筹行业迎来快速发展时期,平台和投资人数量激增。但快也有快的坏处,野蛮生长后,风险问题开始出现。此后,国家相关部门主要针对问题较大的股权众筹出台了一系列监管法规。

2016年国务院、工商总局、证监会等部门出台了多份文件。既出台了《国务院关于印发推进普惠金融发展规划(2016—2020年)的通知》《十三五国家科技创新规划》《"十三五"国家战略性新兴产业发展规划》等系列鼓励众筹发展和开展非公开股权融资试点的文件,又出台了《国务院关于进一步做好防范和处置非法集资工作的意见》《股权众筹风险专项整治工作实施方案》等互联网金融专项整治文件。从发布的系列政策文件来看,国家是鼓励和支持众筹发展的。但对于非法集资等"踩红线"的行为持严厉打击的态度,督促监管层尽快出台相关监管政策,规范非公开股权融资。

(一)解读《私募股权众筹融资管理办法(试行)(征求意见稿)》

中国证券业协会在 2014 年 12 月 18 日发布了《私募股权众筹融资管理办法(试行)(征求意见稿)》(以下简称《管理办法》)。这是第一次从官方角度发布的最详细的股权众筹监管法规。

1. 对于众筹风险的说明

此文件的起草说明提到:"由于缺乏必要的管理规范,众筹融资活动在快速发展的过程中也积累了一些不容忽视的问题和风险。

(1)法律地位不明确,参与各方的合法权益得不到有效保障。

(2)业务边界模糊,容易演化为非法集资等违法犯罪活动。

(3)众筹平台良莠不齐,潜在的资金欺诈等风险不容忽视。"

2. 对众筹业务的监管要求

《管理办法》明确规定股权众筹应当采取非公开发行方式,并通过一系列自律管理要求以满足《证券法》第 10 条对非公开发行的相关规定:

(1)一是投资者必须为特定对象,即经股权众筹平台核实的符合《管理办法》中规定条件的实名注册用户;

(2)二是投资者累计不得超过 200 人;

(3)三是股权众筹平台只能向实名注册用户推荐项目信息,股权众筹平台和融资者均不得进行公开宣传、推荐或劝诱。

《管理办法》指出,众筹项目不限定投融资额度,充分体现风险自担,平台的准入条件较为宽松,实行事后备案管理。

3. 不足之处

但是试行办法出台后,正式版却迟迟没有出台,因为里面涉及一些关于股权众筹的安排。包括投资者的门槛、众筹平台的门槛等,还存在方向性的争议。其中最主要的争议在于对合格投资人的认定,业界普遍认为门槛过高,有悖众筹普惠金融的本质。

(二)解读《关于促进互联网金融健康发展的指导意见》

2015 年 7 月 8 日,人民银行、工业和信息化部、公安部、财政部等十部门发布《关于促进互联网金融健康发展的指导意见》(以下简称《意见》)。

该《意见》确定股权众筹融资主要是指通过互联网形式进行公开小额股权融资的活动。《意见》还明确框定了股权众筹的相关内容,包括:

(1)股权众筹融资必须通过股权众筹融资中介机构平台(互联网网站或其他类似的电子媒介)进行;

(2)股权众筹融资中介机构可以在符合法律法规规定的前提下,对业务模式进行创新探索,发挥股权众筹融资作为多层次资本市场有机组成部分的作用,更好地服务于创新创业企业;

(3)股权众筹融资方应为小微企业,应通过股权众筹融资中介机构向投资人如实披露企业的商业模式、经营管理、财务、资金使用等关键信息,不得误导或欺诈投资者;

(4)投资者应当充分了解股权众筹融资活动风险,具备相应的风险承受能力,进行小额投资。股权众筹融资业务由证监会负责监管。

(三)解读股权众筹法律地位的变化

2015年8月7日,证监会发布《关于对通过互联网开展股权融资活动的机构进行专项检查的通知》(以下简称《通知》)。规定"股权众筹"特指"公募股权众筹",而现有"私募股权众筹"将用"私募股权融资"代替,并规定单个项目可参与的投资者上限为200人。

8月10日,中证协发布《关于调整场外证券业务备案管理办法》,将"私募股权众筹"修改为"互联网非公开股权融资"。同时确定了股权众筹的3个硬性要求。

其一,个人投资者门槛,金融资产不低于300万元人民币或最近三年个人年均收入不低于50万元人民币,这里说的是"金融资产";

其二,单个股权众筹项目不能超过200人;

其三,不能进行公开宣传。

2016年8月,《网络借贷信息中介机构业务活动管理暂行办法》正式发布,规定网络借贷信息中介机构的从事或接受委托从事股权众筹业务,明令P2P平台不能做股权众筹业务。

2016年10月,证监会发布《股权众筹风险专项整治工作实施方案》的方案中,将互联网非公开股权融资平台以"股权众筹"等名义从事股权融资业务;平台以"股权众筹"的名义募集私募股权投资基金;平台上的融资者未经批准,擅自公开或者变相公开发行股票;平台通过虚构或夸大平台实力、融资项目信息和回报等方法,进行虚假宣传,误导投资者等行为纳入整治重点。

> **小案例5-6**
>
> **股权众筹风险专项整治工作实施方案(节选)**
>
> **整治重点和要求**
>
> **(一)整治重点**
>
> ① 互联网股权融资平台(以下简称平台)以"股权众筹"等名义从事股权融资业务。
>
> ② 平台以"股权众筹"名义募集私募股权投资基金。
>
> ③ 平台上的融资者未经批准,擅自公开或者变相公开发行股票。
>
> ④ 平台通过虚构或夸大平台实力、融资项目信息和回报等方法,进行虚假宣传,误导投资者。
>
> ⑤ 平台上的融资者欺诈发行股票等金融产品。
>
> ⑥ 平台及其工作人员挪用或占用投资者资金。
>
> ⑦ 平台和房地产开发企业、房地产中介机构以"股权众筹"名义从事非法集资活动。
>
> ⑧ 证券公司、基金公司和期货公司等持牌金融机构与互联网企业合作,违法违规开展业务。
>
> **(二)工作要求**
>
> 明确界限。平台及平台上的融资者进行互联网股权融资,严禁从事以下活动。

① 擅自公开发行股票。向不特定对象发行股票或向特定对象发行股票后股东累计超过200人的，为公开发行，应依法报经证监会核准。未经核准擅自发行的，属于非法发行股票。

② 变相公开发行股票。向特定对象发行股票后股东累计不超过200人的，为非公开发行。非公开发行股票及其股权转让，不得采用广告、公告、广播、电话、传真、信函、推荐会、说明会、网络、短信、公开劝诱等公开方式或变相公开方式向社会公众发行，不得通过手机App、微信公众号、QQ群和微信群等方式进行宣传推荐。严禁任何公司股东自行或委托他人以公开方式向社会公众转让股票。向特定对象转让股票，未依法报经证监会核准的，股票转让后公司股东累计不得超过200人。

③ 非法开展私募基金管理业务。根据证券投资基金法、私募投资基金监督管理暂行办法等有关规定，私募基金管理人不得向合格投资者之外的单位和个人募集资金，不得变相乱集资，不得向不特定对象宣传推荐，不得通过分拆、分期、与资产管理计划嵌套等方式变相增加投资者数量。同时，合格投资者累计不得超过200人，合格投资者的标准应当符合私募投资基金监督管理暂行办法的规定。

④ 非法经营证券业务。股票承销、经纪（代理买卖）、证券投资咨询等证券业务由证监会依法批准设立的证券机构经营，未经证监会批准，其他任何机构和个人不得经营证券业务，不得向投资人提供购买建议。

⑤ 对金融产品和业务进行虚假违法广告宣传。平台及融资者发布的信息应当真实准确，不得违反相关法律法规规定，不得虚构项目误导或欺诈投资者，不得进行虚假陈述和误导性宣传。宣传内容涉及的事项需要经有权部门许可的，应当与许可内容相符合。

⑥ 挪用或占用投资者资金。根据《指导意见》，互联网金融从业机构应当严格落实客户资金第三方存管制度，对客户资金进行管理和监督，实现客户资金与自身资金分账管理，平台应严格落实客户资金第三方存管制度。平台及其工作人员，不得利用职务上的便利，将投资者资金非法占为己有，或挪用归个人使用、借贷给他人、进行营利或非法活动。

二、众筹平台的风险

（一）非法集资的风险

根据《最高人民法院关于审理非法集资刑事案件具体应用法律若干问题的解释》第一条，非法集资应当同时满足以下四个条件：

① 未经有关部门依法批准或者借用合法经营的形式吸收资金；
② 通过媒体、推荐会、传单、手机短信等途径向社会公开宣传；
③ 承诺在一定期限内以货币、实物、股权等方式还本付息或者给付回报；
④ 向社会公众即社会不特定对象吸收资金。

从形式上看，众筹平台这种运营模式未获得法律上的认可，通过互联网向社会公开推荐，并确实承诺在一定期限内给以回报（募捐制众筹除外）——其中股权制众筹平台以股权方式进行回报给出资者，奖励制众筹平台主要以物质回报的方式，借贷制众筹平台以资金回馈方式回报给出资者，且均公开面对社会公众。所以，单从这一条文来讲，众筹平台的运营模式与非法集资的构成要件相吻合。

但是，除了要考虑众筹平台是否符合"非法集资"的形式要件，还要深入考察众筹平台是否符合对"非法集资"犯罪定性的实质要件。《最高人民法院关于审理非法集资刑事案件具体应用法律若干问题的解释》的立法目的中写到"为依法惩治非法吸收公众存款、集资诈骗等非法集资犯罪活动，根据刑法有关规定，现就审理此类刑事案件具体应用法律的若干问题解释如下"。可见，该司法解释的出台是为了惩治非法吸收公众存款、集资诈骗等犯罪活动，是为了维护我国社会主义市场经济的健康发展。反观众筹平台，其运营目的包括鼓励支持创新、发展公益事业及盈利。良性发展的众筹平台并不会对我国市场经济产生负面影响，不符合非法集资犯罪的实质要件。但我们也要严防不法分子以众筹平台或者众筹项目骗取项目支持者和出资人资金的行为。

(二)代持股的风险

凭证式和会籍式众筹的出资者一般都在数百人乃至数千人。部分股权式融资平台的众筹项目，以融资为目的吸收公众投资者为有限责任公司的股东。但根据《公司法》第二十四条规定"有限责任公司由五十个以下股东出资设立"，也就是说，众筹项目所吸收的公众股东人数不得超过五十人。若超出，则未注册成立的不能被注册为有限责任公司；已经注册成立的，超出部分的出资者不能被工商部门记录在股东名册中享受股东权利。

目前在中国，绝大部分对股权式众筹项目有兴趣的出资者，只愿意提供少量的闲置资金来进行投资。故将股东人数限制在五十人以内，可能会导致无法募集足够数额款项来进行公司运作。因此，在现实情况中，许多众筹项目发起者为了能够募集足够资金成立有限责任公司，普遍采取对出资者建议采取代持股的方式来规避《公司法》关于股东人数的限制。采用代持股的方式虽然在形式上不违反法律规定，但在立法精神上并不鼓励这种方式。当显名股东与隐名股东之间发生股东利益认定相关的争端时，由于显名股东是记录在股东名册上的股东，因此除非有充足的证据证明隐名股东的主张，一般会倾向于对显名股东的权益保护。所以这种代持股的方式可能会导致广大众筹项目出资者的权益受到侵害。

(三)知识产权风险

回报制众筹平台成立的主要目的之一在于挖掘创意、鼓励创新；其上线众筹项目的发起者的主要目的在于实现其创意，贩卖其创意；而出资者的投资出发点在于支持创意、购买新颖的产品。但是发布在回报制众筹平台的众筹项目大都是还未申请专利权的半成品创意，故不能依知识产权相关法律保护其权益。与此同时，几个月的众筹项目预热期给了盗版商"充分的"剽窃时间。

所以从保护知识产权利益的角度出发，许多众筹项目的发起者只向公众展示其创意的部分细节。连带下来，具有出资意愿的创新爱好者由于无法看到项目全貌，因此无法对产品形成整体、全面的印象，也就大大降低了其投资兴趣和投资热情。所以我国知识产权相关法律法规在创新性众筹项目方面的缺失降低了创意发布者的创新积极性，也使众筹项目出资人对创新项目的支持力度大打折扣，严重桎梏了众筹行业的发展。

(四)非标准化风险

众筹在国内正处于刚刚兴起的阶段,发展不成熟,没有建立一个行业的标准。目前,虽然各家众筹网站基本已建立起各自模式化的流程和标准,用于项目的申请和审核,但项目能否上线最终还是依某一团队的经验判断。项目的风险、金额设定、信用评级也基本取决于平台方,存在可操作的弹性空间。而不同团队能力良莠不齐,对风控、操作的把握也各异,像"众贷网"一样由于经验不足导致失败,给出资者造成损失的案例也不少见。

(五)欺诈行为

当下多数出资参与者对众筹项目的收益形式和风险点还缺乏必要的了解。五花八门的众筹项目非常吸引众人目光,一些可能的欺诈行为也会打出高收益的"噱头"。而由于众筹参与的门槛相对较低,出资金额小,因此其中的风险更容易被忽略,造成损失后也更难追讨。

小案例 5-7

北京诺米多餐饮诉"人人投"众筹融资案

背景:由于借助"人人投"平台进行众筹融资未成,北京诺米多餐饮管理有限责任公司(以下简称诺米多公司)将"人人投"的运营方北京飞度网络科技有限公司告上法院(以下简称飞度公司),飞度公司随即提出反诉。9月15日下午,北京市海淀区人民法院对该案作出一审判决,认定双方《委托融资服务协议》依法有效,且双方之间成立居间法律关系。在此基础上判令诺米多公司支付委托融资费用,并支付违约金,两项合计4万余元;判令飞度公司返还诺米多公司的出资款。据悉,此案为全国首例众筹融资案。

法院观点整理:

法院认为,本案中的投资人都是经过"人人投"众筹平台实名认证的会员,且人数未超过200人上限,结合中国人民银行等十部委近期出台的《关于促进互联网金融健康发展的指导意见》(以下简称《指导意见》)等规范性文件精神,从鼓励创新的角度,众筹融资交易不属于"公开发行证券",没有违反现行《证券法》的强制性规定。而且,目前我国尚未出台专门针对众筹融资的行政法规和部门规章,涉及的其他文件主要是上述《指导意见》、中国证券业协会发布的《场外证券业务备案管理办法》等,其中都没有对众筹交易行为予以禁止或给予否定性评价。此外,从飞度公司的主体资质方面来看,在其取得营业执照、电信与信息服务业务经营许可证等手续的情况下开展业务,也不存在法律法规上的障碍。至于本案合同主体之间法律关系的界定,法院认为,委托融资只是双方当事人整体交易的一部分,相对于项目展示、筹集资金等服务,飞度公司还提供信息审核、风险防控、交易结构设计、交易过程监督等服务,其核心在于促成交易。因此,双方当事人之间的法律关系主要还属于居间合同关系。但法院同时说明,"界定为居间合同关系是基于对该案争议的相对概括,但众筹融资作为一种新型金融业态,众筹平台提供的服务及功能仍在不断创新、变化和调整当中,其具体法律关系也会随个案具体案情而发生变化"。

在认定协议效力的基础上,法院进一步对诺米多公司和飞度公司的责任问题进行了分析,认为在案件中,"人人投"平台对项目方融资信息的真实性实际负有相应审查义务,其严格掌握审查标准是对投资人利益的保护。在这种情况下,诺米多公司因租赁房屋等问题而被指信息披露不实,又难以完全排除可能的交易风险,直接导致了交易各方信任关系的丧失。因此,纵观合同履行的全部过程,诺米多公司应就合同的不能履行承担更大的责任,据此判令诺米多公司给付飞度公司委托融资费用 25 200 元,违约金 15 000 元,同时判令飞度公司返还诺米多公司的出资款 167 200 元。

(资料节选改编自:全国首例众筹融资案终审落槌:人人投胜诉[EB/OL].钛媒体,2015-12-24. http://www.tmtpost.com/1491948.html)

三、众筹平台的风险控制

(一)众筹模式法律风险防范措施

1. 依法操作,防控风险

在具体操作层面上,作为债权类众筹平台,应回归平台类中介的本质。为投融资双方提供准确的点对点服务,不得以平台为资金融资方提供担保,不得承诺回报,不得为平台本身募集资金及不得建立资金池。同时应严格审查融资方的信息,严防虚假融资信息的发布。

作为股权类众筹平台,应加强投资者与融资者资格的严格审查,并告知投资者其投资风险。同时,平台需要对项目融资方的股东信息、产品信息、公司信息进行严格审查,必要时应实地考察,做好法律、财务等方面的尽职调查。在需求对接上,每次只允许不超过 200 个投资人看到推荐的项目,具体的投资洽谈需要在线下以面对面的方式进行。为了避免人员过多和代持造成的问题,对选定的投资人最好采用设立有限合伙企业合投的方式进行。

作为奖励类众筹平台,应严格审查项目发布人的信息,相关产品或创意的成熟度,避免虚假信息发布。同时,对融资资金严格监管,保证回报产品按约履行,并且众筹平台不能为项目发起人提供担保。

对于捐赠类众筹平台而言,为了避免上述法律风险的存在,捐赠类众筹平台需要严格审查项目发布人的资格、公益项目的情况,并且应对募集资金严格监管,保证公益类项目专款专用。

2. 行业自律监督

众筹各平台应逐步建立行业自律组织,为整个众筹行业建立一种自然保护和反应机制,为行业发展中风险事件带来的负面效应进行及时修正。

例如,2016 年 6 月 16 日,在获得北京市民政局、中关村管委会的正式批复同意后,国内股权众筹领域的行业自律组织"中关村众筹联盟"正式成立,并起草和发布了《中关村众筹联盟行业自律公约(公开征求意见稿)》(以下简称《自律公约》)。《自律公约》约定有 13 条"自律条款",如约定自觉遵守国家有关互联网金融发展和管理的法律、法规、规章和规范性文件;积极发挥众筹平台的独立、专业优势,避免自融或者为关联企业融资;严格执行对融资项目的信息披露形式审查,保证规范、透明、充分,避免虚假或误导性宣传;积极推动众筹平台的资金银行托管,避免形成资金池等违规、违法操作。

众筹行业自律组织的成立和运行、自律公约的出台将会对众筹行业的健康发展产生极大的促进作用。一方面可以整合众筹行业的资源，加强企业间的沟通交流，实现优势互补、合作共赢、协同创新、规范自律；另一方面可以加强与国家金融监管机构及主管部门的对接交流，研究众筹行业的发展规律，推动制定众筹行业的发展规则和标准，引导行业健康、规范发展。

更重要的是，在行业发展初期，行业组织和自律公约是一种积极的探索，可以使行业快速、稳健地发展。

（二）众筹模式投资风险防范措施

1. 投资资金管理措施

为防范众筹模式的投资风险，众筹平台应建立风险隔离机制，加强与权威第三方支付机构的合作。在项目融资过程中，资金应存放于第三方支付平台进行风险隔离。从而可避免众筹平台过度占用投资者的资金，使得资金清算独立、透明。

同时，众筹平台应明确规定平台项目募集资金孳息的归属问题。一方面平台应对投资者存放在众筹平台上的资金进行合理监管，其产生的孳息应在发起人、支持者与平台之间合理分配，而不是仅仅占为己有；另一方面建议与投资者事先针对项目筹资成功之前的资金产生的孳息如何分配达成协议。

2. 投资者管理制度

众筹平台应建立合格的投资者制度，从根源上防范投资风险。国内的众筹平台应在借鉴国外相对成熟的经验基础上，结合国内发展的实际情况，对众筹投资者资格进行限定。股权类众筹模式一般应针对投资的上下限和单一融资项目的融资人数方面进行严格界定。一方面可以规避法律风险；另一方面，一旦涉及融资方诈骗，可以使投资者损失最小化，从而减少投资者的投资风险。

众筹平台同时应加强信息披露制度的建立，对于各类众筹平台融资成功的项目应加强后期监督管理，从而使得信息透明，进而保障投资者的利益。

（三）众筹项目设计侵权风险防范措施

1. 完善登记备案流程

众筹项目在发起之前，融资方可以到相关权威的第三方平台登记备案，通过大众版权认证中心进行存证，进行数字作品时间认证和多纬度智能认证。一旦发生版权纠纷，可提供初步证据，提高法律证据的有效性，并且能与官方人工登记预防侵权行为相互补充。

2. 加强版权保护

众筹项目数字化作品的版权保护可分以下三步。

第一步是对访问网络资源进行控制。安全访问控制依赖于鉴别、授权机制和密码技术的综合运用。

第二步是对作品进行限制性应用。主要加强相应的版权保护立法，把任何未经授权的生产或拷贝界定为侵犯版权。在技术上，用户的私人密钥与用户再现装置或版权资料结合，使得在没有私人密钥的情况下就无法观看或印刷这些资料。

第三步是将版权信息以无法消除和无法更改的方式组合于多媒体信息中。

总之，访问控制、限制性使用和版权标记机制彼此形成多级版权保护方案。

3. 政策立法

由于侵权行为是通过互联网众筹平台实施，对于他人实施的侵权行为，因此各国立法通过"通知－删除机制"，鼓励居于"中间状态"的众筹平台应与著作权人开展双向合作，以防止侵权活动的发生。

第四节 众筹平台的发展趋势

未来，众筹仍会有着高速发展之势，其渗透性和影响力与日俱增，正逐渐涉入智能硬件、汽车、影视、日常消费品和音乐领域，不断悄然改变人们的生活方式。与此同时，更多与众不同的领域将不断被打开，众筹不仅囊括了消费投资行为，而且更重要的是，众筹还将鼓励性、股权性的行为纳入其范畴。在政府的鼓励和监管趋严的双重背景下，众筹作为新型的投融资模式，尤其是非公开股权融资，随着京东东家、百度百众、蚂蚁达客、360 淘金、苏宁私募股权等巨头逐渐入场，会逐渐带动行业向规范化、健康化和大众化的道路发展。

众筹平台的未来发展趋势将会有以下 7 个特点。

1. 监管趋严，众筹进入整合规范期

2016 年无疑是互联网金融行业的"合规年"或"监管年"。随着全国掀起为期一年的互联网金融专项整治活动，众筹行业也进入整合规范期。互金专项整治方案将非公开股权融资列为整治对象，并为其设定若干红线。如"股权众筹平台不得发布虚假标的，不得自筹、不得明股实债或变相乱集资"等。接下来互金专项整治活动仍会继续，或有不少平台会在监管整治下进行整改或退场，整个行业会趋于规范化。

另外，随着《慈善法》出台，未来公益众筹平台对于项目可能会分为两类——救助众筹与慈善众筹。救助众筹由于没有法律约束，其决定和代价更多的应该由捐助人判断。而慈善众筹有明确的《慈善法》约束，平台需按法律规定操作，项目出现虚假的可能性则远远小于救助众筹。

2. 风投加速进入

随着众筹行业高速发展，风投机构也开始看好这个行业并纷纷加速进入。就 2016 年前三个季度众筹平台获融资情况来看，有 12 家平台获得融资。投资方中不乏腾讯、拉卡拉等知名风投。随着众筹模式和商业模式的不断创新，未来会吸引更多的资本进入。

3. 众筹行业进入精细化

随着京东、淘宝、苏宁、360、小米等互联网巨头进场，中小平台很难与拥有雄厚资源和资金的巨头们抗衡，所以打出自身特色成为平台能够占据行业一席之地的重要因素。越来越多的平台趋向于"小而精"，项目不多，成功率高，或专注于某一领域，如二手车、农业、餐饮和影视等众筹细分领域也日渐火热。细分化和精品化将成为众筹的发展趋势。

4. 移动端将成为主流

尽管目前中国众筹发展很快，但还是有很多人并没有实际参与到众筹的投资中。众筹在中国确实还没到家喻户晓的地步。未来，这种局面将会改变，智能手机会促使众筹成为主流。借助于全天候移动接口，投资者便能从多角度多方位把控众筹的最新消息。投资者不仅能够对竞选活动有全局性的了解，而且能够加深对新科技的认识，与此同时，能知晓某一公司的跨国投资方案。倘若人们对某一项投资富有兴趣，只需动动手指，便能够成为某一类新颖产品的投资者，其过程的便捷性和快速性与预约 Uber 相仿。

5. 信息披露更加透明

在日新月异的信息时代，借助于互联网这一网络环境，信息呈现透明化的发展态势，每个投资者能够对被投资的标的物有全局性的了解。依附于较为透明化、有序化的众筹平台，能够帮助投资者制定稳健化、高质量的决策，也能够培育睿智和理性的投资心态。

"透明"由多方面的因素决定，即是否将被投资的项目信息予以详尽化、细致化地呈现在众筹平台；是否对被投资项目的发展动态实时把控；是否阐明其他投资方的详细概况。在投资者落实和践行投资行为后，平台需阐明被投资方的最新动态和发展进程，并提供相应的操作方式，使得投资者能够在该平台管理其已有的投资方案。基于这一过程，倘若投资人能够从多角度多方位对项目有精细化的了解，便能够为优质化、准确化的决策的诞生提供强有力的支撑，进而能够培育睿智和理性的投资心态。

6. 创新

当"众筹"这一新兴词汇亮相之时，便已然为市场发展倾注了与众不同的创新元素和生命力。即使部分创新方案有其不足之处，或是方案缘于政策的不许可而止步前行。但不可否认的是，这些创新方案能够沉淀出许多新颖独特的思维和理念，能够为众筹行业的发展提供方向。在创新不断涌现的今天，众筹行业能够秉持理性和求真的态度，砥砺前行。创新是众筹行业的制胜筹码，在固有的思维模式中突破，最大限度地提升用户使用感，是众筹行业不竭的动力源泉。

7. 众筹生态化

众筹的发展不能仅仅依附于某一个平台，而需巧妙性地借助于资本市场的高效性和卓越性，提升与资本市场的联结性和紧密性，才能够彰显众筹的生态化。未来，众筹平台将会尝试与天使投资基金、创业服务者搭建合作的桥梁，使其能够为创业者的发展提供强有力的支撑，为优质项目的诞生积蓄力量，借助于实用性强、适用性高的项目，便能够将平台的效用发挥出来。

<h1 style="text-align:center">复习思考题</h1>

1. 试述我国众筹发展基本情况。
2. 众筹有哪些基本模式及特征？
3. 众筹的基本原理是什么？其与传统融资比较有何优势？

4．试述众筹的风险特征和管理方法。

扩展阅读

根据零壹智库发布的《2017年中国互联网众筹行业半年报》，截至2017年上半年末，仍在正常运营的互联网众筹平台共有261家，其中62家平台涉足产品众筹业务，占24.5%。相较于互联网非公开股权融资及二手车众筹，产品众筹市场格局相对稳定，且风险案例相对较少，涉及金额相对较小。不过，由于产品众筹参与门槛低，因此一旦众筹项目出现风险问题，往往涉及大量众筹参与人。

产品众筹的风险通常表现为延迟发货、产品质量不佳、无法得到回报、售后服务无法跟上等形式，以下将简单盘点产品众筹领域的风险案例。

（一）小牛电动车N1众筹案例

众筹时间：2015年6月

目标筹资金额：500万元

已筹金额：7202万元

风险描述：延迟发货、CEO李某某入狱

风险产生原因：产品质量问题、内幕交易

事件描述：2015年6月15日，牛电科技首款车型小牛电动N1在京东众筹上线募资，目标筹资金额400万元。众筹结束时，此项目共计募集资金7202万元，创下产品众筹筹资金额记录。根据众筹约定，众筹成功一个月后小牛电动车将陆续发货。不过，由于首批产品质量存在问题，因此小牛电动车拖后了一个多月才发货。

除质量问题外，围绕牛电科技产生的最大风波源自其CEO李某某，其在2015年6月因涉嫌内幕交易被深圳市公安局刑拘，次年3月，被判处有期徒刑两年六个月。目前，李某某虽在狱中，但仍是牛电科技最大股东，且小牛科技并未设立新的CEO。在李某某离开小牛科技后，小牛电动的业务也在正常开展，先后发布了M1、N1s、"一亿公里"纪念版、N1SPro四款电动车新品，其中M1电动车亦在京东发起众筹，2016年5月筹得8138万元。

（二）山东烟台"村官樱桃"众筹案例

众筹时间：2016年2月

目标筹资金额：5万元

已筹金额：112.3万元

风险描述：产品品质问题、大规模退货

风险产生原因：项目造假

事件描述：2016年2月，山东省烟台市栖霞市观里镇东南观村"大学生村官"张瑞丰在淘宝众筹发起"村官樱桃"众筹，短短一个月获得7986人支持，筹得资金112.3万元。但在樱桃持续发货后，不少消费者感到上当受骗，发货地点并非山东烟台而是江苏南通，而筹资发起人的"村官"身份疑似伪造，不少项目支持人因此请求退款。后经调查，众筹发起人确非村官身份，也承认在众筹文案中有虚假宣传的成分。淘宝众筹对此的处理是，

帮助消费者联系众筹发起方处理商品补发、退款问题，并下线了该众筹页面，对该众筹发起方做出1年内不允许发布众筹项目的处理。

（三）大可乐3手机众筹案例

众筹时间：2014年12月

目标筹资金额：100万元

已筹金额：168万元

风险描述：产品质量差，售后服务未跟上，公司倒闭

风险产生原因：众筹发起方资金实力差、手机市场竞争激烈

事件始末：2014年12月，"大可乐3"登陆京东众筹，创下了25分钟内众筹1650万元的记录。上万名"梦想合伙人"参与了此次众筹，在此次众筹宣传文案里，大可乐给出的承诺是：每人每年享受一次免费换新机的服务。但在2016年，众筹合伙人没等来免费换新机的服务，却等来大可乐倒闭的消息。在多名众筹支持人的维权过程中，部分众筹支持人也表示大可乐手机存在屏幕质量问题且其售后维修服务近乎于零。

事实上，国内的产品众筹平台诸如淘宝众筹、京东众筹、苏宁众筹，业务模式更接近于"电商预售"，其众筹风险多因产品质量、服务问题而起，众筹支持人多半能收到众筹产品。但在英美等国，产品众筹更倾向于一种天使投资行为，众筹发起方多为初创企业，众筹所面临的风险更大。国外知名众筹平台Indiegogo及Kickstarter均出现过大量众筹风险案例，以下试举两例。

（四）无人机众筹"ZANO"众筹案例

众筹成功时间：2015年1月

目标筹资金额：12.5万英镑

已筹金额：233.5万英镑

风险描述：投资人未得到回报，公司清算

风险产生原因：产品质量问题

事件描述：2015年1月，英国创业公司TorquingGroup通过Kickstarter成功众筹到233.5万英镑，12 075名众筹支持人参与了此次筹资。筹资资金用于开发迷你无人机ZANO。这款无人机只有手掌大小，具有超高清摄像机等多种功能，并能够通过智能手机进行远程操控。遗憾的是，虽然筹集到大量资金，但该项目仍以失败告终。据BBC报道，这款无人机升空高度达不到拍摄高度要求，且拍摄稳定性差。最终众筹发起方宣布自愿清算，清算资产将首先用于偿还债权人，换言之，作为投资人的众筹支持人难以得到相应的赔偿。

（五）"Goji"智能电子锁众筹案例

众筹成功时间：2013年6月

目标筹资金额：12万美元

筹资金额：31.3万美元

风险描述：项目完成时间拖延两年

风险产生原因：产品不成熟，未经过足够市场调研

事件描述："物联网+智能家居"的概念在国内外盛行，不少初创公司将眼光瞄准智能电子锁领域，国内外均有不少相关众筹案例。"Goji"智能电子锁于2013年6月在Indiegogo平台上线众筹，项目受到了投资人和媒体的广泛关注，包括CNN等知名媒体都对这一项目进行了深入报道。来自Indiegogo的1253名投资人为该项目共计筹资31.3万美金，且该项目还在其他众筹平台筹集到了80万美元。但令人遗憾的是，Goji的智能电子锁并没有如期交付，而是延迟到2015年才正式投入市场。

Chapter 6 第六章 虚拟货币

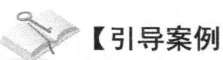【引导案例】

比特币的故事

自互联网诞生以来,电子货币因其方便和难以追踪性,并能脱离政府和银行的监管,而成为一个热门话题。之后各种电子货币尝试者不断涌现——比特金(Bit Gold)、RPOW、b钱(b-money)……但无一例外都失败了。设计电子货币面临的核心挑战之一是重复支付问题。如果电子货币仅仅是信息,摆脱了纸张和金属有形化的局限之处,那么怎么阻止大家像复制文本一样,轻易地复制粘贴,想怎么花就怎么花呢?传统解决方案是运用中央票据交换所,所有交易汇总成实时总账,但还需要有信誉的第三方机构进行管理。

2008年11月1日,一个自称中本聪(Satoshi Nakamoto)的人在一个隐秘的密码学讨论组上贴出了一篇研究报告,报告阐述了他对电子货币的新构想——比特币就此问世!比特币用户乐于贡献出CPU的运算能力,运行一个特殊的软件来做一名"矿工",这会形成一个网络共同来维持"区域链"。这个过程中,他们也会生成新货币。交易也在这个网络上蔓延,运行这个软件的计算机争相破解不可逆密码难题。第一个解决难题的"矿工"会得到50枚比特币的奖励,相关交易区域会加入链条。随着"矿工"数量的增加,每个难题的困难程度也随之提高,这使每个交易区的比特币生产率维持约在10分钟一枚。此外,每达到21万个区域,奖励就减半,从50枚比特币减到25枚,再从25枚减到12.5枚,一直持续下去。这样到2140年,比特币将达到预定的2100万枚上限。

比特币不需要政治和金融保障——只依据算法。比特币的公开分布式总账摆脱了第三方机构的制约,看起来不仅使欺诈者无处藏身,还靠已决定的发行量使比特币供应处在可控范围内,这保证了不会发生无限印钱的通胀悲剧。

2009年1月3日,中本聪成为挖到比特币的第一人——他从创世区块挖到50枚比特币。此时比特币毫无价值,2010年4月1日比特币的价格低于14美分。但渐渐地,比特币的名气超越了密码界这座孤岛,它得到了之前研究电子货币的"前辈"的赏识。数字隐私倡导者电子前沿基金会最终开始接受比特币的捐赠形式。佛罗里达程序员拉斯勒·豪涅茨,他是第一个在真实世界使用比特币的人,他花10 000枚比特币在"棒约翰"叫了两块披萨外卖。马萨诸塞州一位叫大卫福斯特的农民在卖羊驼毛袜时开始接受比特币付款。2013

年 4 月初到 5 月末，比特币价格升到 8.89 美元。接着，同年 6 月 1 号，比特币价格一周内窜至 3 倍，达到 1 比特币兑换 27 美元。整个比特币市场市值约为 1.3 亿美元。

本章学习目标
- 理解虚拟货币的概念；
- 理解虚拟货币与电子货币、信用纸币的区别；
- 了解比特币的发行原理。

第一节 虚拟货币的概念

一、理解虚拟货币

近年来，随着互联网技术的不断创新，电子商务和网络经济实现快速发展。由于网络厂商提供的虚拟商品和服务定价较低、交易量大、交易频率高，传统的支付方式会产生较高的交易成本，不能满足用户的微型支付需要，因此虚拟货币作为一种方便快捷的新型电子化微型支付工具应运而生，在虚拟商品和服务的流通交易过程中起着不可替代的作用。电子商务和网络经济的发展，推动了虚拟货币种类的不断增加和虚拟货币功能的逐渐完善。虚拟货币作为"货币"的职能更加健全，不再局限于虚拟社区，对实体经济和人们的现实生活开始产生巨大影响。

虚拟货币是随着网络经济和电子商务的迅猛发展而产生的一种新型支付工具和交易媒介，主要是为了满足互联网用户在购买虚拟商品和服务时的电子化微型支付的需要。它是以互联网电子信息为载体，只具备货币的部分功能和特征，是一种具有购买力的近似货币。

虚拟货币具备以下 9 个特点：

1. 价值性

用户消费运营商提供的产品与服务而获得效用价值，虚拟货币通过提供交换来满足消费者的这种效用而具有价值，虚拟货币的数量衡量一般商品的价值量。虚拟货币的发行本质也是信用发行，是持有者对发行者的债权。在一定范围内，这种债权具有的价值就是索取权。

2. 虚拟环境依赖性

虚拟货币的存在以发行商提供的虚拟经济环境及发行商自身持续经营为前提，否则虚拟货币没有任何意义。

3. 近似货币性

货币价值形式作为商品交换过程中的最高价值形式可以被认为是真正意义上的货币。虚拟货币由于其流通范围的有限性，尚不能充当所有商品的一般等价物；但是其在一定范围内，具备货币的价值尺度、流通手段等职能。所以，可以认为虚拟货币近似货币价值形式，是货币的一种初级形态，具有近似货币性。

4. 需调控性

虚拟货币的发行与流通虽仅限于有限范围，但会通过货币乘数效应，放大货币供应量，影响宏观经济调控的难度和准确度。虚拟货币发行者需将其发行量与流通量等指标报告央行，并随时服从央行的统一管理。

5. 需规制性

货币由央行发行，并由央行通过货币政策进行宏观调控。而虚拟货币，由金融体系之外的非金融主体发行，其发行目的是获取商机与竞争优势，是一种市场行为，必然会导致发行者之间的竞争。这种竞争完全会产生不正当竞争行为，或通过寻租获取竞争优势，这就决定了需要规制主体根据法律法规对市场主体的市场行为进行规范管理。

6. 虚拟性

虚拟货币作为一种近似货币，若只存在于虚拟世界中并可购买其中的虚拟财产，则表现为虚拟存在；若与主权货币挂钩，可在现实世界存在并购买实体资产，则表现为主权货币的虚拟物。虚拟货币实际上是一串存在于计算机系统中的一段数据文件，仅由发行者对其系统解释后才具有虚拟货币的意义，由此可见，虚拟货币的存在形式具有虚拟性。

7. 应用有限性

一般而言，虚拟货币可以购买发行者提供的产品与服务，也可与发行范围以外的发行者联盟，按一定比率兑换从而可以购买联盟者的产品。对联盟以外的产品，虚拟货币就不具有任何价值。同理，当虚拟货币仅被授权在不同销售周期购买不同产品时，虚拟货币的使用就具有时间与范围的有限应用，而不像主权货币可以完全自由交换。

8. 可分性

虚拟货币不具有实物形态，是数字化的存储信息。它不同于传统纸质货币需要考虑主币与辅币的发行量及各种币值比例的平衡关系，可以无限拆分。

9. 与实体经济的关联性

尽管虚拟货币存在于虚拟世界之中，但新技术革命的进程，已将虚拟世界与现实紧密相连，虚拟世界已经成为人们精神生活的重要组成部分。它对现实经济的发展有促进作用。例如，大量娱乐活动应用项目为人们提供了丰富的精神财富。但是，在虚拟世界中发生的洗钱、赌博、网络盗窃等会对现实经济带来反作用。

二、虚拟货币与电子货币的区别

现在很多人都认为虚拟货币和电子货币这两个概念没有什么区别，所以经常一起混合使用或互换使用。其实，这两个概念是有区别的。

虚拟货币和电子货币都是基于互联网技术的以电子信息为载体的数字货币，通过信息网络进行传播和使用，在功能和特性上有很大程度的相似性。但是在货币性质、法律地位等方面有着很大不同，必须加以区分。

电子货币是指银行等金融机构发行的代替纸币流通且具有法币功能的电子数据，而虚拟货币是指在网络虚拟环境中产生，由非金融机构发行或没有发行主体的，能购买虚拟商品或服务的充当一般等价物的近似货币。电子货币与虚拟货币的比较见表 6-1。

表 6-1　电子货币与虚拟货币的比较

对比标准	电子货币	虚拟货币
货币形式	数字货币	数字货币
货币性质	法定货币	无法偿地位的发明的货币
法律地位	严格监管	不受监管或有限监管
发行人	银行等金融机构	非金融机构或没有
赎回可能性	提供以面值赎回保证	不提供保证

三、虚拟货币的种类

目前虚拟货币的具体品种繁多，归纳起来，可分为以下三种。

(一)游戏币

游戏币是在网络游戏中流通的货币，用于购买游戏中的各种虚拟道具和服务，在虚拟的游戏世界中，玩家可以在虚拟的"金融市场"交易游戏币。不同的游戏币只能在相应的游戏中使用，不能跨游戏使用。要获得游戏币，最便捷的方式是直接用现实的货币购买游戏币。在国内，目前最具有代表性的就是腾讯公司发行的 Q 币，消费者可以通过用银行卡、财付通、电话银行、手机充值等 10 多种手段购买 Q 币，然后再用 Q 币购买腾讯公司提供的各种增值服务。

> **小案例 6-1**
>
> **Q 币能干什么**
>
> Q 币是网络中最常见的一种虚拟货币。不仅在游戏中常见，而且还在其他的充值中也需要用到 Q 币充值。Q 币受欢迎程度源于腾讯拥有中国最多的用户人群，社交软件 QQ 已经不再陌生。人们曾经把 QQ 仅仅作为一种聊天娱乐的工具，现在除了娱乐，更多人使用 QQ 作为一种生活、工作的社交软件，随时都可以使用 QQ 联系上对方。
>
> 腾讯旗下有五大类型六十余款游戏，Q 币在腾讯游戏中的作用一般是充值游戏点券，交易游戏币或者充值 Q 币购买游戏装备之类的。尤其遇上一些游戏周年活动，皮肤半价之类的，充值 Q 币的热潮一浪接着一浪。
>
> 一提到 Q 币，第一想到的肯定是腾讯，那 Q 币除了在腾讯用，还能怎么用？其实 Q 币还有一种使用方法。我们都知道，腾讯发行的 Q 币充值方便，可以使用 Q 币卡、网银、财付通等多种方式充值。

(二)积分金币

积分金币这种虚拟货币用于网站业务的营销，是网站为了吸引网民、锁定客户而推出的一种"奖励措施"。积分金币主要用于网站内各种虚拟物品的消费，它被用来计价、购买各种虚拟产品和服务。这类虚拟货币目前在使用中占有较大比例，但比较分散，常见于各种网站论坛。这些网络虚拟货币名称五花八门，通常统称为积分金币，要获取积分金币最主要有两种方法，一种是为论坛提供劳务进行交换，比如提供高质量的上传资料，宣传网站，等等；还有一种就是直接用现实货币进行购买。不过这种网络虚拟货币更多的只是各类网站的一种营销手段的体现。

小案例 6-2

如何免费获得百度币

1. 百度知道

（1）新用户首次登陆财富值+20；

（2）回答被采纳为最佳答案，财富值+20 提问者设置的悬赏分；

（3）获得知道之星财富值+100。

2. 百度百科

（1）新用户首次登陆财富值+20；

（2）创建词条财富值+3，编辑词条财富值+1 或+5（简单编辑与复杂编辑）；

（3）词条被选为精彩词条财富值+5；

（4）词条中某一图片被选为精彩图片财富值+10；

（5）用户被选为百科之星财富值+100。

3. 知识掌门人

（1）知识获得推荐标记财富值+20；

（2）知识获得精华标记财富值+30；

（3）成为本周优秀掌门人财富值+100。

4. 百度知道—文档分享

（1）标价非 0 分文档被别人下载（自己下载自己资源不扣分、不加分）：财富值为+标价/被下载 1 次，每份文档可以通过文档被下载获得财富值奖励的上限为 200 分。当单份文档下载量超过 500 次时，500～600 次下载之间，每被下载 1 次，可以获得：文档标价分+系统奖励 1 分。

（2）标价为 0 分文档被别人下载（自己下载自己资源不扣分、不加分）：1～200 次下载，每被下载 1 次，用户获得系统奖励 1 分。当单份文档下载量超过 500 次时，500～600 次下载之间，每被下载 1 次，获得系统奖励 2 分。

5. 百度活动

遇到百度搞活动彩蛋、红包什么的，任意进入一个百科词条，右侧可领取红包。

（三）网络消费币

比较著名的如美国贝宝公司(Paypal)发行的贝宝币，主要用于网上购物。这种虚拟货币的出现似乎是为了与现实货币争夺地盘，消费者向公司提出申请，就可以将银行账户里的钱转成贝宝货币——这相当于银行卡付款，但服务费要低得多，而且在国际交易中不必考虑汇率。严格来说，这种网络消费币具有第三方支付的性质。它同国内的第三方支付平台如支付宝、财付通等性质是一样的，要以真实的货币作为基础，但它的跨国际性及其在网络中使用，导致其虚拟性更强，同纯粹的第三方支付如银行中介又不一样。国内目前尚无这类虚拟货币出现。

> **小案例 6-3**
>
> **大火的比特币**
>
> 　　根据国内比特币权威交易网站——火币网的数据，2015 年 8 月 16 日，比特币的收盘价为 1445.68 元，到 2017 年 3 月 27 日晚 11 点，比特币的实时价格为 6935.03 元，在不到一年半的时间内，上涨了 5489.35 元，增值了接近 3.8 倍，比起同期疯长的房价还要高得多。
>
> 　　于是很多人都有一个问题：究竟比特币是什么呢？
>
> 　　比特币（BitCoin）的概念最初由一个自称中本聪的人在 2008 年提出。比特币是一种点对点形式的数字货币。
>
> 　　与大多数货币不同，比特币不依靠特定货币机构发行，它依据特定算法，通过大量的计算产生。比特币使用整个 P2P 网络中众多节点构成的分布式数据库来确认并记录所有的交易行为，并使用密码学的设计来确保货币流通各个环节的安全性。P2P 的去中心化特性与算法本身可以确保无法通过大量制造比特币来人为操控币值。基于密码学的设计可以使比特币只能被真实的拥有者转移或支付。这同样确保了货币所有权与流通交易的匿名性。比特币与其他虚拟货币最大的不同，是其总数量非常有限，具有极强的稀缺性。该货币系统曾在 4 年内只有不超过 1050 万个，之后的总数量将被永久限制在 2100 万个。
>
> 　　比特币可以用来兑现，可以兑换成大多数国家的货币。使用者可以用比特币购买一些虚拟物品，如网络游戏当中的衣服、帽子、装备等。也可以使用比特币购买现实生活当中的物品。不过，到目前为止，比特币主要还是用于收藏。2017 年 1 月 24 日中午 12:00 起，中国三大比特币平台正式开始收取交易费。

第二节　虚拟货币的发展趋势

　　虚拟货币是在网络经济飞速发展的背景下产生的一种新的货币形态，这种货币形态在促进网络经济发展的同时，自身也经历着发展和完善。随着计算机技术的发展和网络厂商的创新，虚拟货币的种类可能会更加丰富，虚拟货币也将迎来快速的发展。

一、泛虚拟货币的发展趋势

　　泛虚拟货币主要指通过网络购买商品或服务累计积分，可抵扣相应现金，享受商家提供的积分服务的一种虚拟货币形式，主要有促销积分、折扣积分、里程奖励等形式。这种虚拟货币主要是商家为了吸引消费者，锁定和扩大客户群体，实现销售利润增长的一种促销手段，同时也是对忠诚客户的一种奖励措施。无论在欧美等国家还是中国，这种积分形式的虚拟货币作为商家的促销工具都有一定的发展空间。

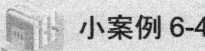 小案例 6-4

南航的积分换里程

1. 里程分类

(1) 奖励里程：基本飞行里程、消费里程、促销里程、精英里程(简单地说，就是根据你所乘坐的舱位按 150%、110%、100%、40%等公里数给你的明珠卡进行里程累计，以便换机票使用)。

(2) 升级里程：基本飞行里程[用于获取会员精英资格(一年 80 000 公里升级里程即可成为金卡，银卡一年 40 000 公里)]。

(3) 升级航段：基本飞行航段[同升级里程一样用于获取会员精英资格(一年 40 个升级航段即可成为金卡，银卡一年 20 个升级航段)]。

总体而言，奖励里程用于兑换机票；升级里程、升级航段只适用于判断在一年内是否可以成为金、银卡。

2. 兑换规则

积分 10 000 起可兑换机票，像一般哈尔滨、上海、杭州等地是 10 000 积分可兑换。广州、深圳、三亚等比较远的地方是 15 000 积分可以兑换，国际的也可以兑换，不过都需要很多积分。升级里程、升级航段，需要机票是 7.5 折以上的经济舱、公务舱、头等舱进行累计。

里程兑换包括机票兑换、升舱兑换。

机票兑换是在有舱位、有里程积分的情况下，用里程积分进行兑换。

(1) 需要交税款 50 元(保险 20 元可选择不买)。

(2) 可变更：起飞前 24 小时前，收取 50 元/次/张；起飞前 24 小时内，收取 100 元/次/张。

(3) 可退票：扣 50%里程。

3. 不允许签转

升舱兑换，是在有舱位、有里程积分的情况下，同一航班可用积分升级舱位。不同时段航班，要付手续费，且要用积分。

二、服务币的发展趋势

服务币主要是指虚拟社区运营商为了鼓励用户之间进行资源共享而设立的一种虚拟货币。用户要获得这种虚拟货币，必须按照虚拟社区的规则参与特定的虚拟社区活动。以论坛币为代表，主要是为了激励用户上传电子资料，并为增加论坛知识做出贡献。

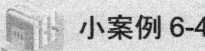 小案例 6-5

人大经济论坛币

人大经济论坛依托中国人民大学，成立于 2003 年，内容涵盖经济、管理、金融和统计，目前已经发展成为国内最活跃和最具影响力的在线交流平台之一。

在此论坛中，大量的信息、资料、书籍等需要使用论坛币购买才能阅读和下载。而获得论坛币的方式有很多，最简单的是直接花钱购买。此外还可以通过上传资料、发帖、经常登录账号、推荐好友等方法赚取经验值，再用经验值来兑换。

由于人大经济论坛币的需求非常旺盛，因此现在已经出现了很多淘宝商家在网上出售。

在欧美等国家，类似人大经济论坛币这样的虚拟货币非常少见，原因有以下两个。

一是欧美有完善的知识产权法，对发明、文学和艺术等原创性作品有着严格的保护，同时对侵犯知识产权的行为进行制止和打击，这使得人们不能随便上传拥有知识产权的电子资料数据。因此通过论坛币来激励用户上传电子资料不具有可行性。

二是在欧美社会，人们已经习惯于互相帮助，凡是不受知识产权限制和免费的电子资料，大多数人都会上传到互联网与他人进行资源共享，像论坛币这样的激励手段也就没有存在的必要。所以，类似论坛币这种服务币在欧美等国家发展缓慢，今后也不会有继续发展壮大的可能性。

在中国，知识产权法尚不完善，对侵犯知识产权的行为不够重视，相关惩处不够严格，用户可随意上传电子资料而不必担心是否侵犯他人的知识产权。因此，通过论坛币来激励用户上传电子资料的做法有其可行性。但随着知识产权保护法的不断完善和人们合作共享意识的加强，用户会自觉上传免费电子资料与他人共享，服务币种类会逐渐减少，服务币的激励合作功能会逐渐转化为会员荣誉功能。

三、游戏币的发展趋势

网络游戏的技术源自欧美，欧美率先创造了网络游戏产业和网络虚拟货币。欧美网络游戏主要有两种：一种是纯粹的娱乐世界，一种是直接模拟现实商业社会的与现实接轨的虚拟世界。在前一种网络游戏中玩家只能通过自己的游戏行为获得游戏币，不能通过法币购买。运营商也旨在维护一个公平的游戏环境，给玩家带来公平的娱乐体验。每个进入游戏的玩家，起点是完全公平的，现实的财富不会转化为游戏中的能力，正是这种公平性持续吸引玩家参与。而后者则可以说是一个真正的经济金融世界，主要以"第二人生"为代表，现实世界的美元和虚拟世界的林登币可以公开自由兑换，并且由市场供求决定其汇率。

小案例6-6

林登币——"第二人生"的货币

2003年7月，美国旧金山林登实验室正式发布了大型网络游戏"第二人生"。在这个虚拟的世界里，陆地、海洋、城市和居民完全以一种视觉方式呈现出来，亦真亦幻，恍如"未来世界"。真实世界里未能实现的梦想，可以在这里实现。当时谁也没有预料到，仅仅在两年后，这款游戏就成长为当今世界经济产值最大的网络游戏之一。一开始，"第二人生"和其他网络游戏并没有什么不同，玩家付出金钱购买点卡享受游戏，赚取游戏里的林登币。然而，随着游戏设置的不断完善，转变开始了——游戏运营商引入新规则，游戏中积累的林登币可以按一定比例换取美元。

> 作为游戏运营商，林登实验室在游戏中似乎扮演着现实世界中"中央政府"的角色。虽然没有领土，却和国家一样面临着同样的经济问题，如对土地的开发及林登币的流通实施管制，小心翼翼地控制着通货膨胀和房价。菲利普·罗斯代尔不得不密切关注林登币与美元的汇率，他甚至需要减少林登币供应，以压抑通货膨胀的出现。他说："我们跟国家一样，要令汇率保持稳定。"

1. 欧美国家游戏币发展趋势

欧美等国家普遍建立了比较完善的适应现代市场需要的法律体系，能够为现代市场经济发展提供一个较为宽松的环境，并充分激励每个人运用智力为自己和社会创造财富。政府对于经济发展中的创新保持谨慎监管，原则上不做过多干预，通过立法来为经济发展提供一个良好公正的竞争环境，保证经济的自由。也正是由于这种经济环境，网络游戏中不能通过法币购买的虚拟货币和可以自由兑换法币的虚拟货币占据了大部分的市场份额，而且在目前及未来相当长的时间内会保持这样的基本格局。同时，由于欧美各国金融自由化程度和支付信息化程度较高，网络技术发展较快，因此能够较好地保障支付的安全性。银行间的激烈竞争也使得通过网上银行实现微支付功能的交易成本较低，许多网络微型支付工具可以直接通过网上银行进行。因此，类似 Q 币这样的微型支付工具不会有太多发展机会。

2. 中国游戏币发展趋势

在中国，网络游戏发展受中国传统文化影响较大，成王败寇的观念使得中国玩家希望通过金钱手段直接获得游戏效果的机会主义思想，在相当长的时间内仍然存在。对于中国玩家而言，能够通过金钱解决的事情比通过在游戏中运用自己的体力和智力去获得游戏的胜利更为划算。运营商则抓住了中国玩家的赌徒和胜利心态，提供了可以直接用法币购买的虚拟货币来满足玩家需要，直截了当地去赚取利润。因此，在网络游戏中可以用法币直接购买的虚拟货币占据了虚拟货币市场的大部分份额。不过，随着欧美文化的影响和公民社会的成长，中国网络游戏玩家对于公平的追求会越来越强烈，网络游戏的收费模式会出现新的变化。按时间收费模式或包月收费模式将会成为网络游戏的主要收费模式，而有金钱竞争嫌疑的道具收费模式所占份额将越来越小。因此，可以用法币购买的虚拟货币在未来的发展空间有限。

类似林登币这种可以自由兑换法币的虚拟货币不可能在中国发展，这是由中国现代市场经济的现状决定的。由于中国的现代市场经济发展尚处于起步阶段，与现代市场经济发展相适应的法律体系还有待于建立和完备。目前中国经济发展的基本模式还是国家和政府主导与市场调节的双轨制。具体来说就是在银行、保险、证券、石油、铁路、电信等方面限制民营资本的进入，实行政府统一管理，而与百姓生活密切相关的生活类商品实行完全的市场化运行。因此，在中国这样的经济背景下，像林登币这类可以与法币自由兑换，并能影响到人民币法币地位的虚拟货币，不可能得到批准并允许其运营。可以推断，在将来较长的时间内不会出现能与法币自由兑换的虚拟货币。另外，由于中国金融自由化水平和支付信息化水平较低，许多网民对网上银行的安全性保持怀疑，而且中国银行业具有一定垄断性，使用网上银行支付的交易成本较高。未来一段时间内，类似 Q 币这种起到微型支付作用的虚拟货币还有很大的发展空间。

第三节 虚拟货币对现实货币的影响

一、对货币五大职能的影响

货币的职能主要是价值尺度、流通手段、支付手段、贮藏手段和世界货币五个方面，下面分别从这五个方面分析虚拟货币对传统现实货币的影响。

1. 价值尺度

货币作为价值尺度，是社会劳动时间的直接体现。货币本身作为一种商品，可以以自己为标准，与其他商品进行量的比较。而此时商品的价值形式就转化为价格形式，商品通过货币进行表达的价值形式即为价格。当货币执行价值尺度这一职能时，货币只需要以想象中的或是观念上的形式存在就可以了，然而它的单位则必须依赖于现实中流通的货币。正是由于货币的价值尺度功能，使得人们可以将不同形式的商品先转化为货币的价格形式，然后再与其他商品进行交换。货币本身作为商品也存在不同货币之间的量的差别，因此人们为货币也制订了一个量的标准，即规定价格标准（有时亦称价格标度），指的是含有一定金属重量的货币单位及其等份。

虚拟货币在一定程度上充当了价值尺度的角色，不过这些只是小范围的。例如，Q币在QQ平台，游戏币在游戏平台都分别充当价值尺度的角色，但是只是在所在的范围和平台内的一小部分范围内，一旦超出这个范围就没有意义了。所以对传统现实货币的价值尺度影响不大。

2. 流通手段

在货币执行了流通手段之后，使得商品的交换有了可能。而流通手段则是货币价值尺度职能的发展。货币的产生，使得商品之间的交换由直接的物物交换变成了以货币为媒介的交换。即由商品——商品，变成了商品——货币——商品。两者之间不仅存在形式上的区别，而且存在着性质上的区别。虚拟货币的流通手段是基于网络这一平台，它的出现方便了人们的生活的各方面，减少了很多不必要的网络交易过程，但是与此同时也产生了很多的问题。例如，基于Q币有倒爷群体的出现，基于游戏币有大量工作室的出现，在方便生活的同时也让一部分人有利可图。

3. 支付手段

货币作为独立的价值形式，在单方面运动时执行支付手段的职能，如清偿债务。支付手段的产生源于商业信用，有两个作用：①扩大商品流通，可以赊欠；②减少现金流通，债权、债务可以抵冲。其范围包括：①大宗交易；②财政收支、银行存贷；③工资、佣金、房租、地租、水电费等。支付手段的特点是可能先买后卖，而流通手段是只能先卖后买。

4. 贮藏手段

货币暂时退出流通领域，处于相对静止状态时执行价值贮藏功能。贮藏的原因一是存储购买力，二是存储财富。凡是货币，不论是足值的金属货币还是不足值的纸币都具有存储价值的职能。只是前者更多的是存储财富，后者是存储购买力。虚拟货币由于是虚拟的，它没有存储购买力，也不存储财富。

5. 世界货币

只有当货币超出国界发挥职能时，这个货币才有了世界货币的地位。虚拟货币的范围只是在部分网络中小范围的平台运用，所以对货币的世界货币职能基本不造成影响，不过这是目前而言。随着网络及经济的发展，在未来可行的时期内，可能也会成为另一个需要研究的问题。

二、对货币供求量的影响

现代的货币需求理论主要有两大代表，凯恩斯的货币需求理论和弗里德曼的货币需求理论。按照凯恩斯的货币需求理论，货币与其他金融工具的区别是无风险和低收益，人们之所以愿意持有这种低收益的资产，是出于满足交易、预防和投机的需求。换句话说，货币提供的流动性可以及时方便地满足商品交易、意外支付和投资的需求。流动性的高低是货币与其他金融资产的主要区别。凯恩斯和弗里德曼的货币需求函数都隐含了一种假设：货币的不同用途之间存在确定的界限，并且这种界限是相当稳定的。在凯恩斯的货币需求函数中，其表现为不同的需求动机；在货币主义的货币需求函数中，则表现为相同的财富结构和各种资产的预期收益和机会成本的组合。但是随着金融网络及虚拟货币的发展，这种假设可能不是很适合虚拟货币。因为，人们可以随时随地以几乎为零的交易费用进行货币用途之间的转换，各类需求动机的边界已不再明显，投资结构的可变性也大大增强。

虚拟货币的存在使得货币总需求演变为两个部分：对中央银行的传统货币的需求和对虚拟货币的需求。对传统货币的需求由于虚拟货币的出现及网络的发展，必然会在总量上有所减少，但更重要的是，由于虚拟货币的出现及网络的便利性，传统货币的需求方式有可能改变。因为虚拟货币的出现，使得上述两个需求函数的隐含假设发生了变化。

扩展了的费雪方程式可以描述货币市场与虚拟货币市场的价值转换关系：

$$MV = BH$$

其中 M 仍为货币存量，V 仍为货币流通速度，BH 为虚拟货币市场生产总值。

这个方程式反映了在虚拟货币市场内完成虚拟货币的价值转换机制。由于游戏者水平的普遍提高或游戏者数量的增多，对虚拟货币的需求增加，因此作为增值服务的某一游戏的服务条件发生了变化，类似于实体商品市场商场返还券，所涉服务的价格及虚拟货币的价格水平有所下降。由于这种服务供求条件的变化，导致服务价格的下降，产生了游戏币贬值现象。如果对虚拟货币的监管力度加大，那么虚拟货币发行量减少，可能会出现虚拟货币的升值现象。这又类似于"物以稀为贵"的商品现象，而不是货币现象。

如果虚拟货币 W 的大小是以现实货币标量的，那么恶意发行虚拟货币的行为不会影响现实货币存量的大小，只会造成虚拟货币贬值。

三、虚拟货币与通货膨胀

随着经济、科技、市场需求、生活观念的发展，在虚拟世界中，只要有足够多的人认可某种"货币"的价值，则完全可能成为物质交换的媒介单位。美国著名经济学家林顿·拉鲁什曾经预言：从2050年开始，网络的虚拟货币将在某种程度上得到官方承认，成为可以流动的通行货币。可以预见，未来的虚拟货币将是网络虚拟世界中最重要的通行证，或许某一天，虚拟货币可以用于在网上购买现实生活中的物品。

事实上，虚拟货币世界充斥着严重的"通货膨胀"问题。网络游戏公司以创收为目的，大规模、无约束地发行游戏货币，导致游戏玩家花钱买来的虚拟财产屡屡贬值。因为现实货币实行部分准备金制度，有现金准备、证券准备和商品准备，以现金形式保存或以存款的形式持有，由中央银行发行货币，货币总量由中央银行决定。虚拟货币没有建立准备金制度，只能靠服务商的商誉作为发行保证，以人们的购买量为基础分散发行。游戏运营商无力控制虚拟货币的发行总量。但是只要现实货币与虚拟货币处于两个不同的市场，虚拟货币就不可能引发现实的通货膨胀。正如商品市场的供求失衡，不能直接导致货币市场的供求失衡，只有在总体市场上增发货币才能导致通货膨胀。虚拟货币市场上的供求失衡，也不能直接导致货币市场的通货膨胀。只有在总体市场上形成了统一的虚拟货币市场，通过现实货币与虚拟货币两个市场的总体完成价值交换，才能导致通货膨胀。目前虚拟货币市场并不存在统一的市场，游戏币的发行主体相互独立，且不具备金融主体的地位。但是，如果虚拟货币形成了统一市场，而且虚拟货币超出了虚拟世界，那么在线下交易或者用虚拟货币购买现实商品，现实货币的流通速度 V 就成了它直接影响的对象。

由于货币需求与货币流通速度呈负相关，当货币流通速度变小，货币需求会变大，因此实现商品市场价值转换的货币供给不再稳定。当虚拟货币与现实货币共同构成货币供给总量，在国民经济整体水平形成统一市场，其等价物能够与货币进行对等交换时，出现"超额"货币现象，意味着货币供给超过货币需求。过量发行虚拟货币会引起现实中的通货膨胀，这就需要将虚拟货币作为影响货币需求函数的因素，并纳入货币供给量计量范围。

第四节 虚拟货币的风险

一、虚拟货币的风险类型与特点

（一）价格稳定风险

理论上讲，如果网络货币的存在影响到了对央行负债的需求，进而干扰了央行公开市场操作行为，那么就将对一国的货币政策和价格稳定产生影响。但从实际看，网络货币影响价格稳定的前提包括以下三个方面。

（1）从对货币数量的影响分析，虽然在信息匮乏的情况下难以分析网络货币方案在多大程度上影响货币；

（2）从对货币流通速度、现金使用、货币统计的影响分析，目前网络货币方案带来的技术革新对货币流通速度的影响尚不明确；

（3）从网络货币和实体经济相互作用的情况分析，网络货币可充当真实商品交易媒介，对真实 GDP 产生影响。

(二)金融稳定风险

网络虚拟货币方案在银行体系外运作,最主要的金融不稳定因素在于其与实体经济的联系,即兑换汇率及汇兑市场。网络货币与真实货币的一个很大区别在于网络货币方案并不以国家或货币区域为依托,虚拟经济强度、贸易或产能对其汇率影响有限。

虚拟货币价格及其波动取决于以下5大因素。

(1)货币供应情况及货币发行人采取的其他行动。例如,通过干预市场实现固定或半固定的汇率。

(2)网络货币方案显现出网络外部性,其货币价值依赖于参与的用户和商户数量。随着消费者和商家数量的增加,其货币价值将相应提升。另外,交易量小的网络货币汇率波动更大。

(3)拥有清晰透明政策及先进安全措施的虚拟社区更易提振信心,货币也更强劲。

(4)网络货币发行人在履行承诺方面的信誉。虚拟社区并不存在任何"最后贷款人",发行人获得的信任对网络货币汇率至关重要。

(5)对网络货币未来价值的投机活动及虚拟社区受网络攻击的情况。由于系统不成熟、交易低迷、投机活动及网络攻击等因素,双向流动的网络货币方案存在固有的不稳定性。

虚拟货币只有交换价值,没有使用价值。通常网络货币不以具有内在价值的资产为基础,且没有央行信用做支撑。目前,这些网络货币系统并不允许借出或贷入资金,所以尚不能对金融系统稳定构成威胁。但应密切关注其发展,若未来发生改变,则无疑将对金融系统造成影响。

(三)支付系统稳定性风险

1. 难以规避与支付系统相关的典型风险

在特定的虚拟社区,虚拟货币支付活动已演变为"真正的"支付系统,面临着与支付系统相关的典型风险:信用风险、流动性风险、运行风险及法律风险等。这些风险的性质、规模及持续时间在很大程度上取决于系统的设计或流动性匮乏的程度。网络虚拟货币方案很难规避或控制这些风险。

2. 缺乏相应监督和保护机制

在现实经济中,央行充当着最后贷款人角色且不存在违约风险,可以在出现支付危机或无法预知的流动性短缺情况下采取行动,来避免连锁反应。而网络虚拟货币方案中,以网络货币为结算资产并不能做到这些。由于网络货币简单地依赖于发行人信誉,并不能保证被广泛接受用作支付手段,因此网络货币不能被视作安全的货币。

(四)监管缺位风险

通常来讲,监管滞后于科技发展。网络虚拟货币方案在20世纪90年代后期开始建立,但直到2006年,美国的一些政府机构才着手分析这些方案。由于监管缺位,加之其交易有匿名、不可见、难追踪等特点,因此网络虚拟货币方案极易被恐怖活动、诈骗、洗钱等非法活动利用。当前,许多国家的政府部门都在考虑是否承认或使这些虚拟方案合法化,并将其纳入监管范畴,从而达到支持货币和支付形式创新、保护消费者权益及金融稳定,同时抑制利用虚拟货币方案从事犯罪活动的目的。目前虚拟货币方案法律地位不确定性也可能对政府当局带来挑战。

(五)货币当局声誉风险

货币当局(央行)的声誉是决定其各项政策,尤其是货币政策有效性的关键因素。公众对法定货币的信任程度与央行形象密切相关,央行十分关注其声誉。欧央行将声誉风险定义为声誉、信用或公共形象恶化的风险。由于网络货币方案与货币和支付相关,大众普遍认为属于央行职责范畴,因此需警惕其可能给央行带来的声誉风险。虽然在规模较小的情况下,网络货币方案失败带来的影响有限,但其高度波动和不稳定性也加剧了失败的可能性,并吸引媒体广泛报道。若任由网络货币持续发展而不进行管制,则中央银行可能被认为失职而影响其声誉。

(六)投资者损失风险

相对于交换价值而言,公众对网络虚拟货币的投资价值认可度更高。也正是基于投资的交易,才加速了虚拟货币市场的形成。与其他投资市场一样,虚拟货币市场的参与者也将面对市场风险、信用风险及政策风险带来的潜在损失。以比特币为例,2009 年到 2010 年初,比特币毫无价值;2010 年夏天比特币交易开始进入黄金时期,由于供给远小于需求,因此网上交易价值开始上升;到 11 月初,比特币在 29 美分处沉寂多日后窜升至 36 美分;2011 年 2 月,比特币继续升值,其与美元的兑换率达到了 1:1;2013 年,比特币价格实现"大爆炸"式增长;在 2013 年 11 月 29 日触及 1242 美元,超过同期黄金 1241.98 美元/盎司的价格。

剧烈的价格波动使市场参与者面临着巨大的投机风险。不同于股票、债券等成熟资本市场,比特币市场深度不足,且目前主要持有在大户手中,分散化程度低。比特币价格很容易受到大户买卖行为的影响,也容易被投机者操控。

同时,各国对比特币态度不一,德国、美国等国家持开放支持态度,泰国、巴西等国家将比特币交易相关活动视为非法活动。各个国家对比特币的态度及采取的应对措施,都将对比特币价格造成巨大影响,尤其会在短期内造成其价格急剧波动。

二、虚拟货币的法律法规

(一)网络游戏币

我国目前涉及网络游戏货币的规范性文件主要有以下 3 个。

1. 《关于规范网络游戏经营秩序查禁利用网络游戏赌博的通知》

2007 年 1 月 25 日,公安部、信息产业部、文化部、新闻出版总署联合颁布了《关于规范网络游戏经营秩序查禁利用网络游戏赌博的通知》,该《通知》的核心内容是禁止利用网络游戏虚拟货币从事赌博行为。

2. 《关于进一步加强网吧及网络游戏管理工作的通知》

2007 年 2 月 15 日,文化部、国家工商行政管理总局、中国人民银行等十四个部委联合下发了《关于进一步加强网吧及网络游戏管理工作的通知》(以下简称《十四部委通知》),

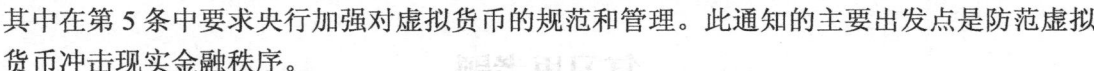

其中在第 5 条中要求央行加强对虚拟货币的规范和管理。此通知的主要出发点是防范虚拟货币冲击现实金融秩序。

3. 《关于网络游戏虚拟货币交易管理工作的通知》

2009 年 6 月 26 日，文化部、商务部联合下发《关于网络游戏虚拟货币交易管理工作的通知》（以下简称《文化部、商务部通知》），进一步提高市场准入标准，加强主体管理，规范发行和交易行为和防范市场风险。这是我国第一部专门针对虚拟货币制定的规范性文件。

（二）比特币

2013 年 12 月，中国人民银行、工业和信息化部、银监会、证监会、保监会在《关于防范比特币风险的通知》中指出："比特币……不是由货币当局发行，不具有法偿性与强制性等货币属性，并不是真正意义上的货币。从性质上看，比特币应当是一种特定的虚拟商品，并要求各金融机构和支付机构不得以比特币为产品或服务定价，不得买卖或作为中央对手买卖比特币，不得承保与比特币相关的保险业务或将比特币纳入保险责任范围，不得直接或间接为客户提供其他与比特币相关的服务。"

2014 年 3 月，中国人民银行又下发了《关于进一步加强比特币风险防范工作的通知》，要求各银行加强对比特币相关的银行账户的管理和清理。

当年，比特币交易价格下跌了 40%左右。

（三）虚拟财产保护

以虚拟货币为代表的虚拟财产是不是法律意义上的财产，能不能买卖、转让、赠予，是否受法律保护等，这些问题过去在我国法律中一直没有明确规定。2017 年 3 月 15 日，第十二届全国人民代表大会第五次会议表决通过了《中华人民共和国民法总则》，其中有两条关于虚拟财产的重要规定。《民法总则》第 115 条：物包括不动产和动产。法律规定权利作为物权客体的，依照其规定。《民法总则》第 127 条：法律对数据、网络虚拟财产的保护有规定的，依照其规定。

在这里，网络虚拟财产是作为物权客体进行规定的，同时放在《民法总则》第五章"民事权利"之下。网络虚拟财产作为一种民事权利以物权进行保护说明了其具有所有、收益、处分的财产属性，而不仅仅是一种数据电子信息。这对刑法在面对侵犯"网络虚拟财产"犯罪行为时的定性和罪名适用有重要意义。如盗窃 QQ 号、游戏装备、虚拟货币的行为在实践中有盗窃罪、侵犯通信自由罪、非法侵入计算机信息系统罪、非法获取计算机信息系统数据、破坏计算机信息系统罪之争。在民法中确认"网络虚拟财产"财产属性定位，则无疑给刑法中的定罪量刑提供了一种明确的依据。

虚拟货币传销，是由一些非合法企业或个人采取一种传销模式的炒作模式吸引投资者进行购买交易的。而往往此类传销是没有实体经济的，所以区别是否是虚拟货币骗局最重要的，就是看是否有实体经济。现在国内虚拟货币大都是借鉴比特币。比特币的成功是抓住投资者的投机心理，通过炒作把虚拟货币从一串数字炒到天价，在一夜之间让投资者手里天价的货币变成一文不值的数字，究其原因是虚拟货币没有实体经济。虚拟货币跟实体经济本来就是相依相存的，如果没有实体经济支持，那么所谓的虚拟货币就是一场骗局。同样，没有虚拟货币的实体经济相当于放弃了网络市场。

复习思考题

1. 什么是虚拟货币？
2. 虚拟货币与电子货币的区别是什么？
3. 比特币的发行机制是什么？
4. 虚拟货币对现实经济有哪些影响？

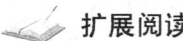扩展阅读

比特现金(BCC)对现有比特币经济生态的影响

比特币有非常大的概率即将分裂出一个分裂币——比特现金(BCC)，这种分裂币的出现会对现有比特币经济生态产生什么影响呢？

1. BCC的炒作投机功能将抢占山寨币资金

数字货币的投机功能是一个大市场，但短时间内基本上总资金量是不会有巨大的变化的。而比特现金(BCC)的出现，必然会在投机炒作功能上显身手。

基本上目前除了比特币和以太坊网络被交易数据填充的很满外，其他的山寨币和竞争币基本上没有多少交易量。这就是说绝大多数山寨币和竞争币其实是没有多少实用功能的，主要功能就是在交易所炒作。比特现金(BCC)作为比特币的一个分裂币，所有持有比特币的玩家自带一份。这也导致绝大多数交易所都得认真考虑比特现金(BCC)的上线问题。现在已经有viabtc和okex两家上线了比特现金(BCC)期货。

当越多的交易所上线比特现金(BCC)，那比特现金(BCC)的流动性就越好，流动性越好，就越有利于投机。比特现金(BCC)本身继承了比特币(BTC)的用户量，这更加大了投机市场深度。所以只要比特现金(BCC)成功诞生，那注定会成为投机市场里的大玩家。它不但是抢占了比特币(BTC)投机份额，更是抢占了山寨币的投机份额。

2. BCC对部分准备金企业的业务冲击较大

任何一个在分裂前持有比特币(BTC)的人，在分裂后都将获得等额的比特现金(BCC)。即如果现在你有10BTC，那么8月1日后将有10BTC和10BCC。

现在部分准备金企业将借来的比特币(BTC)卖掉换成人民币进行投资，或者直接使用比特币(BTC)。因为投资转让出去部分比特币(BTC)，导致比特币分裂后，这部分转让出去的比特币(BTC)企业是无法领到等额的比特现金(BCC)的。在这种情况下，企业该如何兑现用户的存币呢？一般情况下，懂行的用户会在分裂前去企业申请提现比特币(BTC)，如果这部分用户量大，那么就会导致挤兑。

另外，为了防止用户挤兑，企业会出台政策，在分裂前大幅度提高部分准备金率，在分裂后在市场上回购不足的分裂币比特现金(BCC)，用于补贴用户。

无论怎么处理，部分准备金企业利润将大打折扣，或损失信用拒绝给用户派发分裂币。比特币的发明就解决了货币的双花问题。但部分准备金本身就是一种特定意义的货币双花。比特

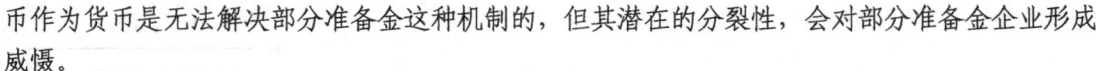

币作为货币是无法解决部分准备金这种机制的，但其潜在的分裂性，会对部分准备金企业形成威慑。

3. BCC 给交易所强加了工作量和影响了连续性营业

交易所托管了用户大量的比特币（BTC），这些币都将生出一个分裂币来。交易所（包括所有托管了用户币的平台）需要加一道工作，来给用户派发这些分裂币。

一个交易所可能有几万、几十万用户，想要做到不出错、平台不赔钱，也是有一定难度的。另外，考虑到比特币分裂期间的出块和确认数的不稳定，以及可能出现的双花攻击，交易所不得不提高充值到账要求的确认数。而且影响更大的是，在分裂期间，交易所甚至要面临停盘的选择。技术好，并且和用户协调好，波动风险由参与交易的用户自己承担的平台可能会有优势。不知道有多少交易所敢冒这样的风险，持续不中断地营业。如果中断营业，那么当天的钱就挣不到了。而且另一种情况是，如果 BCC 开了个先列，那么会不会出现其他的模仿者，也改改代码，发出一种分裂币。那交易所该怎么判断呢？要不要给这种分裂币派币呢？如果有频繁的分裂，那交易所的工作确实很难做。

不过多出一种分裂币对交易所来说，也是一种机会。多一种币供交易，手续费可以多一点。而上线一种币的边际成本并不高。

4. BCC 对矿工的影响

比特币挖矿算法是一个非常简单的算法，这些矿机除了用来计算哈希值，没有任何别的用处。以前只能用来挖比特币（BTC），现在好了，还可以挖比特现金（BCC）。矿工和矿池就要面临一个选择，哪个价格高、综合收益高，就去挖哪个。但实际是很难判断哪个综合收益更高。

就开始来说，挖比特现金（BCC）的矿工基本上是出于情怀，不挣钱的。因为难度值太高，算力太小，出块很慢，而且币价可能是更低的。

但随着这些情怀矿工熬到了难度值调整，那出块就稳定了，其他矿工就会看哪边综合收益高了，来调整自己的算力了。但终归会找到一个平衡。

5. BCC 对用户的影响

最近几天，我收到大量小白用户的咨询，问如何处理分裂的事情。

比特币分裂严重加大了小白用户的恐惧感，有一部分基础知识差的用户，被迫去学习，而有些则干脆直接卖掉。

更可惜的是有些小白用户可能会学习，不知道分裂发生了什么，这个过程闹不好就丢钱了。

6. BCC 对开发者的影响

给开发者创造了新的工作岗位。

给开发者创造了对立的竞争岗位。

对开发者来说，这种新出现的币，就是提供了一个全新的潜在的施展才华的场地，或者是观察潜在方向的实验田。

从逻辑上讲，因为比特现金（BCC）的出现，开发者作为一个整体，他们的地位应该是有所提升。因为只有他们能够搞定这些可能出现的风险，所以他们的话语权会变的很重要。

第七章 互联网与大数据金融

【引导案例】

淘宝网掘金大数据金融市场

随着国内网购市场的迅速发展,淘宝网等众多网购网站的市场争夺战也进入白热化状态,网络购物网站也开始推出越来越多的特色产品和服务。

1. 余额宝

以余额宝为代表的互联网金融产品在2013年刮起一股旋风,截至目前,规模超1000亿元,用户近3000万。相比普通的货币基金,余额宝鲜明的特色当属大数据。以基金的申购、赎回预测为例,基于淘宝和支付宝的数据平台,可以及时把握申购、赎回变动信息。另外,利用历史数据的积累可以把握客户的行为规律。

2. 淘宝信用贷款

淘宝网在聚划算平台推出了一个奇怪的团购"商品"——淘宝信用贷款。开团不到10分钟,500位淘宝卖家就让这一团购"爆团"。他们有望分享总额约3000万元的淘宝信用贷款,并能享受贷款利息7.5折的优惠。据悉,目前已经有近两万名淘宝卖家申请过淘宝信用贷款,贷款总额超过14亿元。

淘宝信用贷款是阿里金融旗下专门针对淘宝卖家进行金融支持的贷款产品。淘宝平台通过以卖家在淘宝网上的网络行为数据做一个综合的授信评分,卖家纯凭信用拿贷款,无须抵押物,无须担保人。由于其非常吻合中小卖家的资金需求,且重视信用无担保、抵押的门槛,再加上其申请流程非常便捷,仅需要线上申请,几分钟内就能获贷,因此被不少卖家戏称为"史上最轻松的贷款",也成为淘宝网上众多卖家进行资金周转的重要手段。

3. 阿里小贷

淘宝网的"阿里小贷"更是得益于大数据,它依托阿里巴巴(B2B)、淘宝、支付宝等平台数据。不仅能有效识别和分散风险,提供更有针对性、多样化的服务,而且批量化、流水化的作业使得交易成本大幅下降。

每天海量的交易和数据在阿里的平台上跑着,阿里通过对商户最近 100 天的数据分析,就能知道哪些商户可能存在资金问题。此时的阿里贷款平台就有可能出马,同潜在的贷款对象进行沟通。

案例解析:通常来说,数据比文字更真实,更能反映一个公司的正常运营情况。通过海量的分析得出企业的经营情况,这就是大数据的应用。在本案例中,正像淘宝信用贷款所体现的那样,这种新型微贷技术不依赖抵押、担保,而是看重企业的信用,同时通过数据的运算来评核企业的信用。这不仅降低了申请贷款的门槛,而且极大简化了申请贷款的流程,使其有了完全在互联网上作业的可能性。

(引自:《金融行业 5 个大数据应用案例及案例解析》http: //www.mobiletalkclub.com/newmtc/?p=21889)

本章学习目标

- 了解大数据金融的概念;
- 理解大数据金融的特点和技术;
- 掌握大数据金融的基本应用;
- 理解大数据金融存在的风险。

第一节 大数据金融概述

一、解读大数据金融

计算机技术从互联网普及到社交媒体的风行是一个量的变化,而从数字化到数据化则是一个质的飞跃。现代社会本质上是由信息构成的,信息成为如土地、劳动力一样的新型生产要素。如果能有效利用信息,那么将给社会带来根本性变化。大数据时代将带来一场管理革命,促使企业从一个新的视角重新审视数据战略。

(一)大数据时代

数据一直是信息时代的象征。2011 年 5 月,麦肯锡全球研究院发布了报告《大数据:创新、竞争和生产力的下一个新领域》后,大数据的概念备受关注。在麦肯锡报告中,大数据的"大"通常是指数据量大到超过传统数据处理工具的处理能力,是相对和动态的概念。后来,大数据又被引申为解决问题的方法,即通过收集、分析海量数据获得有价值的信息,并通过实验、算法和模型,从而发现规律,收集有价值的见解和帮助形成新的商业模式。

一般认为,大数据有以下 4 个特点(4 个"V"——Volume,Variety,Value,Velocity)。

1. 数据体量巨大

大数据首先意味着海量数据。从有记录时代开始到 2003 年,全球总共产生了 500 亿字节的数据。而到了 2011 年,每两天就会产生同样数量的数据。根据预测,2013 年只需要 10 分钟。目前数据级别已从 TB 跃升到 PB(petabytes = 1024*terabytes, terabytes= 1024* gigabytes； gigabyte = 1024 megabytes）。随着底层技术的发展，从各类互联网设备和应用中产生信息的增长速度惊人，大量信息来源于金融交易、客户互动和物联网。

2. 数据类型繁多

大数据时代的另外一个显著特点是数据的形式多种多样，物联网、云计算、移动互联网、车联网、手机、平板电脑、PC 及遍布地球各个角落的各种各样的传感器，都在产生各种类型的数据。

特别值得一提的是，近年来火爆的社交媒体提供了另外一种被称为用户生成内容（UGC，User Generated Content）的新数据。Facebook 和 Twitter 等社交媒体上，除了位置、短信等既有文本文件，还包括音频、视频、图片等多种形式反应用户生活细节、喜好的海量数据。

3. 价值密度低，商业价值高

由于大数据体量巨大，因此其价值密度相应较低，一条数小时的监控视频，可能有用的数据仅有一两秒。但如果能从海量数据中发掘出更符合用户兴趣和习惯的产品和服务，那么大数据将成为企业竞争力的重要来源。谷歌的搜索、亚马逊等电子商务网站的交易纪录、电子邮件、传感器上的读数、手机 GPS 信号等都是大数据商业运用的先驱。

近年来流行的 Facebook、Twitter、微信等社交媒体，通过用户的地理位置、音频、文本、视频、图片等非结构化数据，分析人们的思想言论、日常行为和情绪等信息。这使得人与人之间的关系、不同人群的情绪及经历一览无余。一个更加立体和生动的用户数据集合呈现在我们面前，并为商业经营提供巨大价值。

与此同时，企业从合作伙伴、客户、业务部门甚至员工那里收集信息的能力也越来越强。

4. 处理速度快

当然，仅有海量数据还不够，还必须具有处理海量数据的能力，并且数据的处理速度必须快。对于金融业来说，数据的快速和实时性比海量更重要，这和传统的数据挖掘技术有着本质的不同。根据 IDC 公司的统计，在过去 60 年内，计算能力增长了 4 万亿倍。同时，人们拥有了以云计算为基础的更多、更强大的采集、处理和分析数据的工具，而且成本一直呈下降趋势。

（二）大数据金融的概念

大数据金融是指集合海量非结构化数据，通过对其进行实时分析，可以为互联网金融机构提供客户全方位的信息；通过分析和挖掘客户的交易和消费信息掌握客户的消费习惯，并准确预测客户行为，使金融机构和金融服务平台在营销和风控方面有的放矢。

从不同行业来看，金融行业的数据需求强度为各个行业之首。同时，金融业是大数据的重要产生者，交易、报价、业绩报告、消费者研究报告、官方统计数据公报、调查、新闻报道无一不是数据来源。金融业高度依赖信息技术，是典型的数据驱动行业。

虽然大数据理念在银行业十分流行，但其潜在价值尚未得到充分的开发和利用。例如，银行中有着海量的数据存储，在每 100 万美元收入里，银行业会创造和使用的数据大概是 820G，远多于其他行业。而银行在数据的应用和价值创造上，却非常有限。实际上，如果可用的数据是百分之百，那么最后真正能够用于创造价值的数据只占总数据量的 1/3 左右。

因此，对于大数据而言各行各业普遍的问题是，虽然有这样的海量数据，但是并没有很好的应用，未能带来实际的商业价值。但大数据在整个金融机构的价值链上潜在价值巨大。如果按价值链环节来看，客户细分、精准营销、定价、增值服务、风险管理都是可以应用大数据的领域。尤其在风险管理领域，在确定违约模式、完善评分、催收、检测及异常情况的检测等环节时也可用大数据。

（三）大数据金融的特点

1. 网络化的呈现

在大数据金融时代，大量的金融产品和服务通过网络来展现，包括固定网络和移动网络。其中，移动网络将会逐渐成为大数据金融服务的一个主要通道。随着法律、监管政策的完善，随着大数据技术的不断发展，将会有更加丰富的金融产品和服务通过网络呈现。支付结算、网贷、P2P、众筹融资、资产管理、现金管理、产品销售、金融咨询等都将主要通过网络实现，金融实体店将大量减少，其功能也将逐渐转型。

2. 基于大数据的风险管理理念和工具

在大数据金融时代，风险管理理念和工具也将调整。例如，在风险管理理念上，财务分析（第一还款来源）、可抵押财产或其他保证（第二还款来源）重要性将有所降低。交易行为的真实性、信用的可信度通过数据的呈现方式将会更加重要，风险定价方式将会出现革命性变化。对客户的评价将是全方位、立体的、活生生的，而不再是一个抽象的、模糊的客户构图。基于数据挖掘的客户识别和分类将成为风险管理的主要手段，动态、实时地监测而非事后的回顾式评价将成为风险管理的常态性内容。

3. 信息不对称性程度大大降低

在大数据金融时代，金融产品服务的消费者和提供者之间信息不对称程度大大降低。消费者可实时获知对某项金融产品（服务）的支持和评价。

4. 高效率性

大数据金融无疑是高效率的。许多流程和动作都是在线上发起和完成，有些动作是自动实现的。在合适的时间、地点，把合适的产品以合适的方式提供给合适的消费者。同时，强大的数据分析能力可以极大地提高做金融业务的效率，交易成本也会大幅降低。

5. 金融企业服务边界扩大

首先，就单个金融企业而言，其最合适经营规模扩大了。由于效率提升，因此其经营成本必随之降低。金融企业的成本曲线形态也会发生变化。对于长期平均成本曲线，其底部会更快来临，也会更平坦。

其次，基于大数据技术，金融从业人员个体服务对象会更多。换言之，单个金融企业从业人员会有减少的趋势，或至少其市场人员有降低的趋势。

6. 产品的可控性、可受性

通过网络化呈现的金融产品，对消费者而言，是可控、可受的。可控，是指在消费者看来，其风险是可控的。可受，是指在消费者看来，首先其收益（或成本）是可接受的；其次产品的流动性也是可接受的；最后消费者基于金融市场的数据信息，其产品也是可接受的。

7. 普惠金融

大数据金融的高效率性及扩展的服务边界，使金融服务的对象和范围也大大扩展，金融服务也更接地气。例如，极小金额的理财服务和存款服务。支付、结算服务等金融服务普通老百姓都可享受到。甚至极小金额的融资服务也会普遍发展起来。传统金融想也不敢想的金融深化在大数据金融时代完全实现。

二、大数据金融技术

(一) 金融数据的类型

金融数据从数据类型上进行划分，大致可以分为结构化数据、半结构化数据与非结构化数据三大类。

1. 结构化数据

结构化的数据源自金融企业运营数据仓储(ODS)和数据仓库(EDW)。EDW 为企业提供分析决策服务，ODS 主要实现企业数据整合、共享和准实时运营监控等功能。而通过 Hadoop 等组件的应用可以将数月前甚至几年前的历史数据进行迁移保存。在分布式存储结构下，结构化数据的存储计算可以得到巨大的改善，可对海量离线数据进行离线分析，将离线数据优势最大化，为金融企业用户打造立体用户画像提供最全面的数据支撑。

2. 半结构化数据

半结构化数据的整合在数据中是最为复杂的。金融企业可对接来源于外部单位所提供的不同类型数据库或 Excel 等的数据。"打通"多源异构的数据是项目中遇到的最困难的部分，数据整合完毕可快速进行建模分析。

3. 非结构化数据

金融行业对于非结构化的处理的方法还是比较原始的。非结构化数据涵盖的范围比较广泛，有新闻、视频、图片及社交网络等数据。

(二) 大数据金融的技术实现

金融数据一般具有"流数据"的特征，需要在短时间内快速处理。与其他行业相比，金融具有逻辑关系紧密、处理实时性要求高、可展示性需求强等特征，通常需要以下 4 类关键技术。

1. 数据分析技术

包括数据挖掘、机器学习等人工智能技术，主要应用在用户信用分析、用户聚类分析、用户特征分析、产品关联分析、营销分析等方面。金融系统安全性、稳定性和实时性要求比较高，对大数据计算处理能力也要求非常高。

2. 数据管理技术

包括关系型和非关系型数据管理技术、数据融合和集成技术、数据抽取技术、数据清洗和转换等技术。金融行业对数据的实时处理能力要求非常高，需要灵活地进行数据转换配置和任务配置。

3. 数据处理技术

包括分布式计算、内存计算技术、流处理技术等。通过新型数据处理技术更有效地利用软硬件资源。在降低 IT 投入、维护成本和物理能耗的同时，提供更为稳定、强大的数据处理能力。

4. 数据展现技术

包括可视化技术、历史流展示技术、空间信息流展示技术等。主要用于金融产品健康度监视、产品发展趋势监视、客户价值监视、反洗钱、反欺预警等方面。

三、大数据金融的发展趋势及面临的问题

(一) 大数据金融的发展趋势

1. 金融需求的广度进一步拓展

也许在 10 年前，没有人会想到金融服务、理财投资会进入到普通家庭。但随着大数据技术的发展，降低了理财手段的门槛，包括资金门槛和知识门槛，在微观上使更多人进入直接投资领域，因此在宏观上将会进一步提高资金流转的速度和效率。而随着 P2P 网络借贷的兴起，这一趋势将愈加明显。

2. 金融供给的深度进一步加深

随着大数据技术的发展，传统金融服务从业者的行业经验显得越来越不重要，因为大数据的多维性和随机性能够充分挖掘借贷者的信用和提供者的需求。最终的结果是使得银行、证券和保险公司与非金融企业的界限越来越淡化，但凡具备大数据技术应用层次的企业都能涉足金融服务业。因此在整个社会范围内的金融供给将会泛化，而不仅仅局限于传统金融企业。

3. 金融服务的层次进一步丰富

当前的金融供给和金融需求逐渐摆脱大规模、高收益的陷阱，而进一步发展为多层次的服务行业。大至行业寡头，小至小额理财、社区金融，各个层次的服务与产品层出不穷，不同层次的消费者都能享受到相对应的金融服务。而从从业者的角度来看，网络化的展现和线上服务也将成为多元化服务的一元，与实体服务结合起来，形成立体式的金融服务体系。也许在不远的未来，根据客户消费习惯和资金流向，大数据技术能够自动匹配或制定个性化的金融服务提供给个人。

(二) 大数据金融面临的问题

1. 大数据对个人信息的大量获取导致了隐私和安全问题

金融市场乃至整个社会管理的信息基础设施将变得越来越一体化和外向型，会对隐私、数据安全和知识产权构成更大的风险。就个人隐私而言，大数据的隐私问题远远超出了常规的身份确认风险的范畴。最近对欧洲 150 万手机用户的数据进行的研究表明，只需要 4 项参照因素就可以确认其中 95% 的个人身份。例如，人们在城市中走过的路径存在惟一性；针对个人研制药物和疗法等个性化医疗是基于对患者基因信息的掌握；RunKeeper 和 Nike+等应用正在收集大量个人健康数据，等等。

2. 大数据技术不能代替人类价值判断和逻辑思考

大数据是人类设计的产物,大数据的工具(如 Hadoop 软件)并不能使人们摆脱曲解、隔阂和成见。数据之间的相关性也不等同于因果关系,大数据还存在选择性覆盖的问题。

例如,社交媒体是大数据分析的重要信息源,但其中年轻人和城市人的比例偏多,还存在大量由程序控制的"机器人"账号或"半机器人"账号。波士顿的 StreetBump 应用程序为统计城市路面坑洼情况,从驾驶员的智能手机上收集数据,可能少计年老和贫困市民较多区域的情况;"谷歌流感趋势"曾高估了 2012 年流感发病率。这说明依赖有缺陷的大数据可能给政府决策造成负面影响,还可能加剧社会不公。

3. 基于大数据开发的金融产品和交易工具对金融监管提出挑战

大数据的使用正在改变金融市场,也需要改变监管市场的方式,以保证市场参与者负责地使用大数据。例如,2010 年 5 月的"闪电暴跌"(Flash Crash)令道琼斯工业平均指数突然大跌,美国监管部门认为是高频交易造成了快速抛售引发的更多抛售。大数据中的一个数据点出错就能导致"无厘头暴跌"。

监管机构限制大数据技术的使用,或是对其使用进行直接干预,都存在巨大的风险,应鼓励业界对更复杂的技术乃至更大数据的利用。

第二节　大数据金融的应用

一、大数据对传统金融的影响

(一) 准确预测未来

以数据为参考做出科学决策也一直是商家和各类机构追求的目标,只不过在模拟时代,这项工作费时费力,再加上数据有限及技术方面的不成熟,准确性和科学性都难以把握,也因此出现不少差错。进入数字化时代后,由于计算能力的急速增长(60 年间增长约 4 万亿倍),以及以云计算为基础的更多、更强大的采集、处理和分析数据的工具的诞生,使得科学预测成为可能。

美国麻省理工大学媒体实验室(Media Lab)的几位研究员使用移动电话的定位数据功能,统计出黑色星期五那天在美国梅西百货店停车场的汽车数量,并在此基础上预测了该百货店当日的销售额,其结果同商店关门后的统计数字相吻合。但很明显,时间上的超前为华尔街分析师和相关管理人员在决策方面提供了巨大的竞争优势,换句话说,实时数据让预测更加接近真实。

大数据时代将带来一场管理革命,促使企业从一个新的视角重新审视数据战略。商家所关心的就是如何从潜在的数据中挖掘出金矿,揭示出新的商机,为商业决策提供辅助,构建新的核心竞争力。

(二) 辅助金融决策

金融业是产生海量数据的行业,大数据正在改变着银行的运作方式,特别是对理解、洞察市场和客户方面正产生着深远的影响。

1. 大数据在市场洞察方面的应用

金融市场价格走势很大程度上受市场情绪左右，社交网络提供的情绪数据为金融交易带来巨大机会。一些机构以社交网站为交易策略中心的平台正为市场带来新的活力。目前风靡华尔街的算法交易正是让大数据为其服务的最好案例。一些算法交易公司凭借的就是通过跟踪全球互联网上的头条新闻及微博数据等捕捉政治、经济方面的变化对市场的影响，并将其作为股市投资的信号。MarketPsych 公司和路透社合作提供了 119 个国家的 18 000 多个独立指数，如每分钟的心情状态——乐观、忧郁、快乐、恐惧和生气等，为金融机构的自动交易提供第三方服务。

2. 大数据在信贷管理方面的应用

信贷管理是长期困扰银行的难题，大数据准确和有价值的信息为银行信贷审批与决策提供了一个新的视角和工具。包括微信、微博在内的社交网站及搜索引擎、物联网和电子商务等平台将人们之间的人脉关系、情绪、兴趣爱好、购物习惯等生活模式及经历一网打尽，并将其加入到巨大的个人信息库中。银行利用这些更加准确和丰富的数据在信用分析和客户评级方面做出正确判断和决策，让信贷决策不再仅仅凭借滞后的数据和束缚手脚的条条框框，而是从被动转变为主动，从信用分析发展到行为分析，为信贷审批带来全新的方式。一些消费信贷创业公司正在研究开发以社交图谱为依据的 FICO 信用评分系统，利用 15 个变量决定其信用等级，预测单个借贷者是否会违约。一份内部研究显示，根据物以类聚的原理，个人贷款偿还可能性和其朋友偿还债务可能性呈正相关。大数据从一个新的纬度提供信用分析参考，逐渐降低信贷方面的高门槛。

由于大数据可以整合更多信息，并可以更准确地评估客户风险，因此银行可以为不同风险客户提供不同价格的贷款。如果借款人与贷款人之间彼此拥有足够信息，那么金融中介的作用会变得越来越模糊，正在崛起的数据银行已对传统商业银行构成巨大威胁。

(三) 与商业联动营销

互联网金融环境中，数据作为金融核心资产，将撼动传统客户关系在金融业务中的地位，改变传统营销模式。

一方面，大数据为金融机构提供了客户全方位信息，通过分析和挖掘客户的交易和消费信息掌握客户消费习惯，并准确预测客户行为，有针对性地推销产品和服务，从而满足银行对潜在客户量身定制服务的需求。

另一方面，在品牌管理和客户服务反馈方面，大数据通过对人们在思想、情绪和通信方面的数据化情感分析，获取并汇总顾客的反馈意见并对营销活动效果做出准确判断。

例如，信用卡消费记录中早就包含消费时的位置信息，现在就可以被互联网金融利用。花旗银行新加坡分行在观察客户信用卡交易的基础上，借机提供相关商店和餐馆的折扣。信用卡公司和其他零售商也在涉足这个领域，Visa 与服装零售店 Gap 联手向在 Gap 店附近刷卡的持卡人发送折扣券。亚洲花旗有 25 位数据分析师，于 2012 年在新加坡设立了一个新的"创新实验室"，将数据分析师和大机构客户与孟加拉的大型分析中心联系在一起。如果客户签下服务，刷信用卡，那么系统可以查看任何一天客户购物和吃饭的地点，以及偏好。如果发现该客户喜欢意大利餐,那么快到午餐时,若客户所处的位置附近有一家著名的意大利餐馆,则银行可以发送短信,提供那家餐馆的打折券,使得第二次交易出现。系统甚至有能力算出客户接受这项优惠的比例。

大数据时代出现了更多金融与商业的跨行业联动营销。西班牙的桑坦德银行每周发给其分行一份可能对该行某类产品感兴趣的客户清单,其中有些就不是金融产品。

(四)完善风险管理

金融机构最为关注的是风险管理,而大数据在管理交易、信贷风险和合规方面优势明显。许多金融机构采用大数据防治欺诈,保持交易方面的合规,如在庞大的数据库中核对黑名单中的名字,区别同名同姓。信用卡公司用大数据分析客户大规模的交易规律,大大降低了风险。

二、大数据在金融领域不同分支的应用

(一)银行大数据应用

1. 客户画像应用

客户画像应用主要分为个人客户画像和企业客户画像。个人客户画像包括人口统计学特征、消费能力、兴趣、风险偏好等数据;企业客户画像包括企业的生产、流通、运营、财务、销售和客户数据、相关产业链上下游等数据。值得注意的是,银行拥有的客户信息并不全面,基于银行自身拥有的数据有时候难以得出理想的结果,甚至可能得出错误的结论。

> **小案例 7-1**
>
> **客 户 画 像**
>
> 某位信用卡客户月均刷卡 8 次,平均每次刷卡金额 800 元,平均每年打 4 次客服电话,从未有过投诉。按照传统的数据分析,该客户是一位满意度较高流失风险较低的客户。但如果看到该客户的微博,那么得到的真实情况是:工资卡和信用卡不在同一家银行,还款不方便,好几次打客服电话没接通,客户多次在微博上抱怨,该客户流失风险较高。

银行不仅仅要考虑银行自身业务所采集到的数据,更应考虑整合外部更多的数据,以扩展对客户的了解。包括客户在社交媒体上的行为数据,客户在电商网站的交易数据,企业客户的产业链上下游数据,其他有利于扩展银行对客户兴趣爱好的数据。

2. 精准营销

精准营销就是在精准定位的基础上,依托现代信息技术手段建立个性化的顾客沟通服务体系,实现企业可度量的低成本扩张。银行可以在大数据分析的基础上对顾客进行个性化营销,提供顾客所需要的产品,提高服务效率。精准营销的本质就是给合适的用户推荐合适的产品。对于银行不同业务的具体需求,精准营销所选取的数据源、算法和营销方式(辅助营销,自动化营销或其他)有所差别。

第七章 互联网与大数据金融

 小案例 7-2

招商银行的精准营销

招商银行可以根据客户的交易记录分析,有效地识别小微企业客户,然后用远程银行来实施交叉销售。同时,该银行通过构建客户流失预警模型,对流失率等级前 20%的客户发售高收益理财产品予以挽留,使得金卡和金葵花卡客户流失率分别降低了 15 个和 7 个百分点。

3. 风险管控

(1) 中小企业贷款风险评估

银行可通过对企业的生产、流通、销售、财务等相关信息结合大数据挖掘方法进行贷款风险分析,量化企业的信用额度,更有效地开展中小企业贷款。

 小案例 7-3

"闪电贷"

招商银行的一款移动端的互联网贷款产品直接命名为"闪电贷"。这款产品通过手机操作,无须提交任何资料,贷款资金就打到了个人账户里面。"闪电贷"是招行基于大数据和云计算风控应用的一款移动互联网贷款产品,通过数据整合和应用,为客户提供线上全自助贷款。客户可通过招行手机银行 App 或网银自助办理贷款,贷款申请、审批、签约和放款全流程由系统自动化处理,无人工干预,7×24 小时全天实时运行。"闪电贷"具有"移动端、全自助、零资料、60 秒"的特点,让客户真正获得了闪电般的贷款体验,十分适合随时有贷款需求的小微企业主。

(2) 实时欺诈交易识别和反洗钱分析

银行可以利用持卡人的基本信息、卡基本信息、交易历史、客户历史行为模式、正在发生行为模式(如转账)等,结合智能规则引擎(如从一个不经常出现的国家为一个特有用户转账或从一个不熟悉的位置进行在线交易)进行实时的交易反欺诈分析。

小案例 7-4

蚂蚁金服的大数据洗钱

蚂蚁金服利用大数据找出藏匿于网络空间的洗钱黑手,建立起智能的反洗钱体系。仅 2015 年上半年,蚂蚁金服的反洗钱团队就向反洗钱监测分析中心报送 300 多份可疑交易报告,其中多份已移送公安机关。

因为掌握了大数据,所以蚂蚁金服在反洗钱工作中采取了先利用数据智能化排查,待发现可疑交易后再进行人工甄别的方式,从而大大提高了效率,也减小了误报率。

蚂蚁金服反洗钱相关负责人表示,由于掌握的不仅仅是简单的金额数据,还包含消费行为等各种维度的信息,因此这些信息可以让反洗钱人员一改线下静态、片面的信息采集方式,可以动态、持续地了解客户,破除洗钱人员的各种伪装,综合资金、非资金关联关系、电子商务等动态信息,揪出犯罪分子。

银行还可以通过爬虫技术，抓取社区、论坛和微博上关于银行及银行产品和服务的相关信息，并通过自然语言处理技术进行正负面判断，及时掌握银行及银行产品和服务的负面信息，及时发现和处理问题。银行也可以抓取同行业的银行正负面信息，及时了解同行做得好的方面，作为自身业务优化的借鉴。

(二)保险行业大数据应用

1. 客户细分

在客户细分的时候，除风险偏好数据外，还要结合客户职业、爱好、习惯、家庭结构、消费方式偏好数据，利用机器学习算法来对客户进行分类，并针对分类后的客户提供不同的产品和服务策略。

2. 精细化营销

(1) 潜在客户挖掘及流失用户预测

保险公司可通过大数据整合客户线上和线下的相关行为，通过数据挖掘手段对潜在客户进行分类，细化销售重点。通过大数据进行挖掘，综合考虑客户的信息、险种信息、既往出险情况、销售人员信息等，筛选出影响客户退保或续期的关键因素。同时，通过这些因素和建立的模型，对客户的退保概率或续期概率进行估计，找出高风险流失客户，及时预警，制定挽留策略，提高保单续保率。

(2) 客户关联销售

保险公司可以关联规则找出最佳险种销售组合，利用时序规则找出顾客生命周期中购买保险的时间顺序，从而把握保户提高保额的时机，建立既有保户再销售清单与规则，从而促进保单的销售。除这些做法外，借助大数据，保险业还可以直接锁定客户需求。

> **小案例 7-5**
>
> **淘宝运费退货险**
>
> 据统计，淘宝用户运费险索赔率在 50%以上，该产品对保险公司带来的利润只有 5%左右，但是有很多保险公司都有意愿去提供这种保险。因为客户购买运费险后保险公司就可以获得该客户的个人基本信息，包括手机号和银行账户信息等，并能够了解该客户购买的产品信息，从而实现精准推送。假设该客户购买并退货的是婴儿奶粉，我们就可以估计该客户家里有小孩，可以向其推荐关于儿童疾病险、教育险等利润率更高的产品。

3. 反保险欺诈

基于企业内外部交易和历史数据，实时或准实时预测和分析欺诈等非法行为，包括医疗保险欺诈与滥用分析及车险欺诈分析等。

> **小案例 7-6**
>
> **中国人寿的大数据反欺诈**
>
> 据中国人寿首席运营官许恒平介绍，此前，上海崇明地区的短期险赔付率始终在高位

徘徊，引起了该公司的警觉。于是该公司对大量的理赔数据进行整理和分析后，锁定崇明某医院，紧接着对就医合理性进行了逆向调查，掌握了关键证据，并通过行业协会联合其他涉案保险公司向上海市经侦总队报案。案件的侦破在上海业内引发了巨大影响，崇明地区的赔案数量也由此急速降低。

与此同时，中国人寿还将欺诈因子风险模型应用在反保险欺诈中，将既往理赔案件的客户层、保单层、行为层、销售层的数十个风险因子逐一进行了过滤，筛选出其中的高风险因子，并进行数学建模，将其应用于理赔案件的提调，在广东进行试点。目前已初步实现了高风险案件的系统自动识别。

（三）证券行业大数据应用

1. 股价预测

2011年5月，英国对冲基金Derwent Capital Markets建立了规模为4000万美金的对冲基金，该基金是首家基于社交网络的对冲基金。该基金通过分析Twitter的数据内容来感知市场情绪，从而指导进行投资。利用Twitter的对冲基金Derwent Capital Markets在首月的交易中确实盈利了，其以1.85%的收益率，让平均数只有0.76%的其他对冲基金相形见绌。

2. 客户关系管理

券商可以通过分析客户的账户状态、账户价值、交易习惯及投资收益，来进行客户聚类和细分。据此发现客户交易模式类型，找出最有价值和盈利潜力的客户群，以及他们最需要的服务，更好地配置资源和政策，改进服务，抓住最有价值的客户。同时根据客户交易行为和流失情况来建模，从而预测客户流失的概率。

> **小案例 7-7**
>
> **海通证券预防客户流失**
>
> 2012年海通证券自主开发的"给予数据挖掘算法的证券客户行为特征分析技术"主要应用在客户深度画像及基于画像的用户流失概率预测。通过对海通100多万样本客户、半年交易记录的海量信息分析，建立了客户分类、客户偏好、客户流失概率的模型。该项技术可测算客户将来可能流失的概率。

3. 投资景气指数

2012年，国泰君安推出了"个人投资者投资景气指数"（简称3I指数），通过一个独特的视角传递个人投资者对市场的预期、当期的风险偏好等信息。对海量个人投资者样本进行持续性跟踪监测，对账本投资收益率、持仓率、资金流动情况等一系列指标进行统计、加权汇总后得到的综合性投资景气指数。

三、大数据金融的运营模式

（一）平台金融模式

平台金融模式是基于电商平台基础上形成的网上交易信息与网上支付形成的大数据金融，通过云计算和模型数据处理能力而形成信用或订单融资模式。

与传统金融依靠抵押或担保的金融模式之不同在于,阿里小贷等平台金融模式主要基于对电商平台的交易数据、社交网络的用户交易与交互信息和购物行为习惯等的大数据进行云计算来实时计算得分和分析处理,形成网络商户在电商平台中的累积信用数据。同时,通过电商所构建的网络信用评级体系和金融风险计算模型及风险控制体系,来实时向网络商户发放订单贷款或者信用贷款,快速高效,如阿里小贷可实现数分钟之内发放贷款。

(二)供应链金融模式

供应链金融模式是企业利用自身所处的产业链上下游,充分整合供应链资源和客户资源而形成的金融模式。

京东商城是供应链金融模式的典型代表,其作为电商企业并不直接开展贷款的发放工作,而是与其他金融机构合作,通过京东商城所累积和掌握的供应链上下游的大数据金融库,来为其他金融机构提供融资信息与技术服务,把京东商城的供应链业务模式与其他金融机构实现无缝连接,共同服务于京东商城的电商平台客户。在供应链金融模式当中,电商平台只是作为信息中介提供大数据金融,并不承担融资风险及防范风险等。

第三节 大数据金融的风险与防范

一、大数据金融的风险

(一)技术风险

一个企业的数据信息决定着企业的生死存亡。但是今天,数据量的持续增长增加了备份和恢复的时间,企业面临着严重的合规和宕机风险。数据备份越来越困难,用户数据量越来越大。备份时间窗口很小,同时设备有限,怎样快速把大数据中的核心数据抽取出来,保障企业数据信息能够适时进行恢复,成为企业管理大数据中必须考虑的问题。

同时,在数据管理时如何能够节省空间、节省人力、节省电力也成为必须考虑的问题。近几年企业在采购存储时,会发现存储硬件的成本在逐年走低。回顾过去,硬盘价格都是高高在上的,而现在不管是传统的机械硬盘还是SSD(固态硬盘)都开始变得越发"亲民",而价格更低的同时容量却更高了。但是,对于很多企业来说,整体的存储成本却不降反升,这主要是由于企业数据量猛增需要大量的人力、物力维护,使得数据储存的管理成本逐年上升。

(二)操作性风险

1. 信息安全风险

信息安全风险是从风险管理的角度,运用科学的手段,系统的分析网络与信息系统所面临的威胁及其存在的脆弱性,评估安全事件一旦发生可能造成的危害程度。同时,为防范和化解信息安全风险,或者将风险控制在可以接受的水平,制定有针对性的抵御威胁的

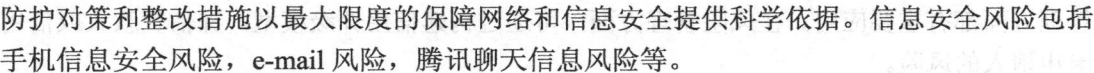

防护对策和整改措施以最大限度的保障网络和信息安全提供科学依据。信息安全风险包括手机信息安全风险，e-mail 风险，腾讯聊天信息风险等。

2. 数据分析风险

大数据平台的模式是依托于从前在交易中积累的海量数据进行的对用户的行为习惯、思维方式的总结，进而对其可能发生的行为的一个判断。也就是说大数据分析方法依赖于大数据"过去决定未来"的特点。这一前提在大部分情况下都是成立的，但如果遇到需要突破性创新的情况就会暴露出弱点。企业通过分析用户的数据进行战略布局，金融机构通过分析数据进行风险的防范(对冲)，一旦没能抓住转折点，将造成很大的经济损失。

(三) 法律风险

目前我国尚无一部专门的法律对个人信息数据，特别是个人金融信息的收集、使用、披露等行为进行规范。立法散乱，呈零星、分散状态，不成体系，目前主要通过宪法和相关法律法规对个人信息进行间接保护。我国现行的关于个人信息安全保护的法律法规都过于原则化、抽象化，缺乏实际操作性，并存在规制范围狭窄、公民举证困难等不足。

另一方面，大数据企业跨界金融，随着政府本着金融创新、加快金融改革的理念对此在态度上表示支持，但是金融监管机构尚无明确的法律法规及规章制度出来给予规范。而且大数据企业和金融机构从基因上的不同，使得二者的商业规范、运营模式都存在差异。这就要求大数据金融企业必须在认真学习传统金融机构的监管政策的同时，也积极关注政府出台的新的监管措施，对业务进行调整，不踩法律红线，不打法律擦边球。

二、大数据金融风险防范措施

1. 加快立法进程，加强行业自律

目前我国对个人信息安全保护的监管由公安部、工业与信息化部等部门管理，多头监管难免会导致监管不严或监管漏洞。对此，我们应明确监管机构与各部门之间的职责。只有权利分界清晰才能保证监管没有漏洞。从加强行业自律来看，要认识到行业自律机制是个人信息安全保护制度中不可缺少的一个环节。

2. 实现数据隐私保护和数据隐私应用之间的平衡

想要实现用户隐私和商业应用之间的平衡，从监管主体来说，必须制定专门应用于大数据用户隐私方面的法条，体现出监管主体对其的重视性和操作的规范性。从监管客体上来说，大数据企业对数据应用时，必须以保护用户隐私为基础对数据进行商业应用。

3. 数据资源的整合和分工专业化

将不同行业的数据整合起来，提供全方位立体的数据绘图，力图从系统的角度了解并重塑用户需求。但是，由于交叉行业数据共享需要平衡太多企业的利益关系，因此如果没有中立的第三方机构出面，协调所有参与企业之间的关系、制定数据共性及应用的规则，那么将大大限制大数据的用武之地。权威第三方中立机构的缺乏将制约大数据发挥出其最大的潜力。

4. 强化数据挖掘

数据挖掘是一种新的商业信息处理技术，主要特点是对大量数据进行抽取、转换、分析和模型化处理，从中提取出有助于商业决策的关键性数据。数据挖掘在风险管理和客户管理方面都有重要应用。在风险管理方面，可通过构建信用评级模型，评估贷款人或信用卡申请人的风险。

目前，银行业已逐步走向个性化服务和科学决策阶段，数据挖掘具有强大的信息处理和分析能力，可以为银行提供科学的决策依据和技术支持。

案例

恒丰银行基于大数据技术的信用风险预警系统

恒丰银行近年来陆续推出了信贷工厂、消费金融、供应链金融等一系列网贷、平台贷业务，为不同行业、不同规模的客户提供了丰富的信贷类产品。业务规模快速发展的同时，如何快速、全面识别、监测、防范客户信用风险，成为了全行风险管理领域最为重要的工作之一。对此，恒丰银行积极筹划，在制度层面制定了全面风险管理体系，除明确各条线、各部门的风控职责，筑牢风险管理的三道防线外，还提出通过运用大数据技术构建信用风险预警系统，加强风险信息归集、监测、审查的准确性、及时性，同时强化风险预测能力。

本案例将分享恒丰银行在风险控制过程中如何利用大数据技术构建信用风险预警系统，解决风控与成本约束、处理效率和用户体验间的矛盾，以及在系统建设过程中遇到的挑战、积累的经验及未来的规划。

1. 周期/节奏

2015年9月，启动基于大数据技术的信用风险预警系统建设；

2016年5月，企业贷款风险防控体系初步建成，支撑恒信快贷业务开展；

2016年8月，个人贷款风险防控体系初步建成，支撑现金贷业务开展；

2016年11月，基于担保圈的客户违约预测模型投产上线，将贷后风险预警、防控前移；

2017年1月，在完善已接入的内外部数据基础上，进一步接入统计局数据、海关进出口数据、金融市场数据及企业资质、评级、税务、个人学历、车辆等外部数据，通过引入知识图谱、机器学习、自然语言处理等技术及专业化决策引擎工具构建丰富的风控模型，并打通与信贷系统、贷后系统、押品系统等的联动，构建完整的大数据风险防控体系。

2. 任务/目标

针对恒丰银行的线上线下业务协同发展战略，风控部门提出通过大数据技术优先支持新发展的线上业务，业务风控成熟后逐步应用于传统信贷业务。同时同步研究利用大数据技术做好风险分类研究，风险实时监测及风险预测等工作。

对于恒丰银行的线上业务风控，包括网贷和平台贷等，业务部门提出以下5点要求：

(1) 系统能够快速整合客户信息，全面、准确识别客户及所提供担保的风险，以快速响应提升用户体验；

(2) 客户风险全流程监测，包括贷前风险提示、贷中贷后风险监测及预警，拦截高风险客户，及时触发风险缓释工具的启用；

(3) 监测各主流新闻媒体、论坛、自媒体，运用文本分析技术监测、识别涉及我行客户负面舆情，及时、主动化解风险，促进业务良性发展；

(4) 支持风险防控体系的快速更新、快速部署，适应当前客户风险显现的多样性、易变性和复杂性；

(5) 支持风控模型的回测、验证，满足对历史风控模型的评价、新模型的验证及潜在客户风险批量评估、筛选。

3. 挑战

大数据时代，风控被认为是大数据技术在银行业最有前景的应用场景之一。同大多数商业银行一样，恒丰银行也希望通过大数据技术加强信贷业务，尤其是线上信贷业务的风险防控，以满足平台贷等业务规模骤升过程中的自动化风险检测与审批需求。然而在具体实施过程中也依然会遇到一系列的困难和挑战，包括观念转变、资源短缺等。

（一）业务模式的转变，新的风控理念尚未成熟

数字化银行业务是典型的适应互联网金融环境诞生的金融产品，其业务模式与传统业务有较大不同，且仍处于快速变化的状态，对应的内外部相关监管规则亦处于逐步完善之中。快速推进新业务与严格遵守传统监管要求之间求得平衡，是业务经营方、监管方主要考虑的问题。大数据风控技术是逐步替代传统风控手段还只是作为增强手段，各方的风控理念尚未完全达成一致。业务模式的不确定、监管规则的不明晰，大数据风控的深入应用仍处于探索过程中。

（二）认知的偏见，大数据风控正名尚需时日

在银行传统风控人员的认知中，现有线下信贷业务风控手段相对比较成熟，业务使用广泛，已能够满足内外部监管的要求，只要严格遵守则基本无须承担风控不力的责任。而使用大数据技术风控，现有数据的完备性、准确性存在一定的不足，风控模型效力仍有待时间验证，亦存在风险遗漏的情况，缺乏传统风控手段的"可靠性"，对大数据风控技术的使用持有一定的怀疑态度。

而事实上不管是传统风控手段，还是大数据风控技术都只能最大限度地降低风险而非杜绝风险。风控的效果指的是概率上的优劣。现如今互联网金融模式的快速发展，需要我们不断创新风控思路，在不断试错、不断改进的过程中完善风控体系，不能抱残守缺，墨守传统的风控理念而停滞不前。此外，客户信息的完备性、准确性永远是一个相对概念，没有绝对完整、准确的客户数据，只能是多方位完善、选择性取舍。

（三）数据极度缺乏，数据接入困难超预期

当前金融产品日益多样化，客户准入门槛逐步下沉，商业银行对优质客户的争夺愈演愈烈；而另一方面，客户对商业银行的产品越来越挑剔，对授信金额、审批速度的要求也越来越高。为了能够在这场争夺战中占得先机，必须通过加强对客户行内外信息的整合，全面、快速、准确地识别客户风险，迅速做出授信决策。客户行内数据在大数据平台构建过程中得到解决，而外部数据在接入过程中则遇到较大困难：

首先，外部数据质量参差不齐、数据效用较难评估，需要较长时间进行沟通、分析、确认；

其次，对于线上常见的平台贷等业务，由于银行不直接面对客户，传统的埋点等风控数据采集方法难以施行。

(四)案例库的缺少,大数据风控模型优势难以快速体现

对于很多中小型银行,因业务规模及信息系统建设滞后等原因,不良授信的案例库要么缺失、要么案例较少,尤其是对于线上的互金等新生业务,不良案例库更是少之又少。由于案例库的缺少,因此目前风头正劲的机器学习等新的风控技术难有用武之地,大数据风控技术、模型的效果难以得到充分的验证,目前基本只能通过对传统业务客户的历史逾欠情况进行分析,以此来评价风控模型效果。

4. 实施过程/解决方案

恒丰银行信用风险预警系统主要分为基础数据层、基础技术服务层和应用层,其总体架构如图7-1所示。

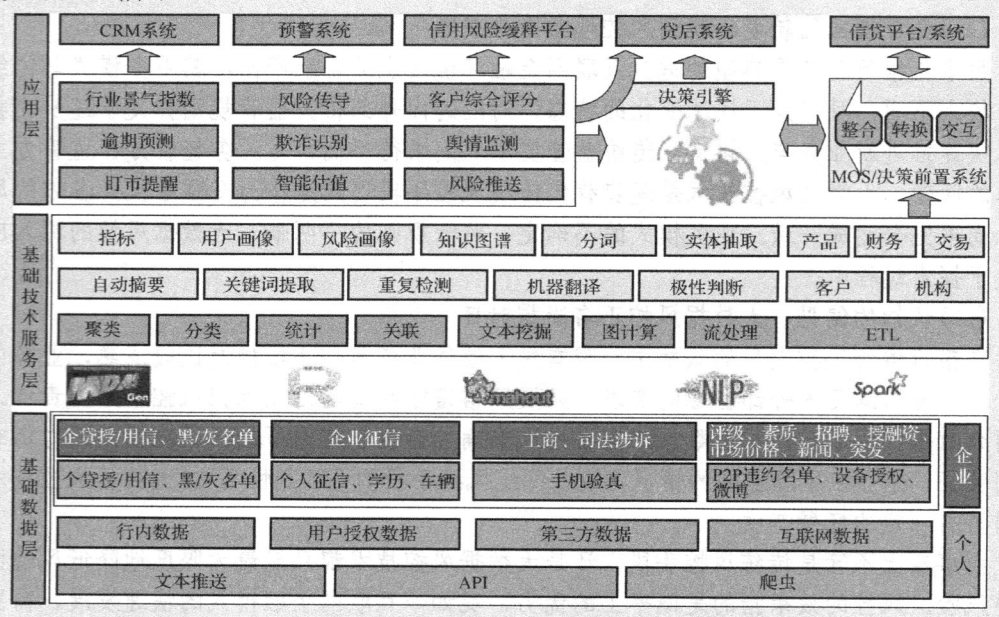

图7-1 恒丰银行信用风险预警系统

(一)基础数据层:风控系统数据引入

基础数据层主要负责行内行外数据接入、存储,通过自建爬虫体系、购买外部服务数据API或文件批量推送服务实现各类数据的接入,形成风控专用的风险数据集市,如图7-2所示。

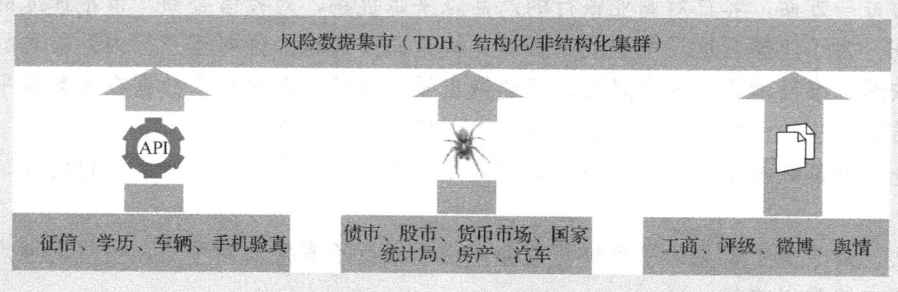

图7-2 外部数据接入方式

根据获取权限不同，风控数据可分为以下四类：

第一类为行内数据，主要包括企业和个人的基础信息、授用信信息、还款信息、账户信息及各类黑、灰名单等，均为结构化数据，可直接从行内的大数据平台接入，数据准确、权威，但覆盖面相对较少；

第二类为用户授权数据，包括企信征信、个人征信、个人学历、个人车辆、电商交易记录等数据，主要通过第三方提供的 API 接口接入；

第三类为第三方公司数据，包括工商、司法、手机验真等，这部分数据主要以 API 接口获取为主，以文本文件推送为辅；

第四类是来自于互联网的各类免费数据，包括企业的评级、资质、招聘、投融资、市场价格、新闻、突发等数据，个人的设备指纹、微博等数据，这类数据主要通过爬虫获取为主，文本文件推送、接口接入为辅。

在数据接入节奏方面，对于行内数据，主要以"数据驱动为主、业务驱动为辅"的方式，提前将可能用到的数据全部接入进来；对于行外数据，则在充分评估数据效用、接入周期、接入技术难度、更新频率等各种因素后，以"业务驱动为主、数据驱动为辅；急用先行、分步接入"的方式逐步接入。

(二)基础技术服务层：风控系统数据处理

基础技术服务层主要对基础数据层接入的数据进行深加工，而在基础数据层接入的数据以结构化数据为主，如授用信信息、工商信息等；以非结构化数据为辅，如财经新闻数据、微博数据等。

对于接入的这些数据，需要进行以下三个层次的整合加工。

一是将非结构化数据结构化并进行 ETL 处理，通过文本解析、正则表达式、语义网等技术抽取关注的要素信息，如互联网上政府、行业协会公示的企业资质信息，评级公司公开的企业评级信息等。

二是根据应用需要对文本信息进行分词、实体抽取、自动摘要、关键词提取、重复检测、正负面极性判断、语义分析、文本分类等标记及基础指标加工等处理。这是数据处理过程中最核心部分。

三是基于结构化、标记后文本及基础指标，借助文本挖掘、MIDAS、R 等技术或工具构建形成客户统一风险视图。如客户授用信指标、还款情况、涉诉情况、经营情况、舆情信息，并通过关系图谱、投资图谱等各种数据的进一步关系强化，进而形成完整的企业/个人知识图谱等。

(三)应用服务层：风控系统价值展现

借助大数据平台接入及经过技术服务层深加工之后的各类数据，将通过应用服务层直接或与其他关联系统交互的方式发挥风险控制作用。

一是单笔业务的风险防控，涵盖授信业务的贷前、贷中、贷后全生命周期，主要由用户发起，属于被动式风控方式。

贷前阶段，在获取客户基本信息之后，风控平台将从基础数据及基础技术服务层获取客户的各类信息，包括各类黑名单命中情况、工商信息、财务信息、舆情信息、股东信息、投资情况等各类关系图谱、投资图谱等信息，形成一份完整的客户统一风险视图及风险扫描报告,客户经理可基于此进行贷前分析及报告撰写。

贷中阶段,在获取客户授权以后,风控平台将接入征信、学历、车辆等各类数据,并结合基于大数据征信形成的 A 卡由决策引擎给定客户审批建议、核算建议授信额度等。

贷后阶段,根据贷后风控策略定期监测已授信客户风险信号,包括客户履约情况、担保情况、偿债能力变化情况等,协同贷后系统、风险缓释平台进行风险处置。

在单笔业务场景下,基于大数据技术的决策引擎,其规则的生成和配置与传统依据统计分析生成有所不同。在此背景下,组成规则的指标可引入机器学习等算法,通过特征工程选择关联性强的特征,同时考虑到风控面临的监管的严肃性、审慎性,一般选取解释性较好的特征加入风控规则。另外,基于大数据的风控体系,在授信的全生命周期均能审查客户的各类风险信息,能较好得规避因客户经理隐瞒客户不良信息的道德风险。

二是批量业务的风险防控,主要应用于贷前调查和贷后风险监测、风险缓释。当银行研发一款新产品时,通常需要确定目标群体并评估该群体状况、市场规模及业务前景,可通过风控系统对目标客群进行批量风险扫描,快速评估目标客户风险状况,预测新业务发展前景,及时对新业务规划、目标进行相应调整。贷后阶段主要结合客户授信偿还情况、担保情况及其他风险因素变动情况触发贷后进行风险处置及押品系统、风险缓释系统进行担保物的核查、处置。

三是风险的监测、追踪、预警、预测,主要通过构建行业发展景气指数,并从行业、地域维度分析风险暴发情况,辅助业务规划及相关有权部门调整高风险行业和地域的贷款投向;通过持续追踪国家产业政策的变化,各部门、各地方政府相应细则的落实,协助分支机构紧盯国家、中央层面动向,合理安排信贷投向;通过监测各类突发事件,应用文本挖掘及知识图谱技术快速识别风险类别、风险主体、发生地域等,通知相关部门及时评估事发客户及下游客户风险,启动资产保全措施,及时挽回损失。在该类应用过程中,将对各类风险进行分类、分级,并根据应用系统及不同用户进行差异化消息推送服务,推送方式包括系统消息、邮件及短信等。

基于海量文本舆情数据的全行客户负面舆情监测功能,更是为各级经营主体及风险管理部门主动应对突发事件,及时采取风险化解措施提供了有力的管理工具。本功能通过 **Kafka/Akka** 技术实现信息的推送和分发,如图 7-3 所示。

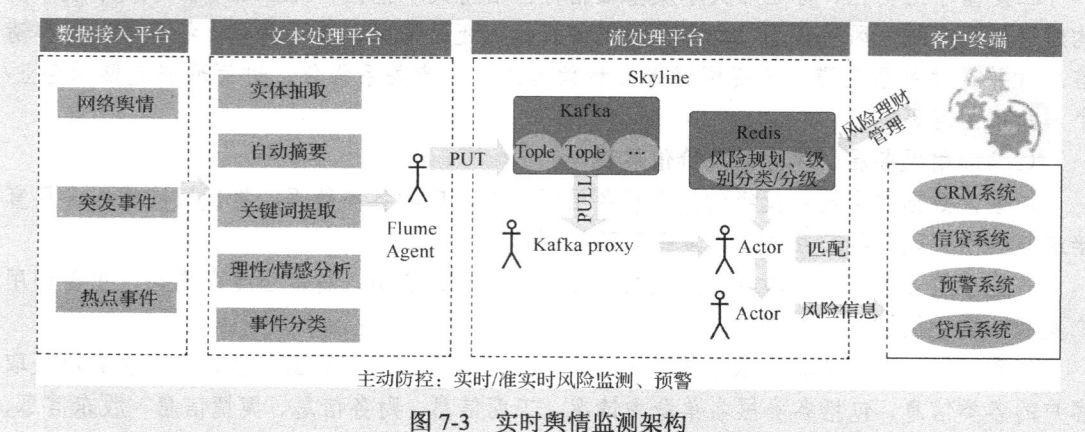

图 7-3 实时舆情监测架构

5. 结果/效果总结

恒丰银行信用风险预警系统自投产上线以来，经过模型的不断扩充完善、技术的不断升级、系统性能的不断优化，并经过多个平台贷、网贷业务系统近一年时间的检验，风控能力逐步提升，在客户风险识别效率、准确率、成本控制等方面相较传统风控手段有了大幅提高。

（1）新增信贷资产质量大幅提升。以某平台贷为例，自风控系统启用以来，其新增授信业务逾欠率控制在1%以内，且呈逐渐降低态势，不良率更是大幅低于全行同类业务，效果十分显著。

（2）新增的网贷、平台贷授信业务发放效率显著提升。传统贷款类授信业务发放周期为数天至数周甚至更长时间，而在不降低风险防控水平的情况下，基于大数据风控技术的航信票贷、恒信快贷等业务产品却实现了24小时、8小时放款。即将投放市场的另一款零售产品将实现准实时放款，授信审批效率和客户体验同步大幅提升。

（3）新增业务的客户贷前调查成本大幅降低。在以往的风控模式下，客户经理逐一收集客户各类信息，逐一审核并编制调查报告，成本巨大，这也是众多银行开展传统小额贷款不积极、不主动的原因之一。而在大数据技术风控模式之下，新增信贷业务采取预先收集意向客户简要信息的方式，经风控系统的黑名单及各类风险的排查后（不含需客户授权的人行征信等风控过滤），初步确立可进一步发展的客户名单。经对某平台贷的数据统计，风险预审过程可综合节约近80%的人力成本，同时基于该统计数据调整的业务发展规划更为科学、符合实际。

（案例节选改自：恒丰银行. 恒丰银行案例：基于大数据技术的信用风险预警系统. [EB/OL].「数据猿·超声波」之金融科技·商业价值探索高峰论坛——金猿奖之参评案例系列[EB/OL].2017-06-26.）

复习思考题

1. 什么是大数据金融？大数据金融有何特点？
2. 大数据金融有哪些技术？
3. 大数据金融目前有哪些应用？
4. 大数据金融有哪些风险？如何后效防范？

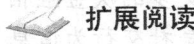

扩展阅读

大数据金融论坛在沪开幕，中诚信征信 CTO 姚明演讲

上海2017年8月24日，以"塑造数据生态·引领金融科技·聚焦数据未来"为主题的大数据金融论坛 BDFF2017 在上海隆重召开。数百家机构、行业专家、决策者共同聚焦，紧扣政策热点，共同探讨大数据金融科技发展趋势，探索大数据普惠金融的发展与未来。中诚信征信 CTO 姚明受邀出席此次峰会并深度剖析信用科技的进化，和在征信路上对信用科技的探索和实践（如图7-4所示）。

图 7-4 中诚信征信 CTO 姚明—主题演讲

演讲全文如下。

(一)信用科技的进化主要是基础 IT 技术的进化

中诚信征信在今年首次提出了"信用科技"这个概念，以呼应新时代背景下金融科技在信用这一板块的发展。之所以选择使用进化这个词，是因为这个词既能表达技术发展的主动性，又能体现外部环境变化带来的影响和选择性。纵观征信的发展历史，从一百多年前英国裁缝之间共享不守信的贵族黑名单开始，而后进化为信贷交易记录的征信，并在百年间稳步发展。在这一时期，信用科技的进化主要是 IT 技术的进化，直到近几年大数据技术出现，为信用科技的进化提供了更广阔的空间，可以类比人类进化史中对工具的使用。人工智能技术的不断成熟，为信用科技的进化提供了更多纵深，可以类比人类进化史中对火的使用。

大数据和人工智能是信用科技进化的内因，而新金融对于大数据风控的诉求，包括普惠、实时、精准、场景等一系列特点，则是外因。所以，我们定义的信用科技，即 Creditech，是旨在通过大数据、人工智能等技术的进步，推动信用评估的智能化和信用价值的扩大化。

信用科技的进化主要包括以下 3 个方面。

1. 信用数据从单体高价值到群体高价值的进化

首先，是数据维度的进化。所有的信用评估，都是围绕履约意愿和履约能力而展开的。以前，对于这两方面的评估，都是围绕直接数据展开的，也就是强金融数据，比如信贷记录和资产信息。那么在大数据技术发展背景下，这两方面的信息维度也得到了进一步增强，比如信贷记录中增加了消费分期、网贷、租赁等信息维度，在资产信息中也增加了股权投资、理财信息等。除了这些强金融信息，大数据技术赋能信用评估引入了更多的次金融相关、弱金融相关数据，如消费信息、设备行为信息、网络行为信息、甚至是社交行为信息等。这些金融次相关、弱相关数据，在大数据技术和人工智能技术的催化下，也对信用评估产生了重大的意义，是信用数据从单体高价值到群体高价值的一次重大进化。

其次，是数据采集技术的进化。传统的信用评估更多的是通过用户自述、人工核验等方式对数据进行采集和确认。大数据技术的发展，赋能了更多的采集方式。例如，通过 API 聚合方式采集三方数据；通过 SDK 插件预埋采集设备指纹、申请行为数据；通过物理识别包括生物识别进行人脸识别、活体检测、声纹检测、OCR 证照识别、NFC 读取卡信息；通过授权定向抓取技术，在用户直接授权下获取其交易记录、通信记录等。以上这些采集方式，都是信用科技在采集方式上的进化，其获取信息的方式更稳定、更实时、更可靠。当然，我们也注意到数据采集技术的进化，会带来更多关于用户隐私保护方面的难题。

再次，是对数据处理方式上的进化。早期的征信技术，主要是对数据的 ETL，即对数据的清洗与融合。而现在，除了这些基础数据处理技术地，还广泛地采用聚类技术对人群进行分类，再利用数据的标签化处理对人进行画像，以更为生动直观的形式刻画人的信用，利用 ID Mapping 技术对人的更多可识别维度进行关联。例如，除了姓名、身份证、手机号、银行卡等信息，还利用照片、设备指纹、网络指纹等非机构化信息进行身份关联。在身份关联以外，知识图谱技术还提供了对数据更平面化的处理，即通过降维处理，信息被定义为"主体"与"关系"，不仅能够将人与人进行关联，还能够将人与企业、人与事件、人与所有事物进行关联，而且进一步为更深层次的关联风险分析提供支持。所以，对于数据的处理，其进化的方向是从冰冷到生动，由表层到深层。

最后，是信用建模技术的进化。假设在一个信贷业务场景中产生的实际案例。给出真实的历史数据和一个借贷人，用区域的颜色表示的是信用情况，绿色代表健康，红色代表风险，当这个借贷人的信用情况是处于绿色区域的，也就是还不错。传统的统计分析视角下的情况，在这两个统计分析模型下，风险都能得到不同程度的控制，但是我们的目标借贷人很可能被排除在批准区域外。而在机器学习视角的情况下，我们会看到模型不再是规律的曲线，而是不规则的形状。在这样的模型下，我们的目标借贷人被准确地识别了出来。这就是信用建模从统计分析到机器学习的进化，也是模型由强解释性到弱解释性的进化。

2. 从"人工+智能"到"人工智能"的进化

众所周知，要建立一个信用评估模型，实际是就是对 $y=f(x)$ 中的 f 进行求解。在求解的过程中，要经历数据抽取、特征工程、算法选择、参数调优和样本检验，若效果未达预期，则再次回到数据抽取，进而循环迭代。对于这个循环，我们一方面通过程序化处理，让整个过程自动化完成，另一方面通过人工智能算法，对于特征工程、算法选择和参数调优环节进行智能优化，更快速地达成更准确的模型。这是从"人工+智能"到"人工智能"的进化。

3. 从征信的"个体信用"到评级的"资产信用"的进化

在信用领域，信用的类别可以归纳为个人信用、企业信用、政府信用，及由信贷资产抽象而来的资产信用。在信用评估层面，征信和评级一直是作为两个各自独立的存在。征信服务于消费者信贷中的个体信用，评级服务于机构主体和资产包的宏观信用。在独立、客观的信用科技驱动下，从征信的"个体信用"到评级的"资产信用"路径正在被打通和连接，信用科技的价值表现，正在扩大化。

在中诚信征信，我们围绕"个体信用"和"资产信用"分别推出了"万象风云"和"AXIS 资产交易智能扫描"平台，并刚刚在 8 月初召开了产品发布会。

在万象风云平台，我们专注于基于"数据+规则+模型"三位一体的智能风控服务。在数据层面，我们提供了刚才提及的几乎所有 API 聚合数据支持和其他采集插件；在规则层面，我们依托专家经验和机器学习成果，提供了包括身份认证、数据勾稽、交叉核验、黑名单、团伙反欺诈、设备反欺诈、行为反欺诈、交易反欺诈等一些的规则集，近千条原子规则，并可以通过可视化、可编辑的规则引擎自主配置；在模型层面，我们内置了针对不同场景的模型组，可以在预设的通过率和坏账率标尺下进行自主选择。除此之外，万象风云平台还内置了知识图谱工具、AI 智能建模工具，让风控和建模以极为简单的操作方式展现给所有人。

在 AXIS 资产交易智能扫描平台，我们专注于通过独立第三方征信和信用评估，让消费金融 ABS 资产包的底层资产以更为透明的方式展示给投资人。我们利用基于个人信用评分和转移矩阵的创新理论，进行现金流预测分析；利用机器学习和统计分析相结合，进行资产筛选、资产重构、资产跟踪和对比。

从万象风云到 AXIS，我们旨在打通从贷前、贷中、贷后的个体信用评估，到信贷资产入池、资产筛选、资产配置、资产跟踪的资产信用评估的全链条，以"征信"促"增信"。

Chapter 8

第八章 供应链金融

【引导案例】

解读《关于促进互联网金融健康发展的指导意见》

2015年7月18日,《关于促进互联网金融健康发展的指导意见》正式对外发布。中国人民银行有关负责人就《指导意见》相关问题进行了解读。

(1) 互联网金融的本质仍属金融,同样具有金融风险的隐蔽性、传染性、广泛性和突发性。

央行有关负责人表示,互联网金融的发展对促进金融包容性具有重要意义,为大众创业、万众创新打开了大门。互联网金融在满足小微企业、中低收入阶层投融资需求,提升金融服务质量和效率,引导民间金融走向规范化,以及扩大金融业对内对外开放等方面可以发挥独特功能和作用。

这位负责人说,要鼓励互联网金融的创新和发展、营造良好的政策环境、规范从业机构的经营活动、维护市场秩序,就应拿出必要的政策措施,回应社会和业界的关切,深入研究在新的市场环境和消费需求条件下,如何将发展普惠金融、鼓励金融创新与完善金融监管协同推进,以及引导、促进互联网金融这一新兴业态健康发展。

(2) 支持互联网企业设互联网支付机构、网络借贷平台、股权众筹融资平台和网络金融产品销售平台。

《指导意见》在鼓励创新、支持互联网金融稳步发展方面的政策措施如下:

一是积极鼓励互联网金融平台、产品和服务创新,激发市场活力;

二是鼓励从业机构相互合作,实现优势互补;

三是拓宽从业机构融资渠道,改善融资环境;

四是相关政府部门要坚持简政放权,提供优质服务,营造有利于互联网金融发展的良好制度环境。鼓励省级人民政府加大对互联网金融的政策支持;

五是落实和完善有关财税政策;

六是推动信用基础设施建设,培育互联网金融配套服务体系。

本章学习目标

- 了解互联网金融相关的主要法律法规;
- 熟悉互联网金融的风险特征;
- 了解互联网金融风险监管措施和机制。

第一节 供应链金融概况与特征

一、供应链金融概况

供应链金融简单地说,就是银行将核心企业和上下游企业联系在一起提供灵活运用的金融产品和服务的一种融资模式。即把资金作为供应链的一个溶剂,增加其流动性。

一般来说,一个特定商品的供应链从原材料采购,到制成中间及最终产品,最后由销售网络把产品送到消费者手中,将供应商、制造商、分销商、零售商和最终用户连成一个整体。在这个供应链中,竞争力较强、规模较大的核心企业因其强势地位,往往在交货、价格、账期等贸易条件方面对上下游配套企业要求苛刻,从而给这些企业造成了巨大的压力。而上下游配套企业恰恰大多是中小企业,难以从银行融资,结果最后造成资金链十分紧张,整个供应链出现失衡。

(一)供应链金融的特点

供应链金融最大的特点就是在供应链中寻找出一个大的核心企业,以核心企业为出发点,为供应链提供金融支持。一方面,将资金有效注入处于相对弱势的上下游配套中小企业,解决中小企业融资难和供应链失衡的问题;另一方面,将银行信用融入上下游企业的购销行为,增强其商业信用,促进中小企业与核心企业建立长期战略协同关系,提升供应链的竞争能力。

1. 与产业金融及物流金融的关系

供应链金融包含在产业金融当中,而供应链金融又包括了物流金融,三者间的关系如图 8-1 所示,三者存在一定程度的从属关系。

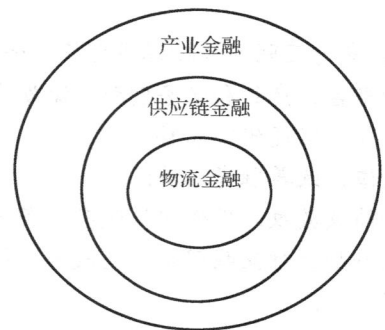

图 8-1 物流金融、产业金融及供应链金融三者间的关系

2. 与传统金融模式的区别

供应链金融和传统金融的区别主要体现在对风险的控制、授信的灵活度等方面，具体情况如图 8-2、图 8-3 所示。

(1) 传统金融：孤立的关注企业和业务本身。

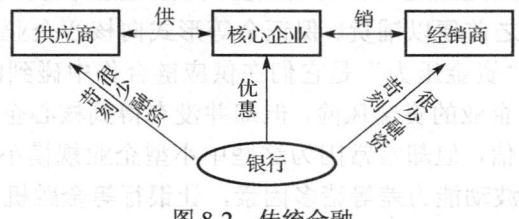

图 8-2 传统金融

(2) 供应链金融：商业银行根据产业特点，围绕供应链上核心企业，基于交易过程向核心企业和其上下游相关企业提供的综合金融服务。

- 以核心企业为基准创建"1+N"或"M+1+N"的金融服务模式；
- 关注交易过程，整合物流、信息流和资金流；
- 根据产业特点，跨行业地提供金融服务。

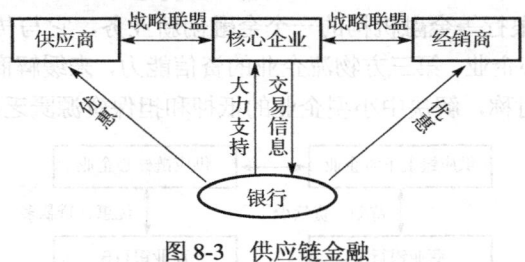

图 8-3 供应链金融

3. 供应链金融的参与主体

供应链金融的参与主体主要有金融机构、中小企业、支持型企业及在供应链中占优势地位的核心企业，其功能见表 8-1。

表 8-1 供应链金融的参与主体

参与主体	功　能
金融机构	1. 在供应链金融中为中小企业提供融资支持，通过与支持型企业、核心企业合作，在供应链的各个环节，根据预付账款、存货、应收账款等动产进行"量体裁衣"，设计相应的供应链金融模式。 2. 金融机构提供供应链金融服务的模式，决定了供应链金融业务的融资成本和融资期限。
中小企业	在生产经营中，受经营周期的影响，预付账款、存货、应收账款等流动资产占用大量的资金。而在供应链金融模式中，可以通过货权质押、应收账款转让等方式从银行取得融资，把企业资产盘活，将有限的资金用于业务扩张，从而减少资金占用，提高了资金利用效率。
支持性企业	供应链金融的主要协调者，一方面为中小企业提供物流、仓储服务，另一方面为银行等金融机构提供货押监管服务，搭建银企间合作的桥梁。对于参与供应链金融的物流企业而言，供应链金融为其开辟了新的增值业务，带来新的利润增长点，为物流企业业务的规范与扩大带来更多的机遇。
核心企业	1. 在供应链中规模较大、实力较强，能够对整个供应链的物流和资金流产生较大影响的企业。供应链作为一个有机整体，中小企业的融资瓶颈会给核心企业造成供应或经销渠道的不稳定。 2. 核心企业依靠自身优势地位和良好信用，通过担保、回购和承诺等方式帮助上下游中小企业进行融资，维持供应链稳定性，有利于自身发展壮大。

(二)供应链金融发展的背景

在供应链中,竞争力较强、规模较大的核心企业在协调供应链信息流、物流和资金流方面具有不可替代的作用,而正是这一地位造成了供应链成员事实上的不平等。

供应链中的弱势成员企业通常会面临既要向核心企业供货,又要承受着应收账款的推迟;或者在销售开始之前便以铺货、保证金等形式向核心企业提前支付资金。许多供应链上下游企业认为,"资金压力"是它们在供应链合作中碰到的最大压力。供应链中上下游企业分担了核心企业的资金风险,但却并没有得到核心企业的信用支持。尽管银行想给这些企业进行授信,但却常常因为这些中小型企业规模小、抵押物不足、生产经营难于掌握及抵御经济波动能力差等诸多因素,让银行等金融机构认为风险很大而拒绝放贷。

仅从供应链角度内部来看,核心企业不愿承担资金风险,而供应链上下游中小型企业缺乏融资能力是供应链资金流"梗阻"的内在动因 u。但如果核心企业能够将自身的资信能力注入其上下游企业,那么银行等金融机构也能够有效监管核心企业及其上下游企业的业务往来。那么金融机构作为供应链外部的第三方机构就能够将供应链资金流"盘活",同时也获得金融业务的扩展,而这就是供应链金融(Supply Chain Finance,SCF)产生的背景。

供应链金融是商业银行等金融机构的一个金融创新业务,它与传统信贷业务最大的差别在于,利用供应链中核心企业、第三方物流企业的资信能力,来缓解商业银行等金融机构与中小型企业之间信息的不对称,解决中小型企业的抵押和担保资源匮乏的问题,如图8-4所示。

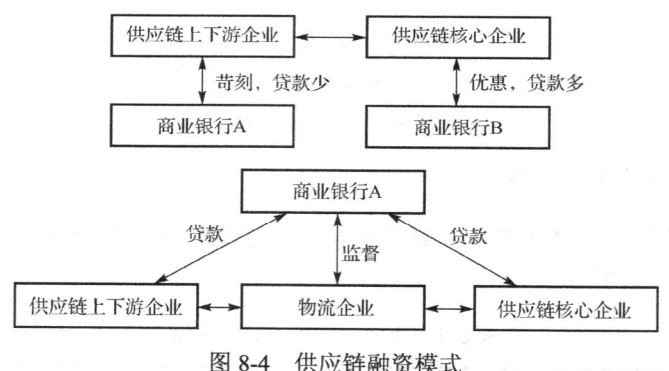

图8-4 供应链融资模式

深圳发展银行将图8-4中的供应链融资模式总结为"1+N"的贸易融资方式,即围绕某"1"家核心企业,将供应商、制造商、分销商、零售商直到最终用户连成一个整体,全方位地为链条上的"N"个企业提供融资服务。

深圳发展银行通过参与核心企业"1"的供应链运作,在稳定与"1"的业务的同时,培育新兴市场的客户群"N",拓展了银行的资金去向,同时也解决了供应链成员企业融资瓶颈对供应链稳定性和成本的影响。

深圳发展银行的供应链金融创新开始从新的视角评估中小型企业的信用风险,从专注于对中小企业本身信用风险的评估,转变为对整个供应链及其交易的评估。这样既真正评估了业务的真实风险,同时又使更多的中小型企业能够进入银行的服务范围。

从而综合诸多学者及实业界的观点,在此将供应链金融的概念界定为:供应链金融是金融机构围绕核心企业在对整条供应链进行信用评估及商业交易监管的基础上，面向供应链核心企业和节点企业之间的资金管理进行的一整套财务融资解决方案。

(三)供应链金融的演进和发展历程

2008年全球金融危机发生以来，全球已经有上百万家企业宣告破产，这些破产的企业并非是没有市场竞争力(如克莱斯勒)，也不是因为没有创新能力(如通用汽车)，而是因为资金链断裂造成了供应链中企业破产的连锁反应。供应链金融自诞生以来就是为了解决供应链中资金流梗阻及资金流的优化问题。

1. 国外供应链金融的演进

供应链金融是以面向供应链的整体运作为核心。供应链中物流是资金流可以依附的实物载体，因此，供应链金融中的存货质押融资业务始终是供应链金融的核心环节。没有存货的流动，应付账款和预付账款等供应链融资模式也就无从谈起。可以说，供应链中的物流是供应链金融业务得以开展的基础。

美国等西方发达国家的供应链金融几乎与其他金融业务同时开展，并经过200多年的创新和发展后形成了现代供应链金融的雏形。西方供应链金融的发展大致可以分为三个阶段。

阶段一：19世纪中期之前。

在此阶段，供应链金融的业务非常单一，主要是针对存货质押的贷款业务。例如，早在1905年俄国沙皇时代，在丰收季节，当谷物的市场价格较低时，农民将大部分谷物抵押给银行，用银行贷款资金投入后续的生产和生活。待谷物的市场价格回升后，再卖出谷物归还银行本金利息。由此，农民可以获得比收割时节直接卖出谷物更高的利润。

阶段二：19世纪中期至20世纪70年代。

在此阶段，供应链金融的业务开始丰富起来，承购应收账款等保理业务开始出现。但起初，这种保理业务常常是趁火打劫式的金融掠夺，一些银行等金融机构与资产评估机构合谋，刻意压低流动性出现问题的企业出让的应收账款和存货，然后高价卖给其他第三方中介机构。部分金融机构恶意且无序的经营造成了市场严重的混乱，并引发了企业和其他银行的不满和抗议。为规范市场行为，1954年美国出台了《统一商法典》，明确了金融机构开展存货质押应遵循的规范。由此，供应链金融开始步入健康发展的时期，但这一阶段的供应链金融业务仍以"存货质押为主，应收账款为辅"。

阶段三：20世纪80年代至今。

在此阶段，供应链金融的业务开始繁荣，出现了预付款融资、结算和保险等融资产品。这要归功于物流业高度集中和供应链理论的发展。在20世纪80年代后期，国际上的主要物流开始逐渐集中到少数物流企业，联邦快递(FedEx)、UPS和德国铁路物流等一些大型的专业物流巨无霸企业已经形成。

在此阶段，国外供应链金融发展开始形成"物流为主、金融为辅"的运作理念，供应链金融因物流企业的深入参与获得了快速发展。

2. 中国供应链金融的发展

中国供应链金融的发展依赖于改革开放三十年中制造业的快速发展。"世界制造中心"吸引了越来越多的国际产业分工，中国成为大量跨国企业供应链的汇集点。中国的供应链金融得到快速发展，在短短的十几年内从无到有，从简单到复杂，并针对中国本土企业进行了诸多创新。

与国外发展轨迹类似，中国供应链金融的发展也得益于20世纪80年代后期中国物流业的快速发展。2000年以来中国物流行业经过大整合之后，网络效应和规模效应开始在一些大型物流企业中体现出来，而这些企业也在更多方面深入强化了供应链的整体物流服务。在2004年中国物流创新大会上，物流行业推选出的未来中国物流行业的四大创新领域和十大物流创新模式中，"物流与资金流整合的商机"位居四大创新领域之首，而"库存商品抵押融资运作模式""物资银行运作模式""融通仓运作模式及其系列关键技术创新"分别位居十大物流创新模式的第一位、第三位和第四位。

2005年，深圳发展银行先后与国内三大物流巨头——中国对外贸易运输(集团)总公司、中国物资储运总公司和中国远洋物流有限公司签署了"总对总"(即深圳发展银行总行对物流公司总部)战略合作协议。短短一年多时间，已经有数百家企业从这项战略合作中得到了融资的便利。据统计，仅2015年，深圳发展银行"1+N"供应链金融模式就为该银行创造了6 500亿元的授信额度，贡献了约25%的业务利润，而不良贷款率仅有0.57%。

综合来看，现阶段我国供应链金融发展呈现出两个特点。①供应链金融发展区域不平衡。外向型经济比较明显的沿海，供应链金融发展相对较为领先，而内陆供应链金融仍处在初级阶段。此外，我国关于供应链金融的业务名称约定也没有一个确定的叫法，有物流金融、物资银行、仓单质押、库存商品融资、融通仓、货权融资及货权质押授信等。②我国的供应链金融还面临着法律风险，库存商品等流动资产质押还存在一定的法律真空。我国银行分业经营的现状，使供应链金融业务中形成了多种委托代理关系。加之我国社会信用体系建设方面的落后，则进一步造成了供应链金融业务的运作风险。

二、供应链金融的融资模式

单个企业的流动资金被占用的形式主要有应收账款、库存、预付账款三种。金融机构按照担保措施的不同，从风险控制和解决方案的导向出发，将供应链金融的基础性产品分为应收类融资、预付类融资和存货类融资三大类。下面将重点对这三种融资方式进行说明。

(一)应收类：应收账款融资

应收账款融资是指在供应链核心企业承诺支付的前提下，供应链上下游的中小型企业可用未到期的应收账款向金融机构进行贷款的一种融资模式。

图8-5是一个典型的应收账款融资模式。在这种模式中，供应链上下游的中小型企业是债权融资需求方，核心企业是债务企业并对债权企业的融资进行反担保。一旦融资企业出现问题，金融机构便会要求债务企业承担弥补损失的责任。

应收账款融资使得上游企业可以及时获得银行的短期信用贷款，不仅有利于解决融资企业短期资金的需求，加快中小型企业健康稳定的发展和成长，而且有利于整个供应链的持续高效运作。

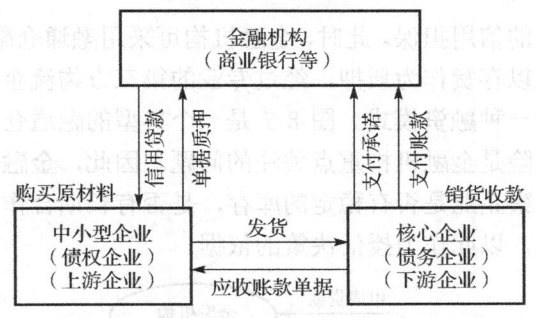

图 8-5 供应链金融的应收账款融资模式

(二) 预付类：未来货权融资模式分析

很多情况下，企业支付货款之后在一定时期内往往不能收到现货，但它实际上拥有了对这批货物的未来货权。

未来货权融资（又称为保兑仓融资）是下游购货商向金融机构申请贷款，用于支付上游核心供应商在未来一段时期内交付货物的款项。同时供应商承诺对未被提取的货物进行回购，并将提货权交由金融机构控制的一种融资模式。

图 8-6 是一个典型的未来货权融资模式。在这种模式中，下游融资购货商不必一次性支付全部货款，即可从指定仓库中分批提取货物并用未来的销售收入分次偿还金融机构的贷款。上游核心供应商将仓单抵押至金融机构，并承诺一旦下游购货商出现无法支付的贷款时对剩余的货物进行回购。

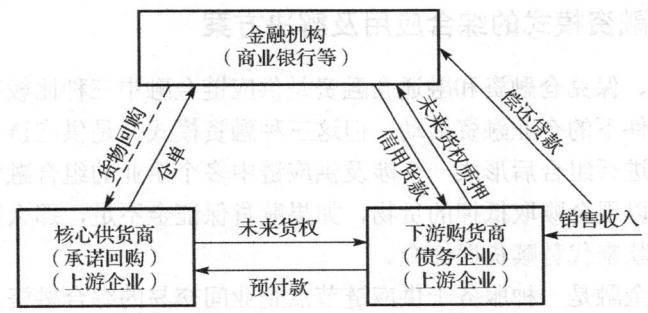

图 8-6 供应链金融的未来货权融资模式

未来货权融资是一种"套期保值"的金融业务，极易被用于大宗物资（如钢材）的市场投机。为防止虚假交易的产生，银行等金融机构通常还需要引入专业的第三方物流机构对供应商上下游企业的货物交易进行监管，以抑制可能发生的，供应链上下游企业合谋给金融系统造成的风险。例如，国内多家银行委托中国对外贸易运输集团（简称：中外运）对其客户进行物流监管服务。一方面，银行能够实时掌握供应链中物流的真实情况来降低授信风险；另一方面，中外运也获得了这些客户的运输和仓储服务。可见，银行和中外运在这个过程中实现了"双赢"。

(三) 存货类：融通仓融资模式分析

很多情况下，只有一家需要融资的企业，而这家企业除货物外，并没有相应的应收账款和供应链中其他企业的信用担保。此时,金融机构可采用融通仓融资模式对其进行授信。融通仓融资模式是企业以存货作为质押,经过专业的第三方物流企业的评估和证明后,金融机构向其进行授信的一种融资模式。图8-7是一个典型的融通仓融资模式。在这种模式中,抵押货物的贬值风险是金融机构重点关注的问题。因此,金融机构在收到中小企业融通仓业务申请时,应考察企业是否有稳定的库存,是否有长期合作的交易对象,以及整体供应链的综合运作状况,以此作为授信决策的依据。

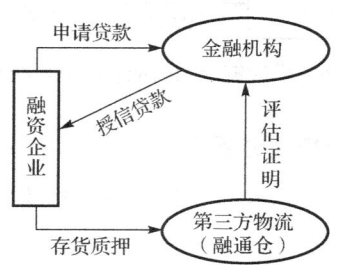

图 8-7　供应链金融的融通仓融资模式

但银行等金融机构可能并不擅长于质押物品的市场价值评估,同时也不擅长于质押物品的物流监管,因此这种融资模式中通常需要专业的第三方物流企业参与。金融机构可以根据第三方物流企业的规模和运营能力,将一定的授信额度授予物流企业,由物流企业直接负责融资企业贷款的运营和风险管理。这样既可以简化流程,提高融资企业的产销供应链运作效率,同时又可以转移自身的信贷风险,降低经营成本。

三、供应链金融融资模式的综合应用及解决方案

应收账款融资、保兑仓融资和融通仓融资是供应链金融中三种比较有代表性的融资模式,适用于不同条件下的企业融资活动。但这三种融资模式又是供应链金融中几大主要业务模块,可以将其进行组合后形成一个涉及供应链中多个企业的组合融资方案。例如,初始的存货融资要求以现金赎取抵押的货物,如果赎货保证金不足,那么银行可以有选择地接受客户的应收账款来代替赎货保证金。

因此,供应链金融是一种服务于供应链节点企业间交易的综合融资方案。中欧国际工商学院课题组对深圳发展银行"1+N"供应链金融进行了深入的研究,并针对供应链中不同主体的特点,总结了适用的供应链金融方案。

(1) 对核心企业的融资解决方案。

核心企业自身具有较强的实力,对融资的规模、资金价格、服务效率都有较高的要求。这部分产品主要包括短期优惠利率贷款、票据业务(开票、贴现)、企业透支额度等产品。

(2) 对上游供应商的融资解决方案。

上游供应商对核心企业大多采用赊账的销售方式。因此,上游供应商的融资方案以应收账款为主,主要配备保理、票据贴现、订单融资、政府采购账户封闭监管融资等产品。

(3) 对下游经销商的融资解决方案。

核心企业对下游分销商的结算一般采用先款后货、部分预付款或一定额度内的赊销。经销商要扩大销售,超出额度的采购部分也要采用现金(含票据)的付款方式。因此,对下

游经销商的融资方案主要以动产和货权质押授信中的预付款融资为主。配备的产品主要包括短期流动资金贷款、票据的开票、保贴、国内信用证、保函、附保贴函的商业承兑汇票等。

四、供应链金融的作用与意义

在"供应链金融"的融资模式下，处在供应链上的企业一旦获得银行的支持，资金这一"脐血"注入配套企业，也就等于进入了供应链，从而可以激活整个"链条"的运转。而且借助银行信用的支持，还为中小企业赢得了更多的商机。图 8-8 展示了传统供应链和互联网供应链金融成员的关系对比，可见意义重大。

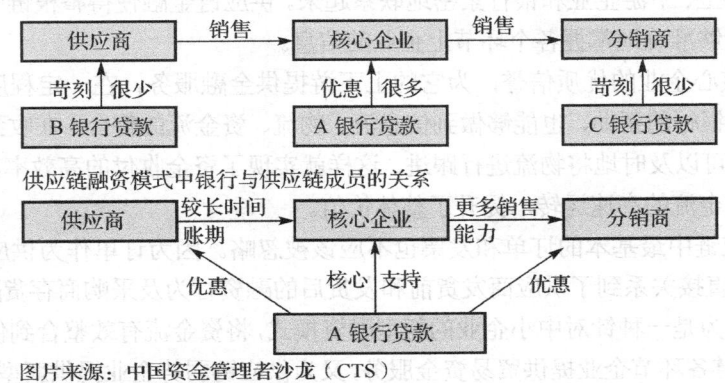

图片来源：中国资金管理者沙龙（CTS）

图 8-8 传统融资模式中银行与供应链成员关系

第一，供应链金融实现四流合一。

供应链金融很好的实现了"物流""资金流""信息流""商流"四流合一。

物流：物质资料从供给者到需求者的物理运动，包括商品的运输、仓储、搬运装卸、流通加工，以及相关的物流信息等环节。资金流：是指采购方支付货款中涉及的财务事项。信息流：在整条供应链中，和物流、资金流相关联的各类讯息，也是物流和信息流的一部分，包括订购单、存货记录、确认函、发票等。商流：在供应链中，上下游供应商的资金链条均可被金融服务机构整合，从而形成商流。

在供应链中，物流、资金流、信息流、商流是共同存在的，商流、信息流和资金流的结合将更好地支持和加强供应链上、下游企业之间的货物、服务往来（物流）。传统意义上，企业会将注意力集中于加速供应链中物流的流转，但是资金流的流转对企业来说同样很重要。

第二，理顺了整条供应链的各个环节。

为了确保整条供应链能够顺利进行，企业就必须纵观全局，了解上、下游的企业具体情况，以及与之相关的物流和资金流的信息。在许多案例中，我们可以发现供应链一旦出现了问题，基本上都是由于供应商无法正常按照合约（如：质量、数量、日期等）提供产品所引起的，并非是采购商无法支付货款所引起的。因此作为下游的企业更应当与上游供应商保持紧密联系，及时了解供应商的各种信息，避免因供应商无法及时交货而引起的供应链的中断。正如同之前所说的，企业通常会将注意力集中在货物流上，仅仅关注于企业的货物是否按照要求及时地送到。但是值得注意的是，供应商不能及时提供货物的原因主要因为资金上的短缺。因此作为下游的企业更应该倍加关注整条资金流的状况。

第三，借助金融产品完善供应链管理。

当有越来越多的商品来自新兴市场，这也意味着企业面临更加复杂和更具风险的市场，市场上越来越多的交易开始通过赊账的方式进行。企业应当审视到他们存在的风险及采取积极的方式提高整条供应链的效率。

在当前的金融市场上有许多方法可以加强企业的供应链管理效率，其中使用最为广泛的就是银行的供应链金融产品。开展了供应链金融之后，这种局面就会得到很好的改善。因为供应链金融是基于供应链中的核心企业，针对它的上、下游企业而开展的一种金融服务，可以通过供应链金融将上、下游企业和银行紧密地联系起来。供应链金融使得整根链条形成了一个闭环模式，银行能够准确地掌握各个环节上企业的信息。

银行通过核心企业的优质信誉，为它的上下游提供金融服务，在一定程度上能规避风险系数。企业通过银行的帮助，也能够做到信息流、物流、资金流的整合。在收到对方支付的款项之后，企业就可以及时地将物流进行跟进，这样就实现了资金收付的高效率，加速了整条供应链的物流和资金流的高速运转，提升了整体价值。

此外，供应链中最基本的订单和发票也不应该被忽略。因为订单作为供应商和采购商之间的一种协议，直接关系到了供应商发货前和发货后的融资行为及采购商存货融资的行为。供应链金融一般认为是一种针对中小企业的新型融资模式，将资金流有效整合到供应链管理的过程中，既为供应链各环节企业提供贸易资金服务，又为供应链弱势企业提供新型贷款融资服务，以核心客户为依托，以真实贸易背景为前提，运用自偿性贸易融资方式。

第二节 供应链金融的运作机制

从供应链金融与传统融资模式的区别来看，主要体现在5个方面（见表8-2），传统贸易融资主要通过信用证及票据，真实贸易背景下以在有效期内的信用证及未到期的票据进行融资借款，并以业务滚动的方式延续借款期限。主要融资环节体现在采购或者销售的单环节部分，此时融资平台以商业银行为主。供应链金融的基础融资是通过对供应链企业客户垫付采购款及提前释放货权的赊销方式来进行融资，一般以供应链全链条为整体进行融资，因此对供应链上下游关联度要求较高。此时，可以通过供应链企业作为融资平台进行融资，突显供应链模式的优势。另外，与传统融资模式更大的区别还在于信息的流转，传统贸易上下游关联度低和信息片段化。而供应链金融则全链条信息透明，实现上下游信息连贯。图8-9展示了供应链金融企业资金的运营情况。

表8-2 供应链金融与传统贸易融资区别

项目	供应链金融	传统贸易融资
基础融资	赊销+垫付	信用证、票据
风控关键点	供应链上下游关联度	贸易背景真实度
主导方	供应链企业	商业银行
主要融资环节	供应链全链条融资	单环节融资
信息流	全链条信息透明、连贯度高	片段化、信息连贯度低

第八章 供应链金融

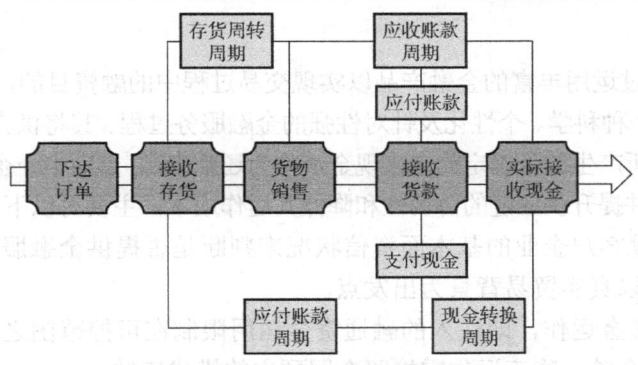

图 8-9 供应链企业资金运营情况

1. 操作模式

为缓解经营中各阶段出现的资金缺口问题,供应链网络上参与企业通常采取更加有效的支付手段,根据企业规模大小不同,所形成的支付效果不一,具体来看主要有以下三种操作模式。

(1) 延长支付:一般发生在下游客户较强势、供应商较弱势的交易情况下。例如,大部分生产制造型客户通常要求 30 天到 45 天的账期,有利于下游客户资金运转,但对上游供应商形成较大资金压力,同时加大供应商融资成本。

(2) 提前支付获得折扣:下游客户若能提前支付货款,则在一定程度上解决了上游的资金问题,便可获得较为优惠的交易价格。由于在国际贸易中要求报关价格需与实际交易价格一致,涉及较为复杂的手续,因此该种模式多适用于国内供应链贸易业务。

(3) 合作性仓储管理:在买卖双方共同确定的框架下,供应商承担在下游企业仓库中货物的库存管理,当货物被下游客户使用时才进行货权转移。一方面可以减少下游客户资金占用,保障及时供货;另一方面有利于供应商合理规划生产,避免库存积压或空滞,另一方面可掌握客户信息。但对于供应商而言,资金运转效率较低。

上述状况反映出了供应链运作过程中的系列资金问题。因此,合理解决资金流问题,并使之与商流、信息流和物流进行有效整合是供应链贸易运作的核心基础。其中供应链金融框架如图 8-10 所示。

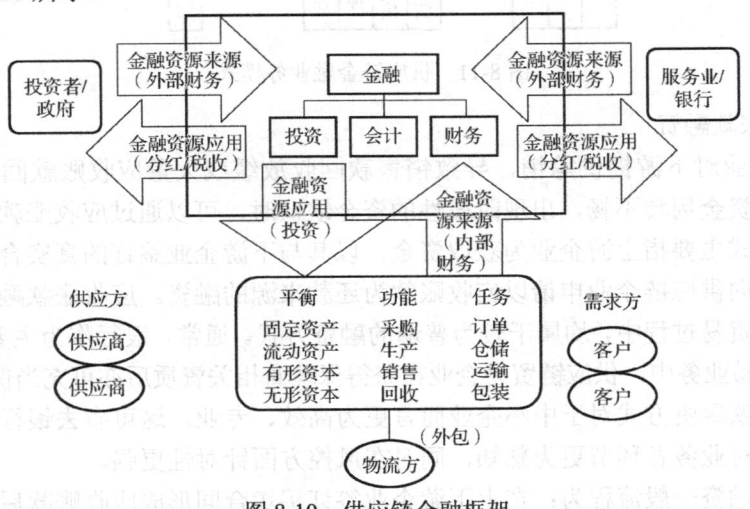

图 8-10 供应链金融框架

2. 成本优势

供应链金融通过运用丰富的金融产品以实现交易过程中的融资目的，不同于传统贸易的融资方式，其更是一种科学、个性化及针对性强的金融服务过程。其将供应链运作环节中流动性差的资产及资产所产生的且确定的未来现金流作为还款来源，借助中介企业的渠道优势提供全面的金融服务，并提升供应链的协调性和降低其运作成本，主要有以下4个特点。

(1) 不单纯依赖客户企业的基本面资信状况来判断是否提供金融服务，而是依据供应链整体运作情况，以真实贸易背景为出发点。

(2) 闭合式的资金运作，即注入的融通资金运用限制在可控范围之内，按照具体业务逐笔审核放款，资金链、物流运作需按照合同预定的模式流转。

(3) 供应链金融可获得渠道及供应链系统内多个主体信息，可制定个性化的服务方案，尤其对于成长型的中小企业，资金流得到优化同时提高了经营管理能力。

(4) 流动性较差的资产是供应链金融服务的针对目标，从众多资金沉淀环节来提高资金效率，但前提是该部分资产具有良好的自偿性。

3. 供应链融资业务框架与流程

供应链金融的三种传统表现形式为应收账款融资、库存融资及预付款融资。目前在国内实践中，商业银行或供应链企业为供应链金融业务的主要参与者。由于本系列专题研究对象为供应链企业，所以我们在介绍供应链金融模式时，主要以供应链企业为服务提供者(如图8-11所示)。

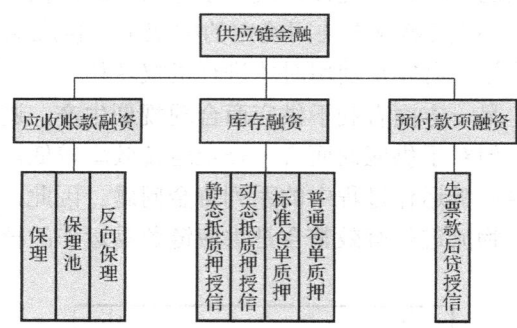

图8-11 供应链金融业务模式

(1) 应收账款融资

当上游企业对下游提供赊销，导致销售款回收放缓或大量应收账款回收困难的情况下，上游企业资金周转不畅，出现阶段性的资金缺口时，可以通过应收账款进行融资。应收账款融资模式主要指上游企业为获取资金，以其与下游企业签订的真实合同产生的应收账款为基础，向供应链企业申请以应收账款为还款来源的融资。应收账款融资在传统贸易融资及供应链贸易过程中，均属于较为普遍的融资方式。通常，银行作为主要的金融平台，但在供应链贸易业务中，供应链贸易企业在获得保理商相关资质后亦可充当保理商的角色，所提供的应收款融资方式对于中小企业而言更为高效、专业。这可省去银行的繁杂流程，让供应链企业对业务各环节更为熟知，同时在风控方面针对性更强。

应收账款融资一般流程为：在上下游企业签订买卖合同形成应收账款后，供应商将应收账款单据转让至供应链企业,同时下游客户对供应链企业做出付款承诺,随后供应链企业给供应商提供信用贷款以缓解阶段性资金压力,当应收款收回时,融资方(即上游企业)偿还借款给供应链企业。通常应收账款融资存在以下3种方式。

① 保理。保理是指通过收购企业应收账款为企业融资,并提供其他相关服务的金融业务或产品。具体操作是保理商(拥有保理资质的供应链企业)从供应商或卖方处买入通常以发票形式呈现的对债务人或买方的应收账款,同时根据客户需求提供债务催收、销售分户账管理及坏账担保等。应收账款融资可提前实现销售回款,加速资金流转,一般也无须其他质押物和担保,减轻了买卖双方的资金压力,流程如图 8-12 所示。保理业务期限一般在 90 天以内,最长可达 180 天,通常分为有追索权保理和无追索权保理。其中无追索权保理是指贸易性应收账款,通过无追索权形式出售给保理商,以获得短期融资。保理商需事先对与卖方有业务往来的买方进行资信审核评估,并根据评估情况对买方核定信用额度。有追索权保理是指到期应收账款无法回收时,保理商保留对企业的追索权。出售应收账款的企业需承担相应的坏账损失,在会计处理上,有追索权保理视同以应收账款为担保的短期借款。

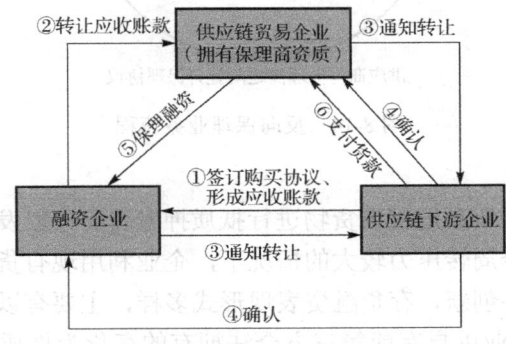

图 8-12 保理业务流程

② 保理池。保理池一般是指将一个或多个具有不同买方、不同期限及不同金额的应收账款打包一次性转让给保理商,保理商再根据累计的应收账款情况进行融资放款,流程如图 8-13 所示。这有效整合了零散的应收账款,同时免去多次保理服务的手续费用,有助于提高融资效率,但同时对保理商的风控体系提出更高要求,需对每笔应收款交易细节进行把控,避免坏账风险。下游货物购买方集中度不高,有助于分散风险。

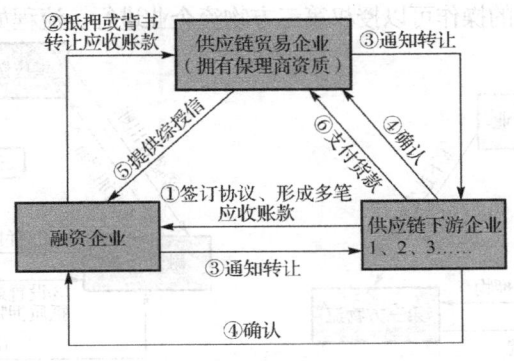

图 8-13 保理池融资业务流程

③ 反向保理（逆保理）。反向保理是指供应链保理商与资信能力较强的下游客户达成反向保理协议，为上游供应商提供一揽子融资和结算方案。主要针对下游客户与其上游供应商之间因贸易关系所产生的应收账款，即在供应商持有该客户的应收账款时，得到下游客户的确认后可将应收账款转让给供应链保理商以获得融资，与一般保理业务的区别主要在于信用风险评估对象的转变，流程如图 8-14 所示。

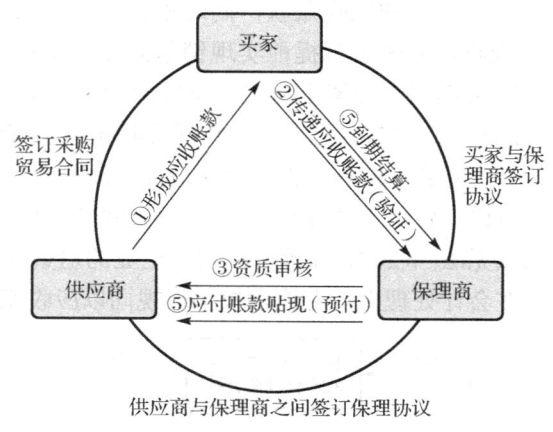

图 8-14　反向保理业务流程

(2) 存货融资

存货融资主要是指以贸易过程中货物进行抵质押融资，一般发生在企业存货量较大或库存周转较慢，导致资金周转压力较大的情况下，企业利用现有货物进行资金提前套现。随着参与方的延伸及服务创新，存货融资表现形式多样，主要有以下三种方式。

① 静态抵质押。企业以自有或第三方合法拥有的存货为抵质押的贷款业务，供应链企业可委托第三方物流公司对客户提供的抵质押货品实行监管，以汇款方式赎回。企业通过静态货物抵质押融资盘活积压存货的资金，以扩大经营规模，货物赎回后可进行滚动操作，流程如图 8-15 所示。

② 动态抵质押。供应链企业可对用于抵质押的商品价值设定最低限额，允许限额以上的商品出库，企业可以以货易货，一般适用于库存稳定、货物品类较为一致及抵质押货物核定较容易的企业。由于可以以货易货，因此抵质押设定对于生产经营活动的影响较小，对盘活存货作用较明显，通常以货易货的操作可以授权第三方物流企业进行，流程如图 8-16 所示。

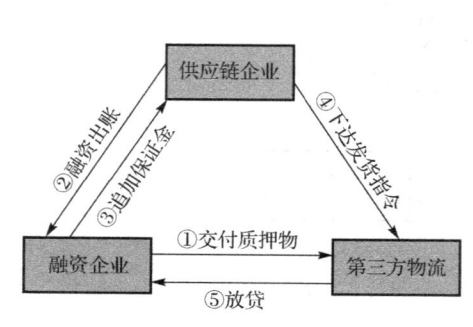

图 8-15　静态抵质押业务流程

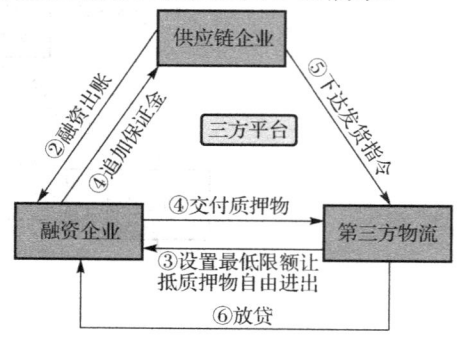

图 8-16　动态质押业务流程

③ 仓单质押。分为标准仓单质押和普通仓单质押，区别在于质押物是否为期货交割仓单。其中标准仓单质押是指企业以自有或第三人合法拥有的标准仓单为质押的融资业务，流程如图 8-17 所示，适用于通过期货交易市场进行采购或销售的客户，以及通过期货交易市场套期保值、规避经营风险的客户，手续较为简便、成本较低，同时具有较强的流动性，可便于对质押物的处置。普通仓单是指客户提供由仓库或第三方物流提供的非期货交割用仓单作为质押物，并对仓单做出融资出账，具有有价证券性质，因此对出具仓单的仓库或第三方物流公司资质要求很高，流程如图 8-18 所示。

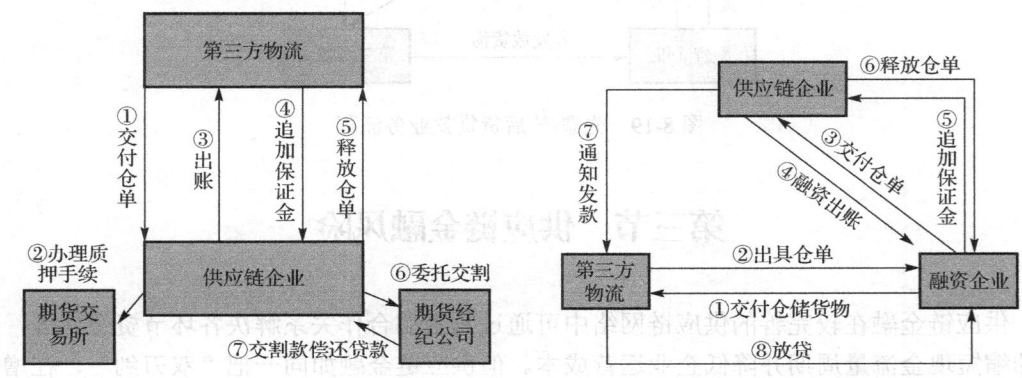

图 8-17 标准仓单质押业务流程 　　　　图 8-18 普通仓单质押业务流程

从目前市场情况来看，在存货融资过程中，通常供应链企业为避免因市场价格波动或其他因素导致库存积压，在库存环节单纯就库存商品对中小企业进行库存融资的情况较少，更多的是在采购或者销售阶段得益于整体供应链条环节紧扣就可对库存进行控制。因此，中小企业更多的通过其他渠道进行库存融资。此外，一般供应链业务中因上下游的协调配合，库存周转较快，单独以库存融资的情况相对传统贸易融资较少。

(3) 预付款融资

在存货融资的基础上，预付款融资得到发展，买方在交纳一定保证金的前提下，供应链企业代为向卖方议付全额货款。卖方根据购销合同发货后，货物到达指定仓库后设定抵质押为代垫款的保证。在产品销售较好的情况下，库存周转较快，因此资金多集中于预付款阶段，预付款融资时间覆盖上游排产及运输时间，有效缓解了流动资金压力，货物到库后可与存货融资形成"无缝对接"。

一般在上游企业承诺回购的前提下，中小型企业以供应链指定仓库的仓单向供应链企业申请融资来缓解预付款压力，由供应链企业控制其提货权的融资业务，一般按照单笔业务来进行，不关联其他业务。在具体过程中，中小企业、上游企业、第三方物流企业及供应链企业共同签订协议。一般供应链企业通过代付采购款方式对融资企业融资，购买方直接将货款支付给供应链企业。预付款融资方式多用于采购阶段，其担保基础为购买方对供应商的提货权。

目前国内供应链贸易企业中常用的方式为先票/款后货贷款。在供应链贸易业务中，供应链企业可提供预付款融资服务，尤其在较为成熟的供应链条中，当中小企业在采购阶段出现资金缺口时，向供应链贸易企业缴纳保证金并提供相关业务真实单据。供应链贸易企业在对商业供应商进行资质核实后，代替中小企业采购货物，并掌握货权，随后由中小企业一次或分批次赎回，流程如图 8-19 所示。

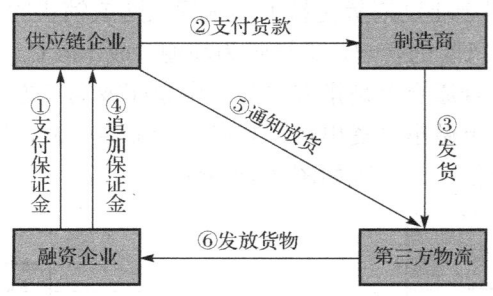

图 8-19　先票/款后货贷款业务流程

第三节　供应链金融风险

供应链金融在较完善的供应链网络中可通过紧密的合作关系解决各环节资金问题，较大的缩短现金流量周期并降低企业运营成本。但供应链金融如同一把"双刃剑"，在增加供应链企业运营效率的同时也对其经营产生一定的风险。可以从两方面对供应链金融风险进行阐述：一方面，供应链企业提供金融类服务时(如保理、贷款等)，将面临不同的外生风险性，或对经营产生影响；另一方面，供应链金融业务嵌入至企业经营业务(应收账款融资、库存融资及预付款项融资模式)中或导致经营及财务状况存在一定的内生风险。

一、供应链金融外生风险

一般指外部经济周期、金融环境及产生政策发生变化，对供应链金融造成影响。我们主要从宏观经济周期、政策监管环境及市场金融环境三个方面来分析。

1. 宏观经济周期

供应链金融在一定的经济环境中运行，其金融活动涉及不同产业、融资平台及流动性服务商，相较于单环节运行的传统贸易业务，涉及范围更广。一旦经济状况出现波动，将导致供应链金融模式中的环节主体面临较大的风险，从而导致整体供应链资金风险加剧。尤其在经济出现下行或衰退时，市场需求疲软，供应链中企业面临生存经营困难，甚至破产等问题，最终造成金融活动丧失良好的信用担保。

2. 政策监管环境

传统金融活动主要由商业银行等金融机构主导。随着市场的快速发展及企业的迫切扩张，为满足市场业务发展需求，金融工具得到不断创新，同时在政策监管的允许下，非金融类企业在取得相应资质后可经营金融类业务，并受到相关法律及监管条例约束。例如，供应链贸易企业可从事保理、贷款及融资租赁业务。一旦政策监管环境发生变化，或对供应链贸易企业提供的金融业务的监管力度提高或约束范围扩大，将对供应链金融活动产生不利影响。

3. 金融环境

供应链金融业务主要盈利来源于息差收入，当供应链企业获取的融资成本远小于其从事供应链金融业务所获得的利息收入时，供应链金融业务利润空间较大。一旦市场流动性偏紧，金融环境恶化导致资金成本上涨，供应链金融业务融资费用增加，尤其在市场利率出现较大波动的情况下，供应链金融业务利润收缩，甚至造成供应链各环节企业资金紧张，融资款项无法收回等情况。

二、供应链金融内生风险

供应链企业在经营过程中结合具体业务模式，在采购、库存及销售阶段提供不同的融资模式，将资金风险转移到自身，并获取毛利率高的资金收益，具体从经营风险及财务风险两方面来进行分析。

1. 经营风险

(1) 供应链关联度风险。较为完善的供应链体系整合度较高，资金流转在供应链业务中形成闭环，供应链企业可通过对各环节的跟踪管理来控制供应链金融风险。同时，要求供应链采购、生产、销售、仓储及配送等各环节在涉及的贸易业务领域上具有较高的关联度，可对同一领域业务形成紧密、配合顺畅的合作关系。而一旦供应链企业关联度低，融资环节出现缺口造成风险不可控，或将对供应链金融业务参与企业经营造成损失。

(2) 供应链上下游企业信用风险。供应链上下游企业的信用状况在一定程度上反映出其偿债意愿及偿债能力，良好的资信状况为供应链金融业务正常运转的前提。中小企业通常资信状况相对于大型企业较差，加之我国征信体系尚不健全导致违约成本不高，易出现债务偿还延缓或回收困难等问题，供应链金融风险加大。

(3) 供应链贸易背景风险。在虚假的供应链贸易融资背景中，通过提供虚假的业务单据和货物凭证来取得融资借款，而资金则被转移至其他投机或投资业务，导致供应链企业所提供的金融业务产生巨大资金损失。

(4) 供应链管理及运营风险。从供应链管理角度，供应链各环节的有效整合管理是供应链金融业务正常运转的基本前提，供应链企业通过其专业的管理能力促使各环节主体的紧密配合、协调统一，同时也对供应链企业专业水平提出了更高的要求。一旦供应链企业运营过程中出现管理机制问题或将引起供应链风险失控，将对供应链经营造成一定冲击。从供应链上企业运营的角度来说，供应链上下游各环节企业自身运营状况决定了供应链业务的正常运作。一旦某个企业经营恶化，造成商流、物流及信息流的不连贯性，触发资金流的断裂，供应链金融业务链随之崩塌。

2. 财务风险

(1) 资产流动性风险。供应链企业通过赊销和垫付的模式为链条上中小企业提供融资服务，导致企业出现较大规模的预付款项和应收账款。资金的提前支出与延迟回收降低企业资金效率，并易造成企业阶段性的经营资金压力。当大规模的预付和应收类款项出现问题或将出现流动性问题时，不利于企业业务拓展。

(2) 债务融资风险。供应链企业在提供金融服务的同时，自身对外部资金需求较大，通过债务融资的滚动维持金融业务的发展。具体过程中，企业依托自身良好的资信情况及整体供应链为潜在的担保基础，向银行等机构获取借款，再通供应链贸易业务或金融业务将资金放贷至其他中小企业来获得资金套利。因此，供应链企业债务负担较重，随着业务规模的不断扩大，杠杆水平持续增高，或对后续的再融资业务形成限制，高杠杆、重债务的经营模式将加剧供应链金融风险的暴露。

(3)现金流风险。大量的垫资和赊销业务导致企业资金出现较大幅度的流出，且回收期限延缓，不利于流动性的积累。经营性现金流对企业债务覆盖能力较差，企业经营及债务偿还资金依赖于外部融资，造成较大的筹资压力。一旦出现外部融资渠道受阻，供应链企业将面临资金断裂风险。

复习思考题

1. 供应链金融有哪些模式？
2. 供应链金融有哪些风险？如何防范？
3. 供应链金融的融资流程有哪些？

扩展阅读

目前国内供应链融资平台主要做应收账款项下融资。其中，又分为贸易项下、信贷项下、经营物业项下三类，其本质都是基于未来可预测、稳定、权属清晰的现金流来进行融资。这种融资方式快速盘活了中小微企业的主体资产——应收账款，使得中小微企业能够快速获得维持和扩大经营必须的现金流，很好地解决了这些中小微企业回款慢而且融资难的问题。该模式核心交易结构如下(如图8-20所示)。

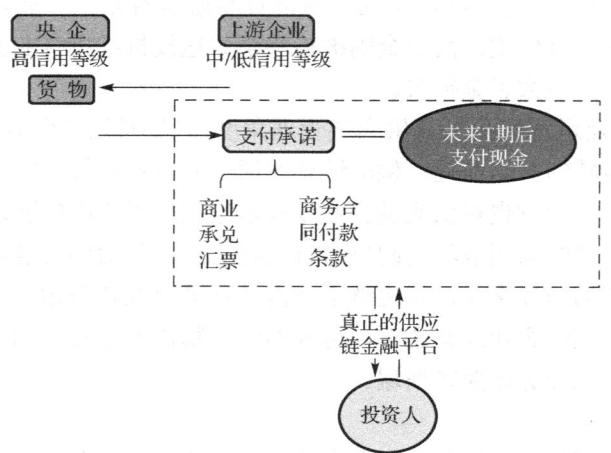

图8-20 应收账款项下融资交易结构

总体来说，还款来源有四层。第一层：应付账款方(央企或大型国企)；第二层：融资人/应收账款方(上游企业)；第三层：产品增信机构(若有)；第四层：保理机构。具体到产品，常见的一般有以下四种：央/国企作为支付信用的供应链金融；核心企业作为支付信用的供应链金融；基于融资租赁业务为交易模式，租赁资产应收租金收益权作为支付保障而设计的产品；基于商业写字楼租金收取权，商业写字楼的应收租金作为支付保障而设计的产品。

1. 央/国企作为支付信用的供应链金融（如图 8-21 所示）

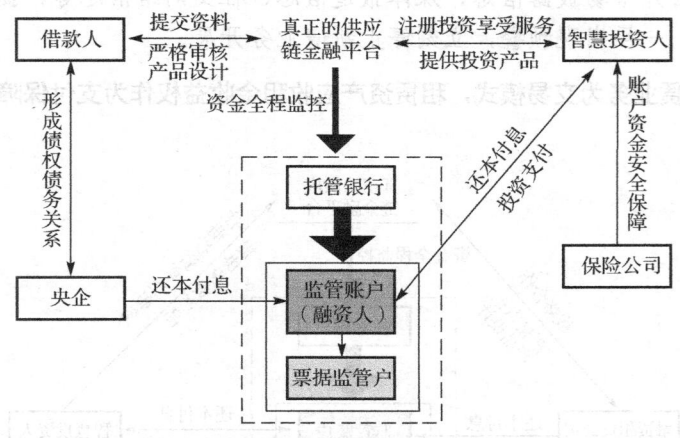

图 8-21　央/国企作为支付信用的供应链金融

该产品的还款来源有三重保障：中央企业支付信用，融资人承诺回购，第三方资产管理公司回购保障。这类产品的风控标准关键点是：把控支付核心——央企，包括严格核心央企准入和核心央企动态监测。一般供应链金融平台通过自主研发的央企准入模型，实行定性指标、定量指标相结合的方式严格央企准入标准，从源头控制风险。同时需要自建企业动态跟踪监测系统，通过自主获取信息、公开市场披露信息、媒体报道信息、社交网络信息等，提前预判核心央企信用风险，一旦出现预警，立刻停止新增业务开展。

2. 核心企业作为支付信用的供应链金融（如图 8-22 所示）

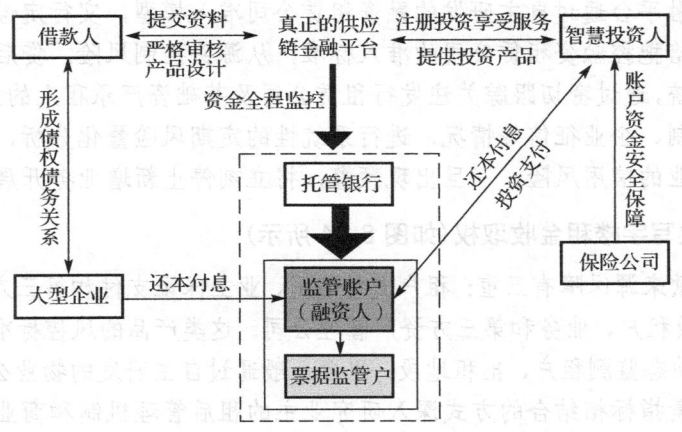

图 8-22　核心企业作为支付信用的供应链金融

该产品的还款保障来源也是三重：大型企业支付信用，融资人承诺回购和第三方资产管理公司回购保障。这类产品的风控标准关键点是：筛选并监控支付核心——大型企业，包括严格大型企业准入和核心大型企业动态监测。供应链金融平台在提供融资之前，先通过自主研发的大型企业准入模型，实行定性指标、定量指标相结合的方式严格把控大型企业准入标准，从源头控制风险。贷后，供应链金融平台自建企业动态跟踪监测系统，通过自主获取信息、公开市场披露信息、媒体报道信息、社交网络信息等，提前预判核心大型企业的信用风险，一旦出现预警，立刻停止新增业务开展。

3. 以融资租赁业务为交易模式，租赁资产应收租金收益权作为支付保障而设计的产品（如图 8-23 所示）

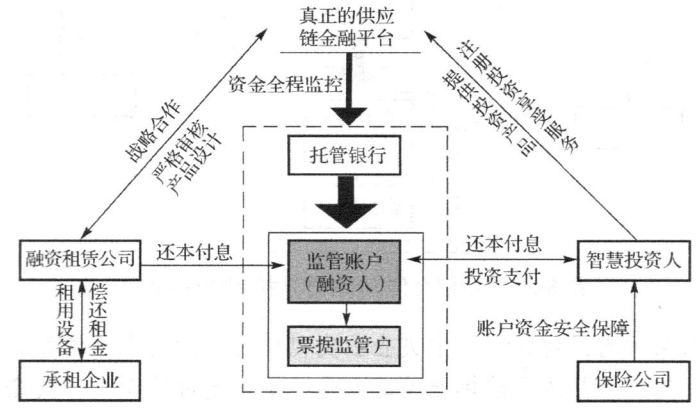

图 8-23　以融资租赁业务为交易模式，租赁资产应收租金收益权作为支付保障而设计的产品

该产品由于涉及的交易方比较多，产品结构上有五重还款来源保障：承租企业支付信用，担保企业保证支付，承租企业实际控制人连带责任保证支付，融资人(融资租赁公司)不可撤销回购担保和第三方资产管理公司回购保障。这类产品的风控标准关键点除了把控承租企业和担保企业外，还需要贷前严格融资租赁公司准入和贷后对融资租赁公司的动态监测。供应链金融平台通过自主研发的融资租赁公司准入模型，实行定性指标、定量指标相结合的方式严格把控融资租赁公司的准入标准，从源头控制风险。贷后，平台自建企业动态跟踪监测系统,通过密切跟踪关注发行租赁公司及基础资产承租人的主要的财务数据、生产运营管理机制、企业征信等情况，进行系统性的定期风险量化分析，提前预判融资租赁企业、承租企业的信用风险。一旦出现预警，将立刻停止新增业务开展。

4．基于商业写字楼租金收取权（如图 8-24 所示）

该产品的还款来源保障有三重：租户支付信用、业主保证支付和第三方资产管理公司回购保障。其中涉及租户、业务和第三方资产管理公司。这类产品的风控标准关键点是严格物业公司的准入和动态监测租户、出租地段。平台一般通过自主研发的物业公司准入模型，实行定性指标和定量指标相结合的方式深入研究业主的租后管理机制和商业房产的所有权等事宜，严格业主的准入标准，从源头控制风险。贷后，平台自建租户动态跟踪监测系统，通过深入研究租户的企业性质、网点布局规划、租户的征信情况及出租地段出租率等进行系统性的风险量化分析，提前预判融租户的信用风险，一旦出现预警，立刻停止业务开展。

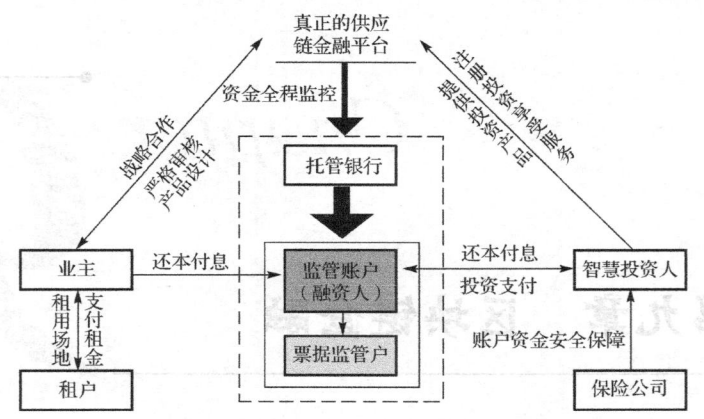

图 8-24　基于商业写字楼租金收取权

评析：在传统供应链金融模式中，核心企业利用自身信用及与金融机构签订担保协议，帮助中小企业获得融资。但是模式对于核心企业来说，看得见的好处实在过少。促进上游企业的订单接收能力，促进下游企业的销售能力，形成整个供应链的良性循环，这饼画得很大，话说得很美，事实上核心企业在考虑风险（需要签署货物回购协议，自行处理大批货物的风险）和回报（只有间接好处，直接好处过少，回报时间长）后在供应链金融模式中积极性并不大，这也就是传统供应链金融发展的不温不火的原因。互联网供应链金融平台利用互联网技术对于数据的收集分析处理能力，依靠数据的处理分析去建立完善中小企业的信用评价，从而弱化核心企业在供应链金融模式中的作用。并且，依靠互联网，核心企业可以将交易数据实时上传，平台可以对数据实时分析，从而去预测把控中小企业的一个运营情况，发现不对的苗头便可进行处理。可以说供应链金融模式依靠互联网得到了很好的完善。

Chapter 9

第九章　区块链金融

【引导案例】

德勤的区块链金融

区块链在金融服务业上的运用最早也是最普及的场景包括：支付、证券的清算和交割。DC3（德勤加密货币社区）在过去两年通过与全球商界的沟通和讨论，已经开发的区块链应用达到 50 多个应用案例，遍布金融、汽车、酒店、连锁业、医疗生命、媒体娱乐等行业。以下是选取的德勤针对托管行业领域的应用案例。

1. 在金融机构的反洗钱（AML）及了解客户（KYC）领域的应用

德勤应用区块链在反洗钱（AML）和了解客户（KYC）领域上颠覆了金融业现存的合规模式。在反洗钱（AML）领域，基于区块链，各金融机构将各自收集和验证的客户信息数字化后，上传至区块链；同时，金融机构为交易中的实体提供电子身份证明信息（类似私人钥匙），并将用户地址与其电子身份证明信息联系起来，任何交易的发生都需要经过该私人钥匙和银行手中的公共钥匙验证，并由用户地址进行，这就决定了区块链上数据的可追溯性（如图 9-1 所示）。在这种模式下，各个金融机构在区块链上实现交易信息的共享，任一交易的任一环节都不会脱离监管的视线，黑钱将无处、无法洗白，这将极大地增强反洗钱的力度。同时，通过在区块链上设置一定的规则与逻辑，区块链将自动验证交易和用户的合规性，不合规的交易及用户将被去除，整个金融企业的合规程度将得到提高。如果要了解客户（KYC）领域，那么金融机构同样可以通过区块链共享交易实体的信息，这将减少大量重复性工作，也为各家机构节省了大量合规成本。同时，这将为金融机构在挖掘潜在业务机会、识别风险暴露方面提供很大帮助。

2. 在证券结算和清算领域的应用

证券交易市场是区块链存在潜在发展机会的领域。在传统证券交易中，证券所有人发出交易指令后，指令需要依次经过证券经纪人、资产托管人、中央银行和中央登记机构这四大机构的协调，才能完成交易。整个流程效率低，成本高，且这样的模式造就了强势的中介，金融消费者的权利往往得不到保障。一般来说，从证券所有人处发出交易指令，到交易最终在登记机构得到确认，通常需要"T+3"天（如图 9-2 所示）。有估算，美国两大证券交易所每年所需清算和结算的费用预估高达 650 亿~850 亿美元。但如果将 T+3"天缩短一天为"T+2",那么每年费用将减少 27 亿美元。

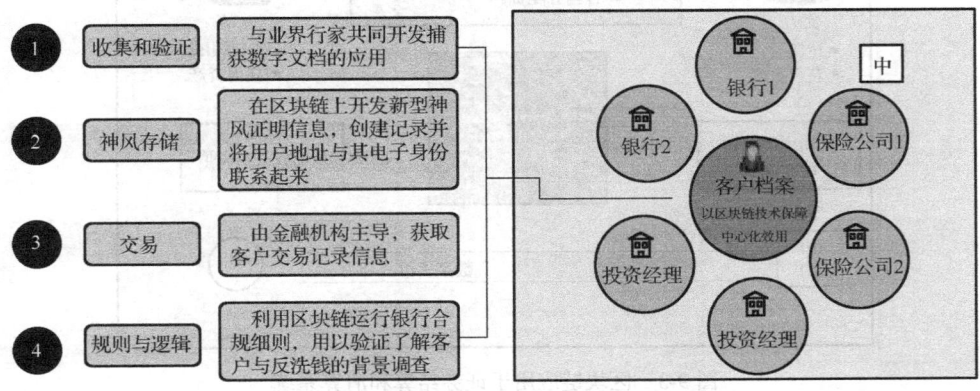

图 9-1 区块链在存储、验证和工作流中的应用

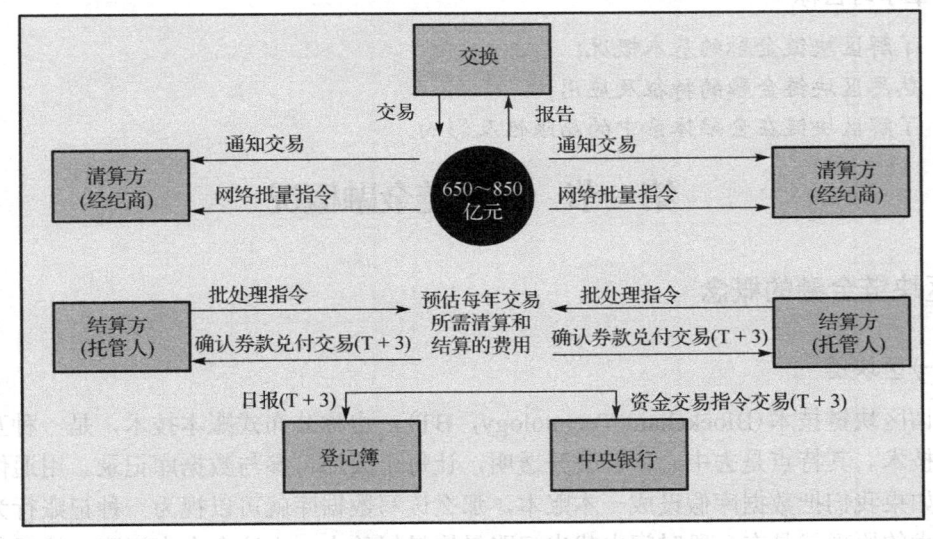

图 9-2 证券结算和清算系统中典型的"T+3"案例

使用区块链,买方和卖方能够通过智能合约直接实现自动配对,并通过分布式的数字化登记系统,自动实现结算和清算(如图 9-3 所示)。由于录入区块的数据不可撤销且能在短时间内被拷贝到每个数据块中,录入到区块链上的信息实际上产生了公示的效果,因此交易的发生和所有权的确认不会有任何争议。与以往交易确认需要"T+3"天不同,在区块链上,结算和清算的完成仅仅需要 10 分钟(即在区块链上确认完成一笔交易的时间)。NASDAQ 的 LINQ 为 Overstock.com 在 2015 年年底发行的私募债就成功实现了这个场景。去中介化的交易流程毫无疑问将大幅节省交易费用。

实践上,澳洲证券交易所(ASX)正在认真考虑将区块链应用于其清算和结算系统。据悉,纳斯达克 OMX 和伦敦证券交易所都已在探索这方面的应用。

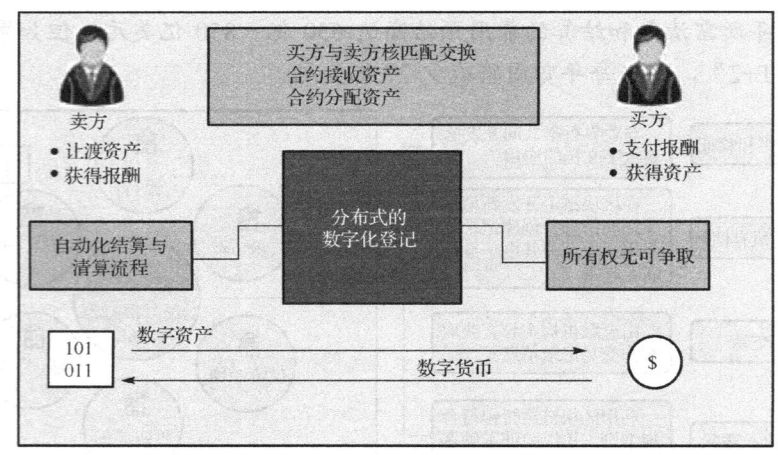

图 9-3 区块链应用于证券结算和清算系统

本章学习目标

- 了解区块链金融的基本概况；
- 熟悉区块链金融的特征及应用；
- 了解区块链在金融体系中的局限性及影响。

第一节 区块链金融概况

一、区块链金融的概念

（一）区块链

所谓区块链技术（Blockchain Technology，BT），也称分布式账本技术，是一种互联网数据库技术。其特点是去中心化、公开透明，让每个人均可参与数据库记录。用通俗的话阐述：如果我们把数据库假设成一本账本，那么读写数据库就可以视为一种记账行为，区块链技术的原理就是在一段时间内找出记账最快最好的人，由这个人来记账，然后将账本的这一页信息发给整个系统里的其他所有人。这也就相当于改变数据库所有的记录，发给全网的其他每个节点，所以区块链技术也称为分布式账本（Distributed Ledger）。区块链的基本概念包括交易（Transaction），指一次操作导致账本状态的一次改变，如添加一条记录；区块（Block），指记录一段时间内发生的交易和状态结果，是对当前账本状态的一次共识；链（Chain），指由一个个区块按照发生顺序串联而成，是整个状态变化的日志记录。把区块链作为一个状态机，每次交易就是试图改变一次状态，而每次共识生成的区块，就是参与者对于区块中所有交易内容导致状态改变的结果进行确认。

一般说来，区块链系统由数据层、网络层、共识层、激励层、合约层和应用层组成。其中，数据层封装了底层数据区块及相关的数据加密和时间戳等基础数据和基本算法；网络层则包括分布式组网机制、数据传播机制和数据验证机制等；共识层主要封装网络节点的各类共识算法；激励层将经济因素集成到区块链技术体系中来，主要包括经济激励的发行机制和分配机制等；合约层主要封装各类脚本、算法和智能合约，是区块链可编程特性的基础；应用层则封装了区块链的各种应用场景和案例。该模型中，基于时间戳的链式区块结构、分布式节点的共识机制、基于共识算力的经济激励和灵活可编程的智能合约是区块链技术最具代表性的创新点。

（二）区块链金融的释义

区块链金融，其实是区块链技术在金融领域的应用。区块链是一种基于比特币的底层技术，本质其实就是一个去中心化的信任机制。通过在分布式节点共享来集体维护一个可持续生长的数据库，实现信息的安全性和准确性。

应用此技术可以解决交易中的信任和安全问题，区块链技术成为了金融业未来升级的一个可选的方向，通过区块链，交易双方可在无须借助第三方信用中介的条件下开展经济活动，从而降低资产能够在全球范围内转移的成本。

证券市场是区块链非常适合的应用领域，两者之间的契合度非常高。传统的证券交易，需要经过中央结算机构、银行、证券公司和交易所这四大机构的协调工作，才能完成证券的交易。这种方式效率低、成本高，且这样的模式造就了强势中介，金融消费者的权利往往得不到保障。而区块链系统就可以独立地完成一条龙式服务。全球金融证券机构都已开始探索这方面的应用。证券登记与发行是证券交易市场的基础。区块链将利用区块链账本的安全透明、不可篡改、易于跟踪等特点，对证券登记、股权管理、证券发行进行数字化管理，使其变得更加高效和安全。不过，区块链在证券登记发行上的应用存在法律合规、投资者匿名监管、区块链上数字证券与现实世界价值对接等问题。

二、区块链支付的挑战与前景

区块链技术可以为跨境支付提供解决方案，既有简单的又有复杂的，可以弥补现有跨境支付中的体验问题。但是区块链跨境支付还是存在以下 5 个挑战。

第一个挑战，道德犯罪。道德犯罪根源是区块链匿名机制，建议在跨境电商的支付结算中可以要求交易主体要实名认证。匿名机制使得用户的货币被盗后难以获得法律保障。

第二个挑战，是不同国家外汇管理的政策的不同，有的宽松，有的严格管制。平台自然也会受到影响。

第三个挑战，是各数字货币总量有限，在跨境交易中会遭遇"上限"的挑战。

第四个挑战，是中心化与去中心化两股力量的挑战。

第五个挑战，是社会成本上升带来的资源性挑战。区块链系统需要大量"矿机"保障系统的安全运行，交易处理会消耗整个网络的算力和能源；分布式存储也会大量占用众多节点的带宽和设备。

第二节　区块链金融的特征及应用

一、区块链金融的特征

1. 去中心化

由于使用分布式核算和存储，因此不存在中心化的硬件或管理机构。任意节点的权利和义务都是均等的，系统中的数据块由整个系统中具有维护功能的节点来共同维护。得益于区块链的去中心化特征，比特币也拥有去中心化的特征。

2. 开放性

系统是开放的，除了交易各方的私有信息被加密，区块链的数据对所有人公开，任何人都可以通过公开的接口查询区块链数据和开发相关应用，因此整个系统信息高度透明。

3. 自治性

区块链采用基于协商一致的规范和协议（比如一套公开透明的算法）使得整个系统中的所有节点能够在信任的环境里自由安全的交换数据，使得对"人"的信任改成了对机器的信任，任何人为的干预不起作用。

4. 信息不可篡改

一旦信息经过验证并添加至区块链，就会永久的存储起来。除非能够同时控制住系统中超过 51%的节点，否则单个节点上对数据库的修改是无效的，因此区块链的数据稳定性和可靠性极高。

5. 匿名性

由于节点之间的交换遵循固定的算法，其数据交互是无须信任的（区块链中的程序规则会自行判断活动是否有效），因此交易对手无须通过公开身份的方式让对方自己产生信任，对信用的累积非常有帮助。

二、区块链金融的应用

2018 年区块链的落地应用更受关注，区块链应用给各行各业都造就了一个"捅破天花板"的机会。随着区块链的深入改造，很多行业都开始焕发第二春。在众多行业中，区块链+金融也备受关注，这里不是说币圈的金融而是说金融场景的应用。在金融市场场景中有 10 个场景是区块链非常适合的应用领域。如资产证券化、保险、供应链金融等。它们在传统的金融场景中，都存在着参与节点多，验真成本高，交易流程长的特点，会产生业务的低效化、信用高风险等问题。

区块链金融的十大应用场景如图 9-4 所示。

图 9-4　区块链金融十大应用场景

第九章 区块链金融

(一)智能合约

1. 智能合约概念

智能合约(Smart Contract)是一种旨在以信息化方式传播、验证或执行合同的计算机协议。智能合约允许在没有第三方的情况下进行可信交易。这些交易可追踪且不可逆转。智能合约概念于 1994 年由 Nick Szabo 首次提出,其目的是提升优于传统合同方法的安全性,并减少与合同相关的其他交易成本。"智能合约"这个术语至少可以追溯到 1995 年,是由多产的跨领域法律学者尼克·萨博(Nick Szabo)提出来的。他在发表在自己的网站的几篇文章中提到了智能合约的理念。他的定义如下:

"一个智能合约是一套以数字形式定义的承诺,包括合约参与方可以在上面执行这些承诺的协议。"

2. 智能合约数字形式

数字形式意味着合约不得不写入计算机可读的代码中。这是必须的,因为只要参与方达成协定,智能合约建立的权利和义务是由一台计算机或者计算机网络执行的。智能合约可分为以下几个步骤。

(1)达成协定。

智能合约的参与方什么时候达成协定呢?答案取决于特定的智能合约实施。一般而言,当参与方通过在合约宿主平台上安装合约,致力于合约的执行时,合约就被发现了。

(2)合约执行。

"执行"的真正意思也依赖于实施。一般而言,执行意味着通过技术手段积极实施。

(3)计算机可读的代码。

另外,合约需要的特定"数字形式"非常依赖于参与方同意使用的协议。

3. 智能合约协议

智能合约协议是指技术实现(Technical Implementation),在这个基础上,合约承诺被实现,或者合约承诺实现被记录下来。选择哪个协议取决于许多因素,最重要的因素是在合约履行期间,被交易资产的本质。

再次以销售合约为例。假设参与方同意货款以比特币支付,那么选择的协议很明显将会是比特币协议。在此协议上,智能合约被实施。因此,合约必须要用到的"数字形式"就是比特币脚本语言。比特币脚本语言是一种非图灵完备的、命令式的、基于栈的编程语言,类似 Forth。

4. 智能合约安全问题

智能合约是"执行合约条款的计算机交易协议"。区块链上的所有用户都可以看到基于区块链的智能合约。但是,这会导致包括安全漏洞在内的所有漏洞都可见,并且可能无法迅速修复。

以太坊智能合约中的问题包括合约编程 Solidity、编译器错误、以太坊虚拟机错误、对区块链网络的攻击、程序错误的不变性及其他尚无文档记录的攻击。

(二)物联网

区块链金融在物联网应用场景一种可能的应用场景为:通过 Transaction 产生对应的行

为，为每一个设备分配地址 Address，给该地址注入一定的费用，可以执行相关动作，从而达到物联网的应用。类似于 PM2.5 监测点数据获取、服务器租赁、网络摄像头数据调用、DNS 服务器等。另外，随着物联网设备的增多，Edge 计算需求的增强，大量设备之间需要通过分布式的管理模式，并且对容错性要求很高。区块链自身分布式和抗攻击的特点可以很好地试用到这一场景中。

(三)物流供应链

供应链行业往往涉及诸多实体，包括物流、资金流、信息流等，这些实体之间存在大量复杂的协作和沟通。传统模式下，不同实体各自保存各自的供应链信息，严重缺乏透明度，造成了较高的时间成本和金钱成本，而且一旦出现问题(冒领、货物假冒等)难以追查和处理。

通过区块链各方可以获得一个透明可靠的统一信息平台，可以实时查看状态，降低物流成本，追溯物品的生产和运送整个过程，从而提高供应链管理的效率。当发生纠纷时，举证和追查也变得更加清晰和容易。该领域被认为是区块链一个很有前景的应用方向。例如，运送方通过扫描二维码来证明货物到达指定区域，并自动收取提前约定的费用，可以参考区块链如何变革供应链金融和区块链给供应链带来的透明度。

(四)公共网络服务

现有的互联网能正常运行，离不开很多近乎免费的网络服务，如域名服务(DNS)。任何人都可以免费查询到域名，没有 DNS 就无法访问各种网站。因此，对于网络系统来说，类似的基础服务必须要能做到安全可靠，并且低成本。区块链技术恰好具备这些特点。基于区块链打造的 DNS 系统，将不再会出现各种错误的查询结果，并且可以稳定可靠地提供服务。

(五)区块链保险行业

在过去两年里，说起科技领域最炙手可热的话题必然离不开区块链技术。这一脱胎于比特币的底层技术，以 7 年多的稳定运行证明了其高度安全可靠的架构和算法设计。同时，区块链技术凭借分布式账本和智能合约等创新性的技术，为多个行业的产业升级打开了巨大的想象空间。区块链技术甚至有业内专家预言区块链技术将掀起第二次互联网革命。金融行业历来对先进技术最为敏感。传统的银行和证券业巨头从 2014 年就纷纷投身于如火如荼的区块链创业投资中，两年内全球投资总额高达 10 亿美金。其中更不乏像 DAH 的 6000 万美元、Blockstream 的 5000 万美元这样的巨额 A 轮融资。除了资金投入，各大公司更是亲自参与和推动具体的业务应用。例如，美国纳斯达克证券交易所推出的 Linq 区块链股权交易所已经与 2015 年底开始发行测试。而全球 43 家跨国银行结成的 R3 CEV 联盟也是一直在测试和改进银行间的跨行清算联盟链，动作之快，参与度之高都是前所未有。保险行业虽然对于区块链技术的参与相对比较保守，但在学术领域一直在进行积极的探索和研究。2014 年底，由英国著名的 Z/YEN Group 咨询集团发起的欧美保险业论坛推出的长达 50 页的《终身之链》专项研究报告从多个方面讨论区块链将会给保险业带来的创新和变革。在研究区块链技术的同时，和国内众多保险行业的专家学者交流，从业务流程、公司管理等多个角度深入探讨了区块链在保险业务的具体落脚点。

三、区块链金融的技术创新

由于区块链主要解决的交易的信任和安全问题，因此它针对这个问题提出了四个技术创新。

第一个称为分布式账本。就是交易记账由分布在不同地方的多个节点共同完成，而且每一个节点都记录的是完整的账目，因此它们都可以参与监督交易合法性，同时也可以共同为其作证。不同于传统的中心化记账方案，没有任何一个节点可以单独记录账目，从而避免了单一记账人被控制或者被贿赂而记假账的可能性。另一方面，由于记账节点足够多，理论上讲除非所有的节点被破坏，否则账目就不会丢失，从而保证了账目数据的安全性。

第二个称为非对称加密和授权技术。虽然存储在区块链上的交易信息是公开的，但是账户身份信息是高度加密的，只有在数据拥有者授权的情况下才能访问到，从而保证了数据的安全和个人的隐私。

第三个称为共识机制，就是所有记账节点之间怎么达成共识，去认定一个记录的有效性，这既是认定的手段，又是防止篡改的手段。区块链提出了四种不同的共识机制，适用于不同的应用场景，在效率和安全性之间取得平衡。以比特币为例，采用的是工作量证明，只有在控制了全网超过51%的记账节点的情况下，才有可能伪造出一条不存在的记录。

第四个称为智能合约。智能合约是基于这些可信的不可篡改的数据，可以自动化的执行一些预先定义好的规则和条款。以保险为例，如果说每个人的信息(包括医疗信息和风险发生的信息)都是真实可信的，那么很容易在一些标准化的保险产品中去进行自动化的理赔。

在保险公司的日常业务中，虽然交易不像银行和证券行业那样频繁，但是对可信数据的依赖是有增无减。因此，笔者认为利用区块链技术，从数据管理的角度切入，能够有效地帮助保险公司提高风险管理能力。具体来讲，主要分投保人风险管理和保险公司的风险监督。在投保人风险管理方面的保险经营中，保险公司和投保人的纠纷时有发生，要么是投保人提供虚假的个人信息骗保，要么是理赔的时候对于免责条款的认定发生分歧。而这些问题的关键都在于对投保人的个人信息缺乏一个真实可信的数据采集和存储手段。

而随着诸如医疗信息数字化、个人征信体系等国家系统性工程的推进，越来越多的数据源出现，如果能够将这些数据引入并存储在区块链上，将成为伴随每一个人的数字身份。这上面的数据真实可信、无法篡改、实时同步、终身有效，对于投保人的风险管理将带来莫大的益处。第一，是将不同公司之间的数据打通，相互参考，从而及时发现重复投保、历史理赔等信息，及时发现高风险用户。以3月份4000万意外伤害险骗保为例，扬州的周某在十余家寿险公司投保，直到人工核保时才查出来。如果在区块链记录了他每一次投保信息，很快就可以发现并及时采取措施。第二，是将不同行业的数据引入区块链，可以提高核保、核赔的准确性和效率。举一个重疾险的例子，如果能在区块链上查询到投保人所有的就诊记录，甚至直系亲属的就诊记录，那么对于投保人当前的身体状况、患病史、家族病史就有了一手的资料，有效地杜绝带病投保。

在保险公司风险监督方面，在保险公司运营过程中，由于各种原因导致的风险时有发生，监管机构只能采取事前审核或者事后约束的措施。但随着保险业务的前端日益开放，参与保险市场的企业越来越多元化，事中监督的需求日益凸显。而笔者看来，区块链技术正是进行事中监督的有效技术手段之一。只要保险公司将日常运营流程搬到区块链上，并向监管机构开发一个记账节点(即使是一个只读的记账节点)，监管机构就可以实时地观察到保险公司的全部业务动向。如资金流向和投资构成，产品的承保和赔付数据，主要的人事和管理操作等。无须等到保险公司事后申报，从而及时发现可能存在的业务风险和违规操作。在此基础上，监管机构还可以利用大数据技术，对全国的保险市场进行分析和预测，及时发现和预防可能存在的系统性风险，或是发现潜在的保障需求和趋势，从而更好地为老百姓提供保障。

除了通过改变数据存储方式来减少保险公司在承保和监督方面的风险，区块链技术还激活了很多传统的保障模式，如相互保险，以及很多新的保障需求，如临时动态保单。随着科技和保险行业的交流和碰撞日益加深，相信还会有更多新的应用和公司出现。

四、区块链技术及其在金融体系中应用的局限性

虽然区块链技术去中心化的信任机制能够较好地解决全球范围内的价值交换问题，受到了各方的积极关注，一定程度上具备成为下一代互联网基础协议的潜质。但从当前实际运作情况来看，仍存在以下三个方面的局限。

(一)全网运算能力浪费问题

区块链系统中，所有节点均需要进行大量运算来验证交易有效，但只有最先完成运算验证的节点所提供的区块数据能够被作为新的、合法的区块并获取相应奖励。而其他同时参与运算的节点所产生的区块并无任何作用，因此在较大程度上对全网的运算能力造成了浪费。

(二)交易处理能力问题

一方面，如前所述，当前单一区块容量较小，所包含的交易数量也较少，即区块链模式下的交易处理能力可能相对较弱。另一方面，当前区块链的实际应用仍相对较少，即使是最为成熟的比特币应用，其交易规模也较为有限，因此其全网传输、存储的运作方式尚未对现有网络的传输效率和存储能力造成实质性影响。一旦未来区块链应用进一步普及，交易规模快速增加，或将对全网的传输效率、存储空间等方面造成较大的挑战。

(三)核心算法安全问题

区块链技术的去信任基础主要建立在数学算法和加密技术上，尽管采用了当前最高等级、最高强度的算法机制，且在推出7年来并未被攻破，但并不能保证永远安全。目前，已有理论研究表明，未来量子计算机出现后，就能在较短时间内完成对区块链技术核心算法的破解，对其信任基础形成巨大挑战。正是由于区块链技术本身有着上述难以短期克服的技术障碍，使得其在金融行业的应用也不是如宣传中那样的乐观，甚至加剧了金融机构所面临的风险。

其一，区块链的安全问题。首先区块链与传统的金融设施不同，传统的金融设施都是由某个组织单独控制，相关软硬件设施对外都是不公开的，特别是业务系统的源代码也是私有的。但是区块链是一种开放的应用，区块链系统的代码是在参与者之间共享的，处于某种程度上的公开状态，其系统也是处于相互连接的状态。因此，与传统的金融设施比，基于区块链的应用处于更容易受攻击的位置。其次，虽然理论上来说，基于POW算法共识的区块链交易的确认需要超过51%成员节点的认可才能完成，对大部分的节点进行攻击，这可能是个很难完成的任务，但是攻击者可以通过攻击区块链的上层应用来突破这种防御体系。最后，不像传统金融系统可以对监测到的攻击进行实时阻止并修正，区块链应用一旦被攻击，就只能眼睁睁看着损失发生，而无法挽回，或必须征求大部分成员的同意后紧急进行硬分叉修复。

其二，区块链的隐私保护问题。传统金融业务模式下数据保存在中心服务器上，由系统运营方保护数据隐私。基于区块链的应用中，数据是公开透明的，每一个参与者都能够获得完整的数据备份。比特币区块链通过断开账户地址和地址持有人真实身份之间的关联，使得虽然能够看到每一笔转账的发送方和接受方的地址，但无法对应到现实世界中的具体某个人来实现隐私保护。这种模式适应了比特币发展的需要，但实际上，通过大数据分析技术，是有可能将比特币的交易与具体的个人或组织关联在一起的，这就是比特币所谓的"伪匿名"特征。因此，对于金融机构来说，在某些必须保密的金融业务场景中，这种模式还过于简单，无法适应复杂金融业务的需要。目前，区块链在解决金融领域对数据隐私的需求问题上，主要有三个路径。一是通过严格的成员准入机制，使得只有经过许可的成员才能接入区块链，不过这种机制并没有从根本上解决隐私保护问题。二是将同态加密、零知识证明、环签名等密码学技术与区块链相结合，使得虽然全部数据都放在区块链上，但只有交易相关方能够解读与自己相关的关键数据。目前，各种密码学的隐私保护实现都有其性能或适用性方面的局限性，在区块链上的大规模应用仍处于早期阶段。三是通过将业务的敏感数据脱离区块链存放到其他系统中，只将业务执行的结果及密码学特征码（一般是哈希值）存放到区块链上作为存证。

其三，区块链的可编程能力。区块链的可编程的意义是通过预先设定的指令，完成复杂的动作，并能通过判断外部条件做出反应。比特币区块链最先提供区块链的可编程能力。通过内嵌支付脚本，比特币可支持以编程方式来扩展一些特殊的支付场景。但是，虽然比特币区块链脚本为比特币提供了可编程能力，但是这种脚本的编程能力比较弱，并不能应用于复杂的金融场景中。要实现区块链的灵活应用，必须为区块链添加更加强大的可编程能力，以降低金融应用实现的难度。以太坊平台引入了图灵完备的智能合约，使得各种复杂业务逻辑在区块链上的应用成为现实。但是，目前的以太坊平台使用的智能合约虚拟机（EVM）执行效率仍属于比较低的水平，而且需要使用其特定的Solidity等少数几种编程语言进行书写。在未来，区块链上的智能合约应用需要寻求性能、效率及安全性等方面的提升，并要植入链上的智能合约升级机制，以便及时解决已经发布的智能合约出现的问题，并妥善处理其中涉及的用户资金等关键信息。

其四，区块链的数据回滚机制。区块链由于要进行全网的数据同步，因此通过一个链式结构将历史交易进行了"封存"。这样做的好处是历史交易很难被篡改，但是这也导致区块链交易一旦成功，就无法取消，或者说取消的成本高昂。但是在金融业务中，交易取消是常态，如何通过技术手段或者制度安排来实现区块链的数据回滚或达到数据回滚的效果还需要进一步研究。需要注意的是，虽然强制性的硬分叉(即将全网的账本的状态恢复到之前的某个时间点)也能够对历史数据进行回滚，但其涉及的范围面过广，在实际的金融系统中并不现实。比较有现实可行性的数据回滚机制之一就是通过冲正交易机制的设计，将需要进行的修改叠加在历史数据之上，而不删除历史数据。

其五，区块链的账户保护。目前，主流区块链平台都使用了以非对称加密体系下的公私钥对为基础来控制账户资金的访问权。由于这类系统中，用户的私钥一般是在用户本地生成，没有中心服务机构会存储相关私钥，因此一旦用户的私钥丢失或被黑客获取，就可能彻底丧失资金的访问权。目前，为解决以上问题，用户有使用硬件钱包、多重签名账号等选择方案，但每一种方案都有其局限性。若区块链要在金融领域得到进一步的应用，则需要寻求更安全、可靠的账户保护方案。

其六，跨链互操作性是一个难题。在不同的区块链之间进行数据的交互，并实现良好的互操作性，在目前来说仍是一个技术难点。但在现实应用中，这样的场景是广泛存在的。例如，几个银行组成的联盟区块链之间，可能会有需要与另一个联盟区块链进行交互，或与另一个处理征信信息的区块链进行交互。就目前而言，尚未有较为完善的跨链互操作性解决方案。

五、区块链技术对现有金融体系的影响

(一)对金融市场基础设施的影响

国际支付结算体系委员会(CPSS)认为基于分布式总账技术的数字货币将给金融市场基础设施(FMIs)带来比零售支付更大的影响。因为分布式总账技术将对抵押担保及各种金融资产的登记注册产生影响，这样的影响则会对大额支付系统、中央证券存管(CSD)、证券结算系统等产生潜在效应。特别是基于区块链的智能合约使得在某些特定条件下自动完成支付，这可能会衍生出基于个体合约的经济行为的新支付方式，这将极大的改变现在与净头寸和抵质押品相关的双边保证金(Bilateral Margining)和清算的规则。特别是对于对零售支付系统的影响体现在消费者权益保护、更为分散的操作风险、法律风险更为突出及反洗钱与反恐怖融资面临持续挑战。

(1)突出的消费者保护。区块链最大的应用是数字货币，是非主权货币。比特币则更像大宗商品，但其内在价值如何完全取决于市场参与者对其的价值感知与预期，客观上造成比特币的价格波动大，购买并持有数字货币的市场风险也大。因此，比特币交易者和持有人的金融权益保护问题尤为突出。同时，比特币的欺诈风险更大。由于比特币被存储在数字钱包(Digital Wallets)里，因此比特币被盗的安全事件频发也给比特币持有人带来了财产损失。

(2)更为分散的操作风险。不同于传统零售支付系统，区块链的终端用户都是系统的直接参与者，不需要银行等中间组织参与。分布式总账机制则使得交易记录和数字钱包余额等信息被对等的存储于数字货币网络中的所有计算机中，由此产生的操作风险就不同于

传统支付系统那样的集中化(集中于少数金融机构本身)。这有可能减少某些特定的操作风险，如关键特殊节点的失败不至于需要整个系统回滚，但也增加了监管操作风险的难度，使得中央银行的监管力量可能变得更为分散。另一方面，监管的时效性与区块链的去中心化的支付系统的改进效率可能是一对矛盾。考虑到数字货币的支付机制是基于参与者的共识机制而形成的，不依赖任何中央权威或监管组织。因此，若共识的决策过程过于漫长，支付系统提升过于缓慢而不能及时满足监管要求，则进一步将数字货币系统暴露于更为严重的操作风险之中。当然，数字货币的开源性会使得大部分参与者得到激励以达成新的共识。

(3)法律风险突出。由于数字货币的支付是瞬间完成且不可撤销的，没有清算及任何其他中间环节，也不存在发行主体，因此有可能在现有法律制度下产生一些法律风险。例如，在数字货币欺诈、丢失或被盗的情况下，因找不到合适的法律主体，消费者保护难以实施。除非还存在第三方服务提供商，如数字钱包的提供者。同时，数字货币的支付机构可能产生一定的结算风险(Settlement Risk)。在数字货币的支付系统中，交易确认，结算即完成。理论上不存在流动性风险而致结算风险，但提供数字货币技术服务的第三方服务商可能需要管理数字货币的流动性及与主权货币兑换的风险时，则会对数字货币的支付系统带来某种程度的结算风险。

(4)反洗钱的问题。事实表明，数字货币的匿名性(Anonymity)和假名性(Pseudonym)给洗钱和犯罪带来极大便利，而给中央银行履行反洗钱监管职责带来全新的挑战。

(二)对货币政策的影响

如同电子货币，数字货币会加速货币流通，在一定程度上影响货币供应量的政策效用，特别是我国这样的将货币供应量作为货币政策中介目标的经济体，其影响可能更大。同时，数字货币可能会影响银行准备金的需求供给与结构。关于对银行准备金需求的影响，数字货币可能对存款准备金产生替代效应或因数字货币导致银行对结算头寸需求的减少。关于对银行准备金供给与结构的影响，数字货币可能会影响中央银行资产负债规模与结构。

当然，这种影响程度取决于数字货币对传统法定货币的替代程度。值得注意的是对铸币税的影响：数字货币对纸钞的替代必然会减少中央银行的非付息负债，故而中央银行倾向于替换付息负债，减小他们的资产负债规模，导致中央银行铸币税收入的减少。另一方面，当下央行对货币乘数的观察和测度，其实是在事后使用广义货币和基础货币进行的推算，而不是实时监测所得。数字货币技术理论上赋予了央行观察金融账户的实时余额变动与货币形态迁移，央行有能力监测到货币流通速度和乘数的实时变化，从而为央行进行精准货币调控提供更多的决策支持。

(三)对系统风险的影响

正如前述，基于分布式总账机制的去中心化支付依赖P2P网络(Peer to Peer Networks)这一基础设施，支付的形式则称为P2P支付(Peer to Peer Payments)。伴随着云计算的发展，大规模P2P网络应用成为可能，这种破坏式创新(Disruptive Innovation)正在极大地改变着世界经济图景。金融消费者行为也被这种信息与通信技术(ICT)所改变，诸如众筹、P2P借贷、电子钱包、移动支付乃至数字货币等金融科技(Fintech)必将革新金融服务的旧有模式，即P2P网络技术在金融领域的应用将使得人们告别电子金融(E-finance)时代，进入P2P

金融(P2P Finance)新时代，或称"自金融"。所谓"自金融"是基于信息与通信技术、加密算法、开源计算、时间戳和 P2P 网络使得每个终端用户能够匿名地、去中介化地、安全地获得资产、支付和其他金融服务。然而，"自金融"也对现有的法律体系带来挑战，诸如与安全和稳定有关的金融市场监管、市场竞争、消费者和投资人保护及全球公共政策等。具体会带来以下棘手问题。

(1) 新形式的网络犯罪与金融诈骗。

(2) 不受控制的羊群行为和过度的市场集中，由此产生的市场失灵及对实体经济潜在的灾难性影响。

(3) 隐匿交易痕迹的洗钱与恐怖融资。

(4) 具有泡沫动力学(Bubble Dynamics)特征的风险。理论研究表明同一动力学(Dynamics)在不同的网络结构上表现出不同的特性，相关免疫策略将明显不同。同时，2008 年金融危机后，国际支付结算体系委员会(CPSS)研究认为金融链接在危机传播中起到渠道作用，除了通常说的"大而不倒"的概念，也出现"链接过多不能倒"的概念并得到学术界和各成员国监管部门的认同。因此，基于区块链的"自金融"既有泡沫动力学特征——"其兴也勃焉，其亡也忽焉"，还有"链接过多而不能倒"的特征，两者叠加共振的风险是很大的。

复习思考题

1. 什么是区块链金融？它具备哪些优势？
2. 区块链金融的特征有哪些？
3. 区块链金融有哪些应用场景，会带来哪些影响？

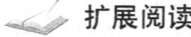 扩展阅读

区块链专家来温州给中小企业融资难开"药方"

"签订三方协议，是解决当前中小企业融资难、融资贵的一把金钥匙"。4 月 10 日，国内供应链金融与区块链金融专家、中欧特聘导师、中信银行总行级培训师陈盛东，在温州经信学堂"区块链+供应链金融创新"专题讲座上，为温州企业负责人、银行高管等近 300 人现场授课，剖析如何解决温州中小企业融资难题。

"由借款企业、金融机构和物流公司达成协议，借款企业把物品寄存在物流公司仓库中，然后凭借物流公司开具的仓单向银行申请贷款融资。银行根据物品的价值和其他相关因素向其提供一定比例的贷款，但质押的货品并不一定由借款企业提供，也可以是供应商或物流公司。这也就是供应链金融的主要表现方式之一"。当天讲座上，以区块链的重要商用场景、供应链金融为切入点，陈盛东从如何利用区块链打通供应链上下游各个环节、降低企业交易成本、促进供应链金融良性生态建设等各个层面入手，深度剖析了当下温州中小企业常碰到的融资难、融资贵问题。"究竟要不要签三方协议，还是法律说了算。能签是最好的，把债权的转让上升到债务的转让去了，但不签也没关系"。

近年来，区块链技术的深入发展成为人们热烈探讨的话题之一，而区块链商用的其中一个重要场景便是供应链金融。但事实上，金融很发达，经济却很疲软。一方面是融资需求增加，金融供给就要相应增加。"温州作为国家金融综合改革试验区，要破解中小企业融资难、成本高的问题，则要让金融彻底回归实体经济"。谈到积极稳妥发展供应链金融，拓宽中小微企业的融资渠道，陈盛东建议，推动区块链技术更好地在供应链金融领域服务，真正实现为各行业提供高效率和成本节约。

对于供应链金融在区块链中的应用问题，陈盛东还在演讲中提到，通过区块链来溯源供应链金融，仍是目前中小企业的融资难题。"供应链金融的上下游核心企业、监管部门等各方之间是有利益冲突的，依靠参与的各方都把数据上传来验证真实性是不现实的"。陈盛东表示，就目前来看，现在的区块链仅仅是一种试验性的开头。而用数字资产的代币来发行货币，也有着变相发行货币和随意创新支付方式的嫌疑。

比特币是一种 P2P 形式的数字货币。最初由中本聪在 2009 年提出，根据中本聪的思路设计发布的开源软件及建构其上的 P2P 网络。其既可用来兑现，兑换成大多数国家的货币，又可用来购买一些虚拟物品，如网络游戏当中的衣服、帽子、装备等。只要有人接受，就可以使用比特币购买现实生活当中物品。

区块链是比特币的一个重要概念，本质上是一个去中心化的数据库，同时作为比特币的底层技术。区块链是一串使用密码学方法相关联产生的数据块，每一块数据中包含了一次比特币网络交易的信息，用于验证其信息的有效性（防伪）和生成下一个区块。

区块链商用的其中一个重要场景便是供应链金融。供应链金融是指对供应链内部的交易结构进行分析的基础上，运用自偿性贸易融资的信贷模型，并引入核心企业、物流监管公司等新的风险控制变量，对供应链的不同节点提供封闭的授信支持及其他结算、理财等综合金融服务。（来源：温州商报）

Chapter 10 第十章 互联网金融的风险管理

【引导案例】

解读《关于促进互联网金融健康发展的指导意见》

2015 年 7 月 18 日,《关于促进互联网金融健康发展的指导意见》正式对外发布。中国人民银行有关负责人就《指导意见》相关问题进行了解读。

(1) 互联网金融的本质仍属金融,同样具有金融风险的隐蔽性、传染性、广泛性和突发性。

央行有关负责人表示,互联网金融的发展对促进金融包容具有重要意义,为大众创业、万众创新打开了大门。在满足小微企业、中低收入阶层投融资需求,提升金融服务质量和效率,引导民间金融走向规范化,以及扩大金融业对内对外开放等方面可以发挥独特功能和作用。

这位负责人说,要鼓励互联网金融的创新和发展、营造良好的政策环境、规范从业机构的经营活动、维护市场秩序,就应拿出必要的政策措施,回应社会和业界的关切,深入研究在新的市场环境和消费需求条件下,如何将发展普惠金融、鼓励金融创新与完善金融监管协同推进,引导、促进互联网金融这一新兴业态健康发展。

(2) 支持互联网企业设互联网支付机构、网络借贷平台、股权众筹融资平台和网络金融产品销售平台。

关于《指导意见》在鼓励创新、支持互联网金融稳步发展方面的政策措施,央行有关负责人介绍:

一是积极鼓励互联网金融平台、产品和服务创新,激发市场活力;

二是鼓励从业机构相互合作,实现优势互补;

三是拓宽从业机构融资渠道,改善融资环境;

四是相关政府部门要坚持简政放权,提供优质服务,营造有利于互联网金融发展的良好制度环境,鼓励省级人民政府加大对互联网金融的政策支持;

五是落实和完善有关财税政策;

六是推动信用基础设施建设,培育互联网金融配套服务体系。

(3) 除另有规定外,从业机构应选符合条件的银行业金融机构作为资金存管机构。

互联网金融的监管《指导意见》提出,要遵循"依法监管、适度监管、分类监管、协同监管、创新监管"的原则,科学合理界定各业态的业务边界及准入条件,落实监管责任,明确风险底线,保护合法经营,坚决打击违法和违规行为。

央行有关负责人说,在监管职责划分上,人民银行负责互联网支付业务的监督管理;银监会负责包括个体网络借贷和网络小额贷款在内的网络借贷及互联网信托和互联网消费金融的监督管理;证监会负责股权众筹融资和互联网基金销售的监督管理;保监会负责互联网保险的监督管理。

《指导意见》对规范互联网金融市场秩序也提出了要求,包括建立客户资金第三方存管制度。除另有规定外,从业机构应当选择符合条件的银行业金融机构作为资金存管机构,对客户资金进行管理和监督;健全信息披露、风险提示和合格投资者制度;从业机构采取有效措施履行反洗钱义务,并协助公安和司法机关防范和打击互联网金融犯罪等。

(资料节选改编自:① 许志峰,王观.中国人民银行有关负责人解读《关于促进互联网金融健康发展的指导意见:互联网金融获政策助力 [EB/OL].中央政府门户网站,http://www.gov.cn/zhengce/ 2015-07/19/content_2899473.htm. ② 关于促进互联网金融健康发展的指导意见[Z]. 银发〔2015〕221号.)

本章学习目标

- 了解互联网金融相关的主要法律法规;
- 熟悉互联网金融的风险特征;
- 了解互联网金融风险监管措施和机制。

第一节 我国互联网金融的监管概况与法律法规

一、我国互联网金融的监管概况

根据当前我国互联网金融监管的实际情况来看,互联网金融监管在完善的同时,仍然存在着较多的问题,主要包括以下3个方面。

1. **法律法规不健全**

互联网金融作为新兴事物,同时又属于金融业,对国家经济发展有直接的影响,更需要明确的法律法规来规范和调整。但目前我国互联网金融监管的过程中,相关法律法规还不健全。

一方面,关于互联网金融监管的专门法律还不足,目前我国规范互联网金融的法律多是普通金融监管的法律,这很难调整互联网金融中一些特殊的问题。而互联网金融与传统金融的差异在逐渐增大,这就使得法律法规不健全的问题在互联网金融监管中的表现越来越突出。

另一方面,地方政府在地方性法规中对互联网金融监管的引导也不多,地方经济条件、发展水平的不同对互联网金融的影响也比较大。所以,各地区的互联网金融监管也不尽相同,而地方性法规的缺失自然也就造成了互联网金融监管中的问题。总之,法律法规不健全是当前互联网金融监管中存在的主要问题。

2. 监管部门分工不明确

互联网金融的跨业性、专业性都亟需一个统一的监管机构，但这一机构目前并不存在。而现行的监管体制并未明确互联网金融的监管主体，这就极易出现多头监管或者无人监管的问题。

如第三方支付、电商小贷等，虽然是由中国人民银行颁发的牌照，但究竟是由中国人民银行还是银监会管辖，目前尚无定论。P2P网络借贷平台则处于无法可依状态。而诸如余额宝之类融合了第三方支付与货币基金的交叉性互联网金融产品，单靠"一行三会"任何一方监管似乎都存在跨界问题。

3. 监督手段落后单一

互联网金融是变化非常快的一个行业，新的科技、新的市场需求都有可能带来互联网金融大的变化。互联网金融监管的监管对象是互联网金融，自然需要以互联网金融的改变做出适当的调整。特别是监督手段，如果监督手段落后单一，那么一般很难应对互联网金融中的问题，无法实现监管的目标。目前我国互联网金融监管的手段还很单一落后，与当前互联网金融的发展之间存在着很大的差距，而监管手段与监管内容之间的差异就容易促使互联网金融活动中非法活动的产生。

二、我国互联网金融的法律法规

互联网金融在我国蓬勃发展，已经成为我国经济发展的一个重要组成部分，然而立法并没有跟上，使之成为各类诈骗、违约等经济案件高发、频发的一个领域。近一两年来，为了应对这种情况，国家和地方的相关机构和部门密集出台一系列对互联网金融进行规范的各类法律法规，据不完全统计有40部以上，给人以目不暇接的感觉。以下仅介绍近期出台的几部对互联网金融影响范围大、作用深远的法律法规。

根据中国人民银行、工业和信息化部、公安部、财政部、国家工商总局、国务院法制办、中国银行业监督管理委员会、中国证券监督管理委员会、中国保险监督管理委员会、国家互联网信息办公室于2015年7月28日联合印发的《关于促进互联网金融健康发展的指导意见》（银发〔2015〕221号，以下简称《指导意见》）规定，目前我国合法的互联网金融业态包括：互联网支付、网络借贷、股权众筹融资、互联网基金销售、互联网保险及互联网信托和互联网消费金融。

1. 网上银行法规

2005年11月，在总结国内商业银行电子银行业务发展与监管历程，借鉴国际电子银行监管经验的基础上，银监会制定了《电子银行业务管理办法》，进一步明确电子银行业务的申请与变更、风险管理、数据交换与转移管理、业务外包管理、跨境业务活动管理、监督管理及法律责任等细则。此外，为了推动电子银行系统的安全建设工作，银监会还发布了《电子银行安全评估指引》，从2006年3月1日起施行。2007年，银监会引发《关于做好网上银行风险管理和服务的通知》，促进网上银行健康持续发展，积极防范针对网上银行的不法活动，维护商业银行和客户的权益。

2. 网上证券法规

2012年5月18日证监会审议通过的《关于修改〈证券发行与承销管理办法〉的决定》

中规定,首次公开发行股票的发行人及其主承销商应当在网下配售和网上发行之间建立双向回拨机制,根据申购情况调整网下配售和网上发行的比例。在证券委托方面,2000 年 3 月,证监会制定了《网上证券委托暂行管理办法》,对证券网上委托的业务规范、技术规范、信息披露、资格申请等做出了具体的规定,为网上委托业务的开展提供了法律依据。同年 4 月,证监会依据此办法制定《证券公司网上委托业务核准程序》。

3. 网上保险法规

2011 年 4 月,为促进互联网保险业务的规范健康和有序发展,防范网络保险欺诈风险,切实保护投保人、被保险人和受益人的合法权益,保监会起草了《互联网保险业务监管规定(征求意见稿)》,针对互联网保险业务开展的资质条件、经营规则、监督管理、法律责任等方面做出了具体的规定。同年 9 月,保监会印发《保险代理、经纪公司互联网保险业务监管办法(试行)》,对互联网销售保险的准入门槛、经营规则及信息披露做出了规定,并于 2012 年 1 月 1 日起施行。

4. 网络支付法规

2005 年 10 月,为规范电子支付业务,防范支付风险,保证资金安全,维护银行及其客户在电子支付活动中的合法权益,促进电子支付业务健康发展,中国人民银行制定了《电子支付指引(第一号)》,明确将电子支付业务纳入监管范畴。2010 年,中国人民银行发布《非金融机构支付服务管理办法》和《非金融机构支付服务管理办法实施细则》。依据办法和细则向符合条件的非金融机构发放《支付业务许可证》,并对其行为进行监督和管理。2011—2012 年,中国人民银行发布《支付机构反洗钱和反恐怖融资管理办法(征求意见稿)》《支付机构预付卡业务管理办法(征求意见稿)》《支付机构客户备付金存管暂行办法(征求意见稿)》及《支付机构互联网支付业务管理办法(征求意见稿)》,在征集社会公众意见和建议的基础上出台对应管理办法,逐步构建起网络支付监管体系。2015 年 12 月 28 日下午,人民银行在历经 2012 年、2014 和 2015 年先后多次征求意见后,发布了《非银行支付机构网络支付业务管理办法》(中国人民银行公告〔2015〕第 43 号),官方亦进行了逐条说明。让人颇感奇怪的是,较之网贷细则征求意见稿,支付办法的正式规定关注度似乎并不高,这可能和网贷属于大众对投资借贷参与度更高且出事较多,而支付业务在技术上和专业上的门槛略高一些有关系。

5. 网络借贷法规

目前,在国内成立一家经营性网络借贷平台一般需要三个步骤:第一,获得由工商行政机关颁发的营业执照;第二,向通信管理有关部门申请并获得《电信与信息服务业务经营许可证》;第三,向工商行政机关申请增加"互联网信息服务"经营范围,并办理相应的经营性网站备案,这一过程并不需要金融监管部门的介入。而且,我国尚未出台民间借贷相关法律法规,网络借贷处于监管的真空地带。2011 年 8 月,银监会印发了《关于人人贷有关风险提示的通知》,警示银行业金融机构要与 P2P 网络借贷平台之间建立防火墙,防止民间借贷风险向银行体系蔓延。2013 年 11 月,浙江省第十二届人民代表大会常务委员会第六次会议通过《温州市民间融资管理条例》,自 2014 年 3 月 1 日起施行。该条例是中国第一部民间借贷的地方性法规,旨在引导和规范民间融资活动的健康发展,防范和化解民间融资风险，促进民间融资为经济社会发展服务。2015年12月28日，国务院法制办发布了"银监会关于《网络借贷信息中介机构业务活动管理暂行办法（征求意见稿）》公开征求意见的通知"。不出意外的话，网贷监管办法正式版和备案登记、评估分类、自律组织、地方政府实施细则等相关监管细则都将陆续出台。这样，网贷监管体系即将形成。关于征求意见稿的解读分析，《指导意见》对P2P的明确行为就是"信息居间服务"的定性和定位不改变的情况下，现在的网贷行业将会面临洗牌。

6. 金融搜索法规

金融搜索作为金融产品的搜索比价平台，满足了企业和个人消费者对于金融产品"货比三家"的需求。由于金融搜索平台只是充当金融机构与消费者之间的中介，自身并不参与金融产品供求双方的交易环节，因此目前并没有相关政策对其进行监管。

7. 网络金融超市法规

网络金融超市通过互联网平台向客户提供一揽子金融产品与一站式金融服务。目前，在市场准入方面，监管部门已出台相关政策，如2012年12月，证监会公布了《证券投资基金销售机构通过第三方电子商务平台开展证券投资基金销售业务指引（试行）（征求意见稿）》，但是在具体管理措施方面，现行监管政策仍留有空白。

这些法律法规的出台，使现在疯长的互联网金融行为有法可依，有法必依。虽然会大浪淘沙掉一部分不规范不诚信的企业，短期内会使本行业稍显沉寂，但会带来一个更好的环境，使我国互联网金融行业得到更大更好地发展。

小案例 10-1

e租宝事件

2015年12月初，网贷平台e租宝突然被查，12月8日网站停止登录及一切业务操作。1月11日晚，深圳市公安局经济犯罪侦查局通过官方微博发布消息，已经对"e租宝"网络平台及其关联公司，涉嫌非法吸收公众存款案件立案侦查。从2014年7月上线到2015年12月被查封，累计交易发生额达700多亿元。警方初步查明，e租宝实际吸金500亿元，涉及投资人约90万名，然而却只查封资产150亿元。

"e租宝"是"钰诚系"下属的金易融（北京）网络科技有限公司运营的网络平台。2014年2月，钰诚集团收购了这家公司，并对其运营的网络平台进行改造。2014年7月，钰诚集团将改造后的平台命名为"e租宝"，打着"网络金融"的旗号上线运营。

在正常情况下，融资租赁公司赚取项目利差，而平台赚取中介。然而，"e租宝"从一开始就是一场"空手套白狼"的骗局，其所谓的融资租赁项目根本名不副实。"钰诚系"多位高管都证实了自己公司用收买企业或者注册空壳公司等方式在"e租宝"平台上虚构项目的事实。"'e租宝'上95%的项目都是假的"。

根据人民银行等部门出台的《关于促进互联网金融健康发展的指导意见》，网络平台只进行信息中介服务，不能自设资金池，不提供信用担保。据警方调查，"e租宝"将吸收来的资金以"借道"第三方支付平台的形式进入自设的资金池，相当于把资金从"左口袋"放到了"右口袋"。

钰诚集团还直接控制了3家担保公司和一家保理公司,为"e租宝"的项目担保。中国政法大学民商经济法学院教授李爱君表示,如果平台引入有关联关系的担保机构,那么将给债权人带来极大风险。

"1元起投,随时赎回,高收益低风险"。这是"e租宝"宣传的口号。许多投资人表示,他们就是听信了"e租宝"保本保息、灵活支取的承诺才上当受骗的。"e租宝"共推出过6款产品,预期年化收益率在9%~14.6%之间,远高于一般银行理财产品的收益率。

(资料节选改编自:零壹财经,南湖互联网金融学院.e租宝事件分析报告[EB/OL].零壹财经,2016-05-04. http://www.01caijing.com/article/3492.htm)

第二节 互联网金融风险分析

一、机构面临的风险

1. 挤兑风险

挤兑风险是一个相当不确定的因素,因为一个谣言、一次突发事件就有可能动摇人们对金融的信心。互联网金融的部分产品是与货币基金相对接的,这就意味着当货币基金爆发挤兑风险时互联网金融主体也必定遭受损失。以余额宝为例,一旦余额宝下滑的收益率超过了人们的心理预期,就极有可能引发挤兑事件。当发生挤兑时,无论是谣言还是真实的信息,在互联网的传播速度都是极其迅速的,余额宝只能用延期支付抵御。然而,这必然加速挤兑潮,如果遇到竞争对手落井下石,那么余额宝极有可能退出互联网金融舞台。挤兑风险发生时,互联网金融机构可能只是遭遇为期几天的资金短缺问题,也有可能面临倒闭。

2. 互联网技术管理风险

科学技术不论在什么年代什么领域都是当仁不让的第一生产力,选择什么样的技术及所选择的技术是否安全可靠,是维护互联网金融发展必不可少的考虑。网站遭遇黑客攻击、电子系统硬件软件发生故障、通信或电力中断及计算机中毒等情况都有可能使互联网金融机构信息丢失或者造成一定损失。

同时,技术管理的重要性还体现在产品支持上,一个成熟或是普及的技术会在一定程度上促进产品的推广与营销。以谷歌钱包为例,2011年推出的谷歌钱包选择了一种上下游都不支持的NFC技术,市场上仅有不足15款智能手机设备支持该技术,使得商家很难接受通过NFC进行的付款,最终导致了谷歌钱包的推广不利。

3. 制度风险

我国的互联网金融目前处于法律法规缺位及监管不足的状态,使得很多问题暴露出来。由于没有出台明确的法律法规,因此零散分布在互联网金融相关行业中的规定根本不足以规范指导互联网金融机构的行为。加之监管不足,使得自律守法的互联网金融机构无所适从,互联网金融机构极易游走于法律盲区和监管漏洞之间,容易造成无意的不规范行为。若互联网金融机构无意间的不规范行为被定义为违规，毋庸置疑会使互联网金融机构蒙受损失。

4. 信用风险

互联网金融平台在选择用户时就具有不利地位，由于互联网金融平台的准入不严格，因此用户在互联网机构提供的平台上简单注册就可以进行交易。即便是在注册时要求客户填写基础信息，也不能避免注册用户在这一部分造假或刻意隐瞒。

同时，机构对用户进行信用评价的难度也较大。使得在信用体系缺失的大环境下，互联网金融机构难以保证交易者如实完成交易。以网络借贷为例，如果借方在接受贷方的款项之后有意不承担还款义务或是借方由于种种原因无力偿还，那么损失就由互联网金融机构承担。

5. 犯罪风险

我国互联网金融目前处在法律法规和监管体制都缺位的状态，再者互联网金融整个行业普遍缺乏自律意识，导致机构自身或是机构员工为了谋取私利走上犯罪道路。对于自律守法的机构来说，这一部分的风险主要来自同行业机构或是内部员工。

我国的互联网金融发展至今，利用其私设资金池、非法集资及进行洗钱交易的行为不在少数，若是具有裙带关系的同行业机构有违法行为或是由于管理不力内部员工有违法行为，则机构会产生连坐损失。普华永道 2012 年 5 月 8 日公布的《全球经济犯罪调查》显示，2011 年互联网犯罪已成为四大主要经济犯罪类别之一，并成为影响金融服务行业第二严重的经济犯罪活动，发生率仅次于资产挪用案件。同时公关部数据显示，近几年我国利用互联网犯罪的案件正以每年 30% 的速度递增，犯罪数额和危害性不断扩大，金融领域互联网案件占全国互联网案件的 61%，平均每起金额都在几十万元以上，最大涉案金额达 1400 余万元，每年造成的直接经济损失近亿元。

二、用户面临的风险

1. 金融机构的经营风险

互联网金融用户的利益与其机构密切相关，互联网金融机构经营不善导致倒闭或者是不诚信经营都会给用户带来损失。不诚信经营主要包括主要负责人跑路、故意隐瞒风险、夸大收益、提供不实信息、巧立明目收费或暗中扣费等。

以 P2P 为例，2013 年 7 月初到年底，几个月内就先后有 70 余家 P2P 平台倒闭，共涉及资金 12 亿多元。其中，仅 10 月份便有 40 家 P2P 平台宣布资金链断裂或倒闭。

同时，由于行业中自律意识较薄弱，因此互联网金融机构在利益的驱使下不诚信经营的事件频频发生，严重危害了用户的利益。

2. 信息安全风险

互联网金融机构网站被入侵导致信息泄露，互联网金融机构暗中窃取个人信息，以及将个人信息非法买卖都属于信息安全的范畴。

暂且抛开互联网金融机构对于某些个人信息是否有权利及是否有必要获取不谈，但是将获取到的信息有意无意地泄露出去就能够给用户招致不小的麻烦和损失。根据《2016年中国互联网网络安全报告》显示，全年共发现通过短信传播，且具有窃取用户短信和通信录等恶意行为的"相册"类安卓恶意程序及具有恶意扣费、恶意传播属性的色情软件 18 414 个，累计感染用户超过 101 万人，用于传播恶意程序的域名 6045 个，用于接收用户短信和通信录的恶意邮箱账户 7645 个，用于接收用户短信的恶意手机号 6616 个，泄露用户短信和通信录的邮件 222 万封，严重危害用户个人信息安全和财产安全。

3. 权益维护风险

我国互联网金融法律法规的缺失不仅体现在没有明确条文约束行为，而且还体现在对于用户的权益没有进行保护和维护。例如，一些互联网金融企业故意隐瞒风险、夸大收益、提供虚假或不实信息、巧立明目收费或暗中扣费。有的甚至肆意泄露、买卖客户隐私信息，侵害了互联网金融用户的知情权、公平交易权、自主选择权乃至隐私权。

而我国目前在立法方面缺乏金融用户权益保护的专门规定，相关规定散见于民事基本法及金融类法律法规中，根本无法为互联网金融用户提供权益保障，也无法在用户权益受损时进行有效追回和弥补。

三、网络自身的风险

由于网络自身的特点，网络金融存在着一些内在的、不可避免的风险隐患，主要表现在以下几个方面。

1. 系统的复杂性

一个大型网络常常是由多个异构网络系统互联起来的，这一复杂性增加了网络确认的难度，降低了对网络的安全信任度。

2. 资源共享

网络资源的共享，使更多用户有机会存取网络资源，同时也使非系统用户有可能通过共享的资源而获取大量重要的甚至是机密的资料与数据。

3. 可攻击点多

在网络环境下，从一个节点到另一个节点可能存在多条途径。由于任何网络用户都有可能截取并分析报文，因此报文的传输安全就可能成为问题。

4. 不可知的边界

网络的可扩展性，使网络的边界具有不确定性，未知的、未经控制的、怀有恶意的用户，无疑将会给网络安全构成严重的威胁。再者，金融机构在电子网络中存在着许多不易察觉、但是又非常严重的风险，如"千年虫"潜在计算机系统中多年才被发现。

而且，随着互联网技术的不断发展，新的风险还将不断产生。

四、互联网金融的风险放大效应

与传统金融相比，互联网金融面临的风险在本质上没有区别。但采用网络技术的互联网金融运行造成了金融风险的放大效应。

1. 巨大的货币信息量

在网络空间中，所有经济活动表现为货币信息的传递与调拨。在网络内流动的已不是货币资金，而是代表货币资金的数字化信息，该信息所代表的货币量远远超过了实际的货币拥有量。

2. 风险发生快，扩散面积大

高科技的网络技术所具有的快速远程处理功能，虽然为便捷、快速的金融服务和产品提供了强大的技术支持，但也使支付、清算风险的国际性波及速度变快，范围变广。风险发生、传播极可能就在同一时间内，使预防风险变得困难。在"纸质"结算中，对于出现的偶然性差错或失误，有一定的时间进行纠正。现在，这种回旋余地大大缩小，错误的扩散面加大，补救成本加大。

3. 金融交易虚拟化，交易细节难以明确

网络金融的整个交易过程几乎全部在网上完成，金融交易的"虚拟化"，使金融业务失去了时间和地域的限制，交易对象变得难以明确，交易过程更加不透明。这导致中央银行难以准确了解金融机构资产负债的实际情况，造成信息不对称，使风险集中，速度加快，风险形式更加多样化。

4. 金融风险交叉"传染"的可能性增强

在一国国内，原先可以通过分业、设置市场屏障或特许等方式，将风险隔离在一个个相对独立的领域中，分而化之。但现在这种"物理"隔离的有效性正在大大减弱。在网络金融中，各国金融业务和客户的相互渗入和交叉，使国与国之间的风险相关性正在日益加强。

5. 金融危机的突然爆发性和破坏性加大

当金融交易越来越多地通过互联网络进行时，这些全天24小时连续运转的交易系统，在给投资人提供便利的同时，也更容易造成全球范围内影响更大、更广、更深的金融市场风险。近几年全球频频出现的衍生性金融商品风险事件，主要就是通过网络交易方式进行的。在网络时代，只要轻轻敲几下键盘，资金即可到达地球的任何一个角落。在如此快捷的融资条件下，市场波动的突发性和剧烈性是可想而知的。一些超级金融集团为实现利益最大化，可利用国际金融交易网络平台进行大范围的国际投资与投机活动，但却部分地逃避了各国金融当局的监管，加大了金融危机爆发的突然性。而危机一旦形成，就会迅速波及相关的国家。国际游资对泰国的冲击及由此引发的东南亚金融风波即是鲜明的例子。

综上所述，可认为互联网金融将比传统金融面临更大的风险考验，各种风险对网络金融的挑战将甚于传统金融。例如，技术选择失误对传统金融机构来说只是会导致业务处理速度降低，处理成本增加，而对基于信息技术的网上金融机构来说，若失去技术领先性，则可能导致整个市场的丢失，失去生存的基础。再如，信誉风险对传统金融机构来说，可能只是部分客户的流失，但对网上金融机构来说，网上选择的多样性和随意性将使网络机构面临更大挑战。

鉴于互联网金融存在的风险，必须加强风险控制和管理，否则，互联网金融的存在和进一步发展将受到严重的威胁。

第三节 互联网金融风险管理

在互联网金融风险管理框架下，风险管理分为：风险识别、风险分析、风险控制和风险评价这四个阶段。其中，风险识别是事前阶段，风险分析及风险控制是事中阶段，风险管理评价即风险管理效果评价，为事后阶段。

一、互联网金融风险识别

风险识别实际上应包括常态的风险监测体系和设定事项的风险识别。风险识别是指对实现各类目标的潜在事项或因素进行全面识别、鉴定,进行系统分类并查找出风险原因的过程。风险监测是指监测各种可量化的关键风险指标和不可量化的风险因素的变化和发展趋势,以及风险管理措施的实施质量与效果的过程。

> **小案例 10-2**
>
> ### "拍拍贷"风险识别模型
>
> 国内首家 P2P 纯信用无担保网络借贷平台——拍拍贷,则是通过应用大数据,从 2000 多维度评估借款人信用。它的最大创新在于采用了"大数据"方法,采集借款人各个维度的数据判定其违约概率、违约成本,给出相应的贷款额度、利率区间和风险定价。在目前拍拍贷的信用风险识别模型中,维度达 2000 多个,一个人的参考因子就有 400 多个。在数据的获取上,拍拍贷与国内包括公安部身份证信息查询中心在内的十几家权威的数据中心建立合作,通过数据查询借款人的身份信息。除此之外,主要依靠互联网上的碎片化信息进行分析,包括社交数据,如微博、QQ、人人网、开心网等。此外,拍拍贷与支付宝、敦煌网、慧聪网、盛付通、马可波罗等平台的合作,也使得用户信用得以共享。

二、互联网金融风险分析

风险分析包括对前期识别的风险进行计量,个别有条件的企业往往会结合压力测试,进行风险模拟,从而为下一阶段风险控制提供详尽的备选方案。风险计量需要在风险识别和确定风险性质的基础上,对影响目标实现的潜在事项或因素出现的可能性和影响程度,采取定性与定量结合的方法进行计量的过程。

这就要求建立操作风险计量模型,使用高级法计算操作风险及其对应的资本要求。同时采用压力测试和其他非统计类计量方法进行补充。运用流动性缺口、期限阶梯、敏感性分析、情景分析等多种度量方法分析和预测本行当前和未来流动性风险。还要假设不同情景下本外币资金来源与运用变化趋势,持续度量净融资需求。同时采用压力测试和其他非统计类计量方法进行补充。

> **小案例 10-3**
>
> ### "宜信"风险分析
>
> 作为国内最大的网络借贷平台,宜信引入信用分析和决策管理技术提供商 FICO 的信用评分技术制定信用评估和核查制度和流程。同时,它还建立了总额 2% 的风险保证金。责任承担以风险池规模为限的举措,使得宜信在法律上将自身的平台信用与贷款损失风险完全剥离。

三、互联网金融风险控制

风险控制是指风险管理者采取各种措施和方法,消灭或减少风险事件发生的各种可能性,或风险控制者减少风险事件发生时造成的损失。

互联网金融机构应当确定控制和缓释重大操作风险的政策、程序和步骤，制定风险控制的策略及方法、内部控制制度，采用购买保险或与第三方签订合同的方法缓释操作风险，同时关注运用保险工具将风险转嫁到其他领域所产生的风险。针对有重大市场风险影响的情形制定应急处理方案，并视情况适时对应急处理方案进行测试和更新。采取市场风险对冲手段，在综合考虑对冲成本和收益的情况下，运用金融衍生产品等金融工具，实现一定程度上的市场风险控制或对冲。这里我们主要讲述内部的风险控制，互联网金融的内部风险控制包括以下几种。

1. 风险备用金制度

风险备用金制度类似于银行报备，形成一个信用风险共担机制，来保护整个平台的投资者本金安全。适用本计划的对象是经过平台认证后的投资者，所有投资计划均适合本计划保本，但是投资者无须为此计划支付费用，而由借款者支付。

风险备用金资金来源则是当平台所成交每交易一笔的时候，平台会按照一定的比例向借款人收取资金，然后把资金放入风险备用金账户。

2. 大数原理

小额分散投资有利于规避借款者信用风险。

首先，借款者按每月等额本息还款，相比于到期一次本息还款，这种方式可以降低借款人到期一次还款的压力，分散借款人流动性压力。同时，如果借款人有意欺诈，那么也可以提早识别出风险。

其次，每个借款者贷款额度小。即使借款人违约，该贷款对平台整体坏账率影响也不大，可以做到风险可控。

最后，投资者小额分散投资。平台系统设定成强制将投资者金额分成 20 份，分别投向不同的项目，也就是每一个项目只占投资者总体金额的 5%。

3. 担保制度

对于合作担保机构，选择具备丰富的个人信用审核经验、较长经营历史及雄厚的资金实力的机构合作展开业务，担保机构具有连带保证责任。

首先，建立第三方保证金制度。与平台合作的担保公司必须提供担保债权相应比例的保证金，设专门账户交由第三方进行监管。在担保公司出现代偿不及时的情形下可第一时间对投资人启动保证金代偿。

其次，建立借款人反担保措施。每个借款人都被要求向担保公司出具足额的连带责任反担保，依据融资人的资质差异，为每一位融资人量身打造不同的、可操作的、易于变现的反担保方案。终极目标是为投资人再次增加一层安全保证。

4. 实行第三方资金托管

与有资质提供第三方托管的支付企业合作。实现交易前多重身份验证，信息统一匹配；交易中即时交易匹配，实时账户监控；交易后定期实地抽查，严格风险控制。这种从严托管、严谨合规的态度和规则回绝了不少不甚合规的 P2P 平台，有力保障了投资者的资金安全。未来通过建立 P2P 账户体系，借贷标准化并可以供第三方核实，那么第三方资金托管机构可以向类中央登记结算中心发展。

5. 线上线下模式相结合

线上高效审查审批和资源匹配，线下寻觅优质客户，降低信用风险。一部分 P2P，例如贷帮网、红岭创投等在全国各地选择本地化的小额贷款公司加盟，平台负责网上理财产品，线下则靠小额贷款公司进行客户的筛选和实地调研来进行风险控制。

> **小案例 10-4**
>
> **人人贷的风险控制模式**
>
> 人人贷的风险控制模式主要采用风险备用金账户的方式。风险备用金账户的资金将专门用于在一定限额内补偿人人贷平台所服务的投资人，当借款人的违约使得投资者所遭受的本金或本息的损失，且借款人逾期还款超过 30 日时，人人贷平台将按照"风险备用金账户资金使用规则"从该账户中提取相应资金用于偿付投资人应收取的本金或本息金额。
>
> 风险备用金账户资金当前全部来源于与人人贷签署协议的借款者，人人贷向借款人收取的服务费，将在收取服务费中按照贷款产品的类型及借款人的信用等级等信息计提风险备用金。计提的风险备用金将存放入风险备用金账户进行专户管理。
>
> 为保障用户利益，人人贷与招商银行股份有限公司上海分行就人人贷风险备用金托管问题正式签署协议。招商银行上海分行会对人人贷的风险备用金专户资金进行认真、独立的托管，并针对风险备用金专户资金的实际进出情况每月出具托管报告。

四、互联网金融风险管理方案

互联网金融的几块核心业务有不同的特点，而业务决定着行为，针对互联网金融的银行业务、信贷业务和支付业务的特点不同，在基于大数据的风险管理和解决方案上也异于传统金融的风险管理。

解决思路：基于海量跨行业数据、灵活的风控模型及领先的多因子身份认证和移动安全技术，为互联网金融机构提供贷前审核、贷后跟踪、转账及支付安全、账号保护、应用保护等安全解决方案，全面提升银行机构的安全能力，帮助保护用户的网络财产安全，保护银行机构的品牌。

互联网金融的行业风险分为信用风险、欺诈风险、账号风险和应用风险。其中信用风险又包括信用不良、多头借贷、信用恶化和借贷逾期等类型；欺诈风险包括交易欺诈、诈骗转账、伪卡盗刷和疑似洗钱等；账号风险包括撞库攻击、暴力破解、身份伪造和垃圾注册；应用风险包括高危漏洞、病毒木马、盗版违规和二次打包。

业务风险解决方案主要涉及三方面：交易安全保护、账号安全保护和应用安全保护。

1. 交易安全保护

交易安全保护涉及的信贷风险管理又分为贷前、贷后管控和反欺诈。贷前信息审核包括个人信息核验、信用资质核验和多平台借贷预警。

个人信息核验：通过对用户的个人信息（姓名、身份证号、手机号、银行卡号等）进行真实性校验，帮助银行机构降低审核个人信息时的人力和时间成本，有效控制恶意欺诈风险。

信用资质核验：对借款人的历史借贷、消费特征等行为进行分析，前置性判断用户的还款能力（经济实力）和还款意愿（道德风险），结合海量合规风险数据，甄别借款人是否曾经在司法机关、金融、信贷等机构出现过不良记录，为信贷决策提供可靠的参考依据。

多平台借贷预警：通付盾通过"风险信息共享平台"服务了大量金融级企业和机构，真正实现了跨行业信息共享、联防联控，有效甄别多平台借贷行为，帮助信贷机构降低风险、减少资金损失。贷后管理涉及贷后监控和逾期催收。

贷后监控：当借款人出现失联、违法及其他影响用户还款能力的情况或在其他平台出现逾期时，通付盾会及时给客户进行预警，帮助客户规避损失。

逾期催收：通付盾在大量多维度、多结构的数据基础之上，通过大数据智能分析，为金融机构提供逾期账户失联信息修复服务，辅助金融机构降低不良率。

反欺诈：基于海量风险数据和强大的机器学习技术，建立精准风控模型。通过事前预测，事中监测预警，事后关联分析，全程实时监测业务潜在威胁，精准识别诈骗转账、银行卡盗刷及疑似洗钱行为，保护用户财产安全。

2. 账号安全保护

账号安全保护通过设备指纹、多因子身份认证和滑动验证。

设备指纹：快速识别在线设备的硬件、软件和行为属性，评估设备可信度。结合领先的风控模型，帮助设备进行欺诈防范。

多因子身份认证：多因子身份认证产品采用 PKI、数字签名技术及通付盾设备指纹、时空码等多项安全专利技术，通过国家信息安全测评中心 EAL3 认证及国家密码局商用密码检测。帮助银行保护用户账号安全。

滑动验证：通付盾滑动验证结合机器学习、设备指纹等多项技术，有效防范撞库攻击、暴力破解、垃圾注册等账号安全风险，高效识别人机特征。只需轻轻一滑，即可完成验证，安全又便捷。

3. 应用安全保护

应用安全保护的实施途径主要有应用检测、应用加固和态势感知。

应用检测：对 Android 及 IOS 应用文件进行全方位动静结合的安全检测，帮助企业在 App 上架前发现安全漏洞，避免逆向分析、二次打包、交易支付攻击等风险。

应用加固：国内外首家将虚拟机保护技术运用到 App 加固领域，提供"移动设备全兼容、运行性能零损耗、安全防破解"的 App 安全加固服务。高效防逆向、防篡改、防窃取，大幅提高 App 安全防护水平。

态势感知：覆盖全国 300+安卓应用市场，从恶意行为、安全漏洞、仿冒钓鱼、内容违规等多角度对全网安卓 App 进行行业、分发渠道和地域的分析，感知移动互联网安全态势。

除此之外，还要在业务流程过程中做出规范的战略部署。

支付监管框架。

随着第三方支付的迅速发展，在互联网金融领域，为了监控风险和行业发展的需要，2017 年我国新成立了网联，一方面有利于金融风险的监控，另一方面也减少了信息和资金流动带来的支付清算工作，其具体工作流程框架如图 10-1 所示。

第十章 互联网金融的风险管理

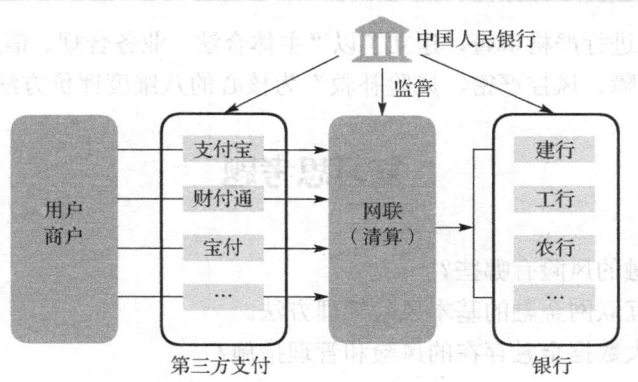

图 10-1 支付监管框架

五、互联网金融风险管理评价

风险管理评价是指对风险管理技术适用性及其收益性情况进行的分析检查、修正与评估。具体地说，就是评估风险管理的有效性，包括评价风险管理主要目标的完成情况、评价管理层选择的风险管理方式的适当性等。

风险管理评价具体分为评价准备、评价实施、评价报告、评价等级认定、评价结果利用和后续审计等步骤，如图 10-2 所示。

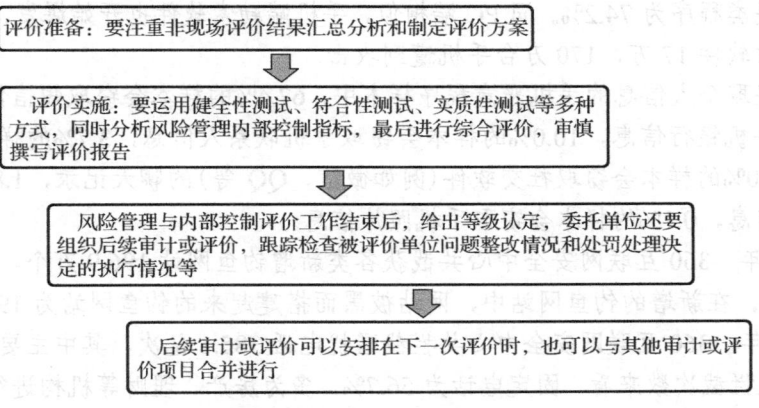

图 10-2 风险管理评价步骤

一般的风险管理评价体系主要包括如下 6 个系统。

(1) 企业风险管理环境评价系统（占评价总权重的 25%）。
(2) 企业风险识别与评估评价系统（占评价总权重的 10%）。
(3) 企业内部控制评价系统（占评价总权重的 50%）。
(4) 风险管理信息交流与反馈评价系统（占评价权重的 5%）。
(5) 风险管理监督与改进评价系统（占评价权重的 10%）。
(6) 案件和责任事故评价（占总体权重的 –10%）。

目前，在对互联网金融进行系统性的风险评价方面，比较权威的是 2015 年 1 月大公国际发布的《大公互联网金融网贷平台黑名单报告》，总共涉及 942 家平台。大公数据对互联网金融受评主体进行严格审查，建立了以"主体合法、业务合规、信息公开、诚信经营、维护权益、安全保障、风控严密、风险补救"为核心的八维度评价方法。

复习思考题

1. 互联网金融的风险有哪些？
2. 举例分析互联网金融的基本风险管理方法。
3. 如何理解大数据金融存在的风险和管理措施？

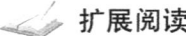
扩展阅读

2016年中国互联网安全报告

一、个人安全篇

2016年360互联网安全中心共截获PC端新增恶意程序样本1.9亿个。名叫敲诈者的病毒在国内发生了两次大规模传播，全国至少有497万台用户电脑遭到了敲诈者病毒的攻击。通过对受害者的调研，42.6%的受害者不知道感染病毒的原因。

在2016年，360互联网安全中心共截获Android平台新增恶意程序样本1403.3万个，其中资费消耗类程序为74.2%。同PC端相似，手机端勒索软件也开始爆发，360全年截获新增手机勒索软件17万，170万台手机遭到攻击。

在截获盗取个人信息的手机恶意程序样本中，67.4%的样本会窃取短信信息，34.8%的样本会窃取手机银行信息，10.0%的样本会窃取手机联系人信息，3.7%的样本会窃取手机通话记录，2.0%的样本会窃取社交软件(例如微信、QQ等)的聊天记录，1.8%的样本会窃取手机录音信息，0.1%的样本会窃取手机照片信息。

在2016年，360互联网安全中心共截获各类新增钓鱼网站196.9万个，共拦截钓鱼攻击279.5亿次。在新增的钓鱼网站中，网站被黑而搭建起来的钓鱼网站为19.0%。

在2016年，360互联网安全中心共拦截骚扰电话385.1亿次，其中主要为广告推销、诈骗电话。从拦截次数来看，固定电话为56.7%，多为房产、理财等机构进行的广告推销。被骚扰的人群主要集中在广东、北京、上海等经济发达地区。

广告推销在固话拨打中占比最高，房产中介在手机号码拨打中占比最高。通过研究号码和被拦截次数发现，大部分骚扰电话都是由少量号码拨出的，0.4%的高拦截号码(被拦截了30 000次以上)占总拦截量的31.5%。骚扰电话在一天中不仅会在白天进行骚扰，在20点至24点仍有55.8%的用户被骚扰，甚至有29.8%的用户在0～6点被骚扰。

诈骗电话是骚扰电话中重要的一个类型，金融理财和身份冒充既是占比最高也是最容易对受害者造成大额损失的诈骗类型。诈骗电话的诈骗成功率约为0.1%，其中手机号码拨打的诈骗成功率最高，为0.28%。诈骗电话有66.8%是异地号码打来的。诈骗电话平均的生存周期约为57.6天，连续活跃周期约为7.6天。

2016年，360互联网安全中心共拦截各类垃圾短信约173.5亿条，106号码开头的垃圾短信为70.0%。从类型上看，主要是商业推广短信为92.2%，其次违法短信为4.2%，另有2.8%为典型的诈骗短信。深入分析诈骗短信的内容，我们发现主要为冒充类的诈骗信息，主要是冒充银行、电商商家、电信运营商等。

利用伪基站发送的垃圾短信中，广告推销类短信为41.3%，违法信息类短信为33.8%，诈骗短信为24.0%。可见伪基站已经成为从事违法犯罪的技术工具。尤其在诈骗短信中，伪基站发送的很多短信通过技术伪装成银行、电信运营商等机构的服务号码。

现存用户中99.99%的Android手机都存在安全漏洞，综合对比用户手机系统的更新状态、安卓官方的更新状态和手机厂商的更新状态，用户手机因未能及时更新而存在安全漏洞的重要原因之一，是手机厂商普遍未能实现其定制开发的安卓系统与安卓官方同步更新，而且延时较大。

猎网平台共收到全国用户提交的网络诈骗举报20 623例，举报总金额1.95亿余元，人均损失9 471元。虚假兼职是举报量最多的诈骗形式，金融理财是涉案金额最高的诈骗形式。从受害者被骗钱的方式上看，56.0%的受害者主动转账给骗子。90后是受害者最多的人群，受害者随着年龄的增长，被骗人数在降低，但被骗金额却在升高。

智能摄像头已被广泛使用，由于整个产业参与者参差不齐，因此智能摄像头存在大量安全风险，主要是用户隐私泄露、传输未进行加密、未存在人机识别机制、多数智能设备可横向控制、未对客户端进行安全加固、代码逻辑设计存在缺陷、硬件存在调试接口、未对启动程序进行保护、没有远程更新机制这九大安全风险。

360结合多年互联网安全经验、汽车安全研究经验及整车厂的安全工作情况，结合《美国交通部现代汽车信息安全最佳实践》编制适用于国内汽车工业企业信息安全建设的最佳实践指南，详细阐述了全生命周期的安全方法，指导企业如何有效开展信息安全生态建设。

二、政企安全篇

2016年360网站安全检测平台共扫描出存在漏洞的网站91.7万个，其中存在高危漏洞的网站有14.0万个，占扫描网站总数的7.1%。补天平台共收录漏洞37188个，涉及网站30329个，其中高危漏洞为50.6%。备案网站漏洞平均修复率仅为42.9%。

360网站卫士共拦截各类网站漏洞攻击17.1亿次，平均每天拦截漏洞攻击534.4万次。从遭到漏洞攻击IP的地域分布来看，66.9%受害者的IP来自境内地区，受害者集中在北京、浙江、四川等地区。而从发起漏洞攻击IP的地域分布来看，攻击者IP同样主要来自境内地区，江苏、北京、河南三省市占比最多。

在2016年5月，360互联网安全中心对2015年全年的DDoS攻击进行了数据分析，发现全球网络DDoS攻击次数为27489410次，被攻击网站数量多达776 095个，针对一个月的流量追踪抽样分析发现，约近四分之一(23%)的网站无法摆脱DDoS攻击的致命影响，基本无望重新复活。

在2016年，360威胁情报中心在全球共发现了512万个扫描源IP，累积检测到1.64亿起扫描事件。针对中国的网络扫描，其扫描源IP地域所属国家主要有美国、俄罗斯和巴西。被扫描最多的前三个IP端口分别是23、2323和1433号端口。针对物联网(IoT)设备的扫描是2016年新兴并且迅速蔓延的一类扫描，最典型代表即是臭名昭著的mirai恶意程序扫描，美国断网事件和德国断网事件都是由mirai造成的。

全国企业用户的邮箱平均每天接到垃圾邮件2000余万封，其占到企业用户收到邮件总量的69.8%。国内企业邮箱用户平均每天遭遇疑似盗号攻击的事件约为1.0万件，邮箱被盗后，会产生诸如密码被篡改，对外发送垃圾邮件，对内发送欺诈邮件等多种异常现象。其中用户使用弱密码，是邮箱被盗号的首要原因。

对于企业用户来说，OA钓鱼邮件是最具危险性的钓鱼邮件。攻击者冒充系统管理员发送邮件，以邮箱升级、邮箱停用等理由诱骗企业用户登录钓鱼网站，进而骗取企业员工的账号、密码、姓名、职务等信息。

工业互联网安全涉及工业控制、互联网、信息安全三个交叉领域，面临传统网络安全和工业安全双重挑战。从攻击角度看，2016年全球针对工业系统的攻击日益频繁，攻击手段日益多样化。从防御角度看，国内的工业系统仍普遍存在安全漏洞，NIST SP 800-82、IEC62443等提出的安全策略也存在很大的局限性。

2016年，360威胁情报中心已累计监测到针对中国境内目标发动攻击的境内外APT组织36个。疑似APT攻击目标的境内组织机构近200个。其中大学占比最高，为40.0%，其次是企业（占比25.0%）、政府及事业单位（占比18.3%）。

从目前APT监测与防御技术体系的发展来看，企业在网络安全建设方面仍存在诸多盲区，同时，国内的能力型安全厂商仍然严重缺位。而数据驱动的、协同联动的纵深防御体系将成为未来APT检测与防御的主要方法。

并非所有的网络攻击事件都会被企业自主感知。2016年，360Cert参与处置的500余次网络安全应急响应事件中，仅有4.7%的攻击事件是企业通过内部安全运营巡检的方式自主发现的；26.8%的攻击事件是在已经发生了显著入侵迹象或经济损失后才被企业发现的；而另外68.5%的攻击事件，企业是不知道自己被攻击的。

三、威胁趋势篇

2016年，网络诈骗主要呈现以下几个明显的特点：手机卡成为新的盗窃目标；利用短网址、微云分享链接跳转到钓鱼网站；知名招聘网站、语音平台进行公开招聘的虚假兼职诈骗；利用个人信息进行精准诈骗；诈骗专业度越来越高，完美骗术越来越多；利用新业务和冷门业务漏洞实施诈骗；利用云盘、同步软件进行信息窃取。

根据360互联网安全中心对2016年以来的网络漏洞热点研究，其主要特点有：第一，网站泄漏个人信息成网络诈骗助推器，个人信息泄露主要是黑客利用网站存在安全漏洞非法入侵和网站内部人员非法盗卖。第二，金融行业网站漏洞威胁更加复杂化，不仅涉及传统的银行、保险等金融领域，还包括新兴的第三方支付，互联网P2P领域也曝出不少高危漏洞。第三，利用网站漏洞实施挂马攻击，并呈现一定程度爆发趋势。第四，智能硬件接入互联网之后暴露的漏洞容易遭黑客劫持，安全隐患同样不容忽视。

APT攻击在三个领域中产生的重要影响最值得关注：针对工业系统的破坏，针对金融系统的犯罪，以及对地缘政治的影响。未来几年内，APT攻击将主要呈现以下四个趋势特点：网络空间成为大国博弈的新战场，针对基础设施的破坏性攻击日益活跃，针对特定个人的移动端攻击显著增加，一带一路与军民融合仍将是攻击焦点。

四、技术趋势篇

首先，2016年是网络安全领域各项技术的转型之年，尤其在网站的安全防护上，其中最大的特征就是从倚重个别设备，单一技术的单点防御逐步转型为多点联动的立体化安全防御。其次，以众测为代表的网站安全模式创新，是较早之前纯公益开放征集漏洞模式的一种完善和升级。再次，以"端+云"应用感知的协同创新，为增强Web应用安全提供了新的解决思路和方向，特别是RASP技术。最后，以互联网开放数据挖掘为代表的威胁新动向，亦成为2017年，乃至更远的未来Web安全技术研究的新趋势。

工业互联网安全技术的发展需要在多个方面转变理念，特别是需要引入数据驱动安全的技术理念，结合威胁情报技术，建立新型内部威胁预警系统及应急响应机制。根据360的安全实践，我们提出了自适应防护架构PC4R。该架构由6个步骤闭环组成，分别是：信息感知、数据汇集、转化分析、信息融合、认知预测和响应决策。

目前国内企业仅360、安天等少数企业有能力发布相对独立的APT研究成果。历史安全大数据储备能力的不足，本地多维大数据的协同分析与处理能力不足，云端威胁情报技术的不足等是造成国内能力型厂商严重缺位的主要原因。当前数据驱动的安全协同已经成为安全产业在应对APT攻击方面的技术共识。尤其是针对高级威胁的发现，还需要将多维度检测技术、大数据分析技术和威胁情报技术结合起来。

2016年两场比赛让人们对人工智能技术在安全领域及网络攻防中的应用有了全新的认知。这两场引人关注的安全大赛，分别是机器大赛CGC，以及由CGC大赛夺冠系统首次参与的，人类顶级黑客夺旗赛DEF CON CTF决赛。尽管CGC的冠军Mayhem系统在DEF CON CTF决赛中最终成绩垫底，但其曾在第二天的比赛结束时领先了两支人类参赛队。而且根据人类战队的赛后反馈，Mayhem系统对某些人类战队认为很难利用的漏洞生成了有效攻击。CGC已经开启了人工智能在安全领域应用的一个新纪元。

中国互联网安全大会的主题是"协同联动，共建安全+命运共同体"。协同联动的具体含义至少包括以下三个方面：数据协同、产业协同和智能协同。大会总结的四个互联网安全趋势为：协同联动将成为安全行业新风向；工业互联网安全可控再度备受关注；大数据分析技术在安全领域持续升温；安全人才培养逐渐成为业内焦点。

协同联动是信息安全的制胜之道，也是网络安全所面临的矛盾与困境的必然产物。协同的能力可以分为三个基本的层面：数据协同、产业协同和智能协同。

五、政策法规篇

2016—2017年1月，国家新出台的网络安全相关政策与法规包括：国家"十三五"规划纲要、国家信息化发展战略纲要、未成年人网络保护条例(草案征求意见稿)、网络安全法、国家网络空间安全战略、信息基础设施重大工程建设三年行动方案、大数据产业发展规划、关于促进移动互联网健康有序发展的意见等。

（资料来源：360互联网安全中心 http://bbs.360.cn/thread-14837467-1-1.html）

参考文献

[1] 陈青生. 我国第三方支付平台对商业银行的影响及分析[J]. 产业与科技论坛, 2018, 17(02): 66-67.

[2] 记者 李华林. 防范变相ICO活动[N]. 经济日报, 2018-01-15(004).

[3] 本报记者 舒娅疆. 互联网金融潮浪再起 区块链成新风口[N]. 金融投资报, 2018-01-13(002).

[4] 邓典雅. 资本市场、互联网金融对银行绩效的影响——基于异质性视角[J/OL]. 财会月刊, 2018(02): 169-176[2018-01-15]. https://doi.org/10.19641/j.cnki.42-1290/f.2018.02.025.

[5] 卢玉婕. 我国互联网金融的监管研究[J]. 中国集体经济, 2018(02): 90-91.

[6] 吕朋飞, 贾赵坤. 互联网金融犯罪案件适用疑难案件研究[J]. 河北企业, 2018(01): 123-124.

[7] 顾海峰, 朱莉莉. 互联网金融对货币政策有效性的影响研究——文献述评及研究展望[J/OL]. 金融理论探索: 1-8[2018-01-15].

[8] 潘静. 从政府中心规制到社会共治: 互联网金融治理的新视野[J/OL]. 法律科学(西北政法大学学报), 2018(01): 1-11[2018-01-15]. https://doi.org/10.16290/j.cnki.1674-5205.2018.01.007.

[9] 郭建辉. 我国互联网金融发展的内生逻辑、驱动因素与金融功能效应[J]. 税务与经济, 2018(01): 39-45.

[10] 赵增强. 互联网金融及其风险防控[J]. 税务与经济, 2018(01): 46-51.

[11] 李志宇, 刘永翔. 理财产品的可信赖感设计研究[J/OL]. 设计, 2018(01): 60-61[2018-01-15]. http://kns.cnki.net/kcms/detail/11.5127.TB.20180108.0956.054.html.

[12] 杨望. "互联网金融+房地产"在理性边界下的机遇[J]. 金融博览, 2018(01): 56-57.

[13] 冷晨昕, 陈前恒. 贫困地区农村居民互联网金融使用现状及影响因素分析[J]. 财贸研究, 2017(11): 42-51.

[14] 曹源芳, 熊颖. 政府审计嵌入的互联网金融风险长效治理机制研究[J]. 经济问题, 2018(01): 91-96.

[15] 吴华. 互联网金融视角下的中小企业融资策略研究[J/OL]. 现代营销(下旬刊), 2017(12): 112[2018-01-15]. http://kns.cnki.net/kcms/detail/22.1256.F.20180103.1728.166.html.

[16] 史令喜. 基于互联网金融的中小企业融资模式创新[J/OL]. 现代营销(下旬刊), 2017(12): 118[2018-01-15]. http://kns.cnki.net/kcms/detail/22.1256.F.20180103.1728.174.html.

[17] 李颖. 基于互联网金融的小微企业融资模式研究[J/OL]. 现代营销(下旬刊), 2017(12): 119[2018-01-15]. http://kns.cnki.net/kcms/detail/22.1256.F.20180103.1728.176.html.

[18] 刘利. 互联网金融在线支付风险因素及应对策略[J/OL]. 现代营销(下旬刊), 2017(12): 122[2018-01-15]. http://kns.cnki.net/kcms/detail/22.1256.F.20180103.1728.180.html.

[19] 蔡志敏. 对互联网金融创新监管策略的研究——基于支付宝和代币案例的对比分析[J/OL]. 现代营

销(下旬刊)，2017(12)：193[2018-01-15].

[20] 张景桐. 互联网金融对传统金融的挑战[J/OL]. 财会学习，2018(01)：209[2018-01-15]. http://kns.cnki.net/kcms/detail/11.5460.F.20180104.1400.316.ht.

[21] 江其玫，马季. 互联网金融企业运营模式分析——基于风险管理的角度[J]. 上海商学院学报，2017(06)：16-25.

[22] 易法敏，耿蔓一. 农户电商融资选择行为分析[J]. 华南农业大学学报(社会科学版)，2018，17(01)：94-103.

[23] 卢楠，仲之豪，计文叶. 第三方支付平台沉淀资金监管探讨[J]. 合作经济与科技，2018(01)：94-96.

[24] 安鸣旭. 互联网金融对商业银行盈利模式的影响[J]. 合作经济与科技，2018(01)：105-107.

[25] 张金博. 互联网金融创新发展过程中的法律保障探析[J]. 现代商贸工业，2018，39(01)：152-153.

[26] 宋蔚. 互联网金融对农村普惠金融发展的影响[J]. 中国市场，2017(36)：45.

[27] 贾琼，杨兵，张宝强. 虚拟货币流通性问题探析[J]. 中国市场，2017(36)：12-15.

[28] 张洁. 浅析农行基层网点客户分层管理对策[J]. 价值工程，2017，36(36)：95-96.

[29] 邹之光. 我国金融科技监管及政策建议[J]. 合作经济与科技，2018(02)：88-89.

[30] 陆岷峰，李蔚. 互联网金融背景下商业银行机构扁平化改革研究[J/OL]. 南阳师范学院学报：1-7[2018-01-15]. http://kns.cnki.net/kcms/detail/41.1327.Z.20171227.0904.006.html.

[31] 高雪. 互联网金融背景下我国高校学生网络信贷存在的问题及对策研究[J]. 信息记录材料，2018，19(01)：184-186.

[32] 齐静. 传统金融与互联网金融对比分析下的探索与思考[J]. 赤峰学院学报(自然科学版)，2017，33(24)：70-71.

[33] 刘胜，杜卫东. 互联网金融对传统商业银行的影响及对策探讨[J]. 市场研究，2017(12)：20-21.

[34] 杨东，武雨佳. 利用监管科技 保障互联网金融安全[J]. 互联网经济，2017(12)：20-25.

[35] 赵成国，熊侣珊，陆佳露. 网购中消费者金融行为的影响因素研究[J]. 商业经济研究，2017(24)：155-157.

[36] 赵青. 互联网金融破解小微企业融资难问题研究——基于长尾理论的视角[J]. 财会通信，2017(35)：23-26.

[37] 王保辉. 互联网金融行业内部控制问题研究——基于"e租宝"与"支付宝"的对比[J]. 财会通信，2017(35)：116-119.

[38] 冯辉. 论互联网金融的私法规制——以大学生网络信贷消费合同的效力问题为例[J]. 南京社会科学，2017(12)：82-86.

[39] 张美佳. 互联网金融对商业银行的冲击及其对策研究[J]. 商业经济，2017(12)：173-175.

[40] 刘江. 互联网时代供应链金融共享平台[J]. 中国物流与采购，2017(24)：53.

[41] 严飞雷. 互联网金融的法律风险与防范对策研究[J]. 法制博览，2017(35)：231.

[42] 薛智胜，郭睿. 我国P2P网络借贷平台法律风险的防控路径新探[J]. 天津法学，2017，33(04)：5-11.

[43] 王雯静. "互联网+金融"新业态视角下金融服务实体经济的战略研究[J]. 中国管理信息化，2017，20(24)：103-104.

[44] 范方志，苏国强，王晓彦. 供应链金融模式下中小企业信用风险评价及其风险管理研究[J]. 中央财经大学学报，2017(12)：34-43.

[45] 毛星童. 关于互联网金融风险的预防与监管措施的探究[J]. 吉林金融研究, 2017(12): 33-37.
[46] 李嘉扬. 计算机技术在互联网金融中的应用[J]. 经贸实践, 2017(24): 104.
[47] 陆岷峰, 徐阳洋. 关于打造中国互联网金融中心战略研究[J]. 西南金融, 2017(02): 3-11.
[48] 李学林, 李晶, 朱平安. 信息技术创新与互联网金融研究[J]. 技术经济与管理研究, 2016(12): 73-77.
[49] 张红伟, 徐镱菲. 基于动态博弈模型透视互联网金融监管的适度性[J]. 金融经济学研究, 2016, 31(05): 75-84.
[50] 乔均. 互联网金融企业品牌形象度量研究[J]. 南京社会科学, 2016(10): 23-28.
[51] 刘忠璐. 互联网金融对商业银行风险承担的影响研究[J]. 财贸经济, 2016(04): 71-85.
[52] 郭品, 沈悦. 互联网金融对商业银行风险承担的影响：理论解读与实证检验[J]. 财贸经济, 2015(10): 102-116.
[53] 王馨. 互联网金融助解"长尾"小微企业融资难问题研究[J]. 金融研究, 2015(09): 128-139.
[54] 尹海员, 王盼盼. 我国互联网金融监管现状及体系构建[J]. 财经科学, 2015(09): 12-24.
[55] 谢平, 邹传伟, 刘海二. 互联网金融的基础理论[J]. 金融研究, 2015(08): 1-12.
[56] 郭品, 沈悦. 互联网金融加重了商业银行的风险承担吗？——来自中国银行业的经验证据[J]. 南开经济研究, 2015(04): 80-97.
[57] 曾建光. 网络安全风险感知与互联网金融的资产定价[J]. 经济研究, 2015, 50(07): 131-145.
[58] 李继尊. 关于互联网金融的思考[J]. 管理世界, 2015(07): 1-7.
[59] 王光远. 基于互联网金融背景下商业银行转型发展对策研究[J]. 投资研究, 2015, 34(06): 154-160.
[60] 杨东. 互联网金融风险规制路径[J]. 中国法学, 2015(03): 80-97.
[61] 汪炜, 郑扬扬. 互联网金融发展的经济学理论基础[J]. 经济问题探索, 2015(06): 170-176.
[62] 周光友, 施怡波. 互联网金融发展、电子货币替代与预防性货币需求[J]. 金融研究, 2015(05): 67-82.
[63] 姚国章, 赵刚. 互联网金融及其风险研究[J]. 南京邮电大学学报(自然科学版), 2015, 35(02): 8-21.
[64] 吴悠悠. 我国互联网金融：问题、前景和建议[J]. 管理世界, 2015(04): 170-171.
[65] 杨东. 互联网金融的法律规制——基于信息工具的视角[J]. 中国社会科学, 2015(04): 107-126.
[66] 屈魁, 张明, 王雪. 互联网金融发展面临的征信业监管问题探析[J]. 征信, 2015, 33(03): 41-43.
[67] 沈悦, 郭品. 互联网金融、技术溢出与商业银行全要素生产率[J]. 金融研究, 2015(03): 160-175.
[68] 霍兵, 张延良. 互联网金融发展的驱动因素和策略——基于长尾理论视角[J]. 宏观经济研究, 2015(02): 86-93.
[69] 李二亮. 互联网金融经济学解析——基于阿里巴巴的案例研究[J]. 中央财经大学学报, 2015(02): 33-39.
[70] 吴晓求. 互联网金融：成长的逻辑[J]. 财贸经济, 2015(02): 5-15.
[71] 王锦虹. 互联网金融对商业银行盈利影响测度研究——基于测度指标体系的构建与分析[J]. 财经理论与实践, 2015, 36(01): 7-12.
[72] 曹凤岐. 互联网金融对传统金融的挑战[J]. 金融论坛, 2015, 20(01): 3-6.
[73] 夏政. 基于系统论的互联网金融生态建设[J]. 财经科学, 2015(01): 1-10.
[74] 王达. 美国互联网金融的发展及其影响[J]. 世界经济研究, 2014(12): 41-46.
[75] 田光宁. 互联网金融发展的理论框架与规制约束[J]. 宏观经济研究, 2014(12): 42-48.
[76] 王达. 美国互联网金融的发展及中美互联网金融的比较——基于网络经济学视角的研究与思考[J].

国际金融研究, 2014(12): 47-57.

[77] 陶震. 关于互联网金融法律监管问题的探讨[J]. 中国政法大学学报, 2014(06): 74-78.

[78] 陈秀梅. 论我国互联网金融市场信用风险管理体系的构建[J]. 宏观经济研究, 2014(10): 122-126.

[79] 刘宪权. 论互联网金融刑法规制的"两面性"[J]. 法学家, 2014(05): 77-91.

[80] 董昀, 李鑫. 互联网金融的发展: 基于文献的探究[J]. 金融评论, 2014, 6(05): 16-40.

[81] 洪娟, 曹彬, 李鑫. 互联网金融风险的特殊性及其监管策略研究[J]. 中央财经大学学报, 2014(09): 42-46.

[82] 谢平, 邹传伟, 刘海二. 互联网金融监管的必要性与核心原则[J]. 国际金融研究, 2014(08): 3-9.

[83] 胡剑波, 丁子格. 互联网金融监管的国际经验及启示[J]. 经济纵横, 2014(08): 92-96.

[84] 皮天雷, 赵铁. 互联网金融: 逻辑、比较与机制[J]. 中国经济问题, 2014(04): 98-108.

[85] 徐岚, 徐青松. 从美国经验看"互联网金融"对于国内传统银行业的冲击[J]. 上海经济研究, 2014(07): 97-101.

[86] 魏鹏. 中国互联网金融的风险与监管研究[J]. 金融论坛, 2014, 19(07): 3-9.

[87] 乔海曙, 吕慧敏. 中国互联网金融理论研究最新进展[J]. 金融论坛, 2014, 19(07): 24-29.

[88] 蒋先玲, 徐晓兰. 第三方支付态势与监管: 自互联网金融观察[J]. 改革, 2014(06): 113-121.

[89] 李有星, 陈飞, 金幼芳. 互联网金融监管的探析[J]. 浙江大学学报(人文社会科学版), 2014, 44(04): 87-97.

[90] 喻平, 蒋宝珠. 广义虚拟经济视角下的互联网金融发展研究[J]. 广义虚拟经济研究, 2014, 5(01): 60-68.

[91] 龚映清. 互联网金融对证券行业的影响与对策[J]. 证券市场导报, 2013(11): 4-8.

[92] 刘澜飚, 沈鑫, 郭步超. 互联网金融发展及其对传统金融模式的影响探讨[J]. 经济学动态, 2013(08): 73-83.

[93] 黄海龙. 基于以电商平台为核心的互联网金融研究[J]. 上海金融, 2013(08): 18-23.

[94] 中研普华供应链金融行业分析专家. 2015-2020 中国供应链金融市场前瞻与投资战略规划分析报告[M]. 2014.

[95] 包兴, 肖迪. 供应链管理: 理论与实践. 机械工业出版社, 2011.05.